아이의 국어 실력을 키우는
가장 심플하고 쉬운 독서 교육법

문해력 그림책 100

아이의 국어 실력을 키우는
가장 심플하고 쉬운 독서 교육법

문해력 그림책 100

민경효 지음

브리드북스

머리말

문해력은 글을 읽고 이해하는 능력을 말합니다. 나아가 그것을 바탕으로 자신의 생각을 효과적으로 표현하고 타인과 원활히 소통할 수 있어야 합니다. 우리나라의 경우 학생들의 학력 수준은 전반적으로 높지만, 어휘력이나 글의 의미를 정확하게 이해하고 표현하는 능력은 부족한 것이 사실입니다.

저는 2007년부터 초등학교 교사로 근무하면서 학교 현장에서 학생들의 언어 사용 현실을 지켜봐 왔습니다. 교과서의 짧은 글도 집중해서 읽기 힘들어하고, 어휘력이 부족해 글의 맥락이나 의미를 이해하지 못하는 아이들을 볼 때면 교사로서 고민이 깊어졌습니다. 국어 실력은 학습의 기초인 만큼 학습 능력 저하로 직결됩니다. 그보다 의사 소통에 오해가 쌓이고 관계에 불편함을 느끼는 것이 더 걱정스러웠습니다. 이런 생각들은 두 아이를 키우게 되면서, 엄마로서의 고민으로도 이어졌습니다.

저는 어른이 되어서야 그림책을 제대로 만나고, 그 다채로운 이야기와 아름다운 그림들의 세계에 빠져들었습니다. 그림책의 가치를 실감하게 되면서 초등학교 교실에서 학생들에게 그림책을 활용한 수업을 하기 시작했습니다. 시간이 흘러 엄마가 되자, 좋아했던 그림책을 무작정 두 아이에게 읽어 주었습니다.

  교실에서도 집에서도, 그저 아이들이 좋아할 만한 책을 골라 함께 읽었을 뿐인데, 함께한 그림책이 쌓여 갈수록 아이들이 이야기의 의미를 이해하고 등장인물의 감정에 공감하며 어휘력이 풍성해지는 모습이 보였습니다. 독후감 쓰기, 독해 문제 풀기, 어휘력 테스트를 점검할 필요도 없었습니다. 아이들이 재미를 느끼면 읽고 재미를 못 느끼면 다른 책을 읽었습니다. 이런 시간을 거치며 아이들이 책과 친해지고 이를 통해 문해력을 키우는 데는 그림책 읽기가 가장 효과적이라는 사실을 알 수 있었습니다.

  이후 대학원에서 초기 문해력을 좀 더 전문적으로 공부하게 되면서, 실제 경험으로만 느꼈던 것들에 독서 교육과 문해력 전문가들의 연구가 합쳐져, 모호하고 뿌옇던 시야가 선명해지는 것을 느꼈습니다. 그리고 지금은 2년간의 연구를 마치고 다시 현장으로 돌아와, 1학년 아이들이 그림책과 친구가 될 수 있도록 지도하고 있습니다.

  이제는 제가 지식과 경험으로 알게 된 문해력과 그림책에 대한 모든 것을 많은 부모님, 선생님들과 나누고자 합니다. 저는 그동안 SNS에서, 신문에서 여러분들을 만나 소통해 왔습니다. 그 연장선에서 단편적으로 흩어져 있던 이야기들과 그간 나누지 못했던 고민들을 모아 책으로 묶게 되었습니다.

이 책은 2007년부터 교사로서 수업해 온 문해력 지도 노하우에 아이 둘과 그림책으로 놀던 10년간의 엄마 경험을 합치고 대학원에서 초기 문해력에 대해 연구하던 2년여의 시간들을 모아 만들었습니다.

아이가 태어난 직후부터 그림책을 읽어 주기만 해도 아이의 문해력이 발달하고 정서가 풍요로워집니다. 그런데 그림책 육아를 시작하고 많은 부모님들께서 벽에 부딪히는 이유는 그림책 교육 방법에 대한 어려움 때문이겠지요. 그래서 이 책에 어떤 그림책을 골라 어떻게 읽어 주어야 하는지에 관한 구체적인 팁을 담으려고 노력했습니다.

현장에 계신 많은 선생님들께서도 아이들과 그림책을 연결해 주려는 노력을 많이 하고 계시는 것을 잘 알고 있습니다. 그렇기에 거창한 독후 활동에 대한 부담을 가지지 않고, 아이들과 그림책에 대해 탐구하고 대화를 나누는 수업만으로도 충분하다는 격려와 응원을 담고 싶었습니다. 그래서 실제 활용할 수 있는 그림책과 질문 목록을 이 책에 함께 수록했습니다.

1부에서는 왜 그림책 육아와 교육이 필요한가에 대한 이야기를 나누고 싶었습니다. 그림책을 읽으면서 키울 수 있는 문해력과 국어 실력을 알아봄으로써 영유아~초등 저학년 아이에게 그림책 육아와 그림책 교육이 얼마나 중요한지를 담으려 했습니다.

2부에서는 실제 1학년 아이들과 나누었던 100권의 그림책과 그림책으로 했던 수업 장면을 구체적으로 담았습니다. 100권의 그림책을 선정하기 위하여 소장하고 있는 수백 권의 그림책 뿐만 아니라 수시로 도서관에 다니고 신간 그림책을 구입하며, 생각할 거리가 있는 그림책들을 고르려고 부단히 노력했습니다. 또, 그리기나 만들기 활동 없이도 질문을 통한 대화를 나누면서 즐겁고 유의미한 수업을 할 수 있다는 이야기를 담고 싶었습니다. 수록된 그림책 목록과 질문들을 활용해 그림책 전문가나 선생님뿐만 아니라, 부모님들이 자녀에게 그림책을 읽어 주실 때도 도움이 될 수 있도록 했습니다.

3부에서는 그림책 육아와 교육을 할 때의 관점과 원칙, 구체적인 방법과 꿀팁을 제공합니다. 저에게 직접 들어온 질문들에 온라인에서 수집한 여러 궁금증들을 모아, 실제 그림책 육아를 하시는 부모님들의 가려운 부분을 시원하게 긁어드릴 수 있는 구체적인 답을 담고자 했습니다.

올 겨울부터 초고를 집필했는데, 오랫동안 붙들고 있었던 원고들이 드디어 책으로 출간된다니 참 기쁩니다. 여러분들께 조금이나마 실제적이고 구체적인 도움이 될 수 있다면 그간의 수고가 의미 있을 듯합니다. 그렇게 이 책이 활용되어 부디, 좀 더 많은 아이들이 그림책과 친구가 될 수 있다면 좋겠습니다.

늘 무한한 지지와 격려를 보내주는 가족들, 사랑하고 감사합니다. 저를 응원해 주는 친구 및 지인들, 배움에 대한 열정을 여전히 타오르게 해 주시는 은사님들께도 감사드립니다. 마지막으로, 이 책이 나오기까지 많은 도움을 주신 브리드북스 대표님과 관계자 여러분들께도 감사의 말씀을 전합니다.

아이 교육의 시작은 반드시 그림책이어야 합니다. 그림책은 무엇과도 바꿀 수 없는 최고의 문해력 교재이자 배움터가 되고, 아이 인생의 소중한 나침반이 되어줄 수 있으니까요. 그러니 지금부터 그림책 육아를 시작해 보세요. 가장 빛나는 아이를 위해 최고의 사랑을 전해 주실 수 있습니다.

길고 긴 무더위를 지나고 맞이한 가을의 행복한 바람을 느끼며

민경효

차례

머리말 • 4

1부
왜 그림책을 읽을까

독해력	그림책을 읽으면 독해력이 자라나요 • 16
어휘력	노력하지 않아도 어휘력이 저절로 늘어요 • 21
배경지식	배경지식을 쌓을 수 있어요 • 26
비판적 사고력	비판적으로 사고하는 힘을 길러요 • 30
유창성	함께 읽으면 유창성이 잘 자라요 • 34
음운 인식 능력	음운 인식 능력을 키워요 • 38
읽기 능력	인쇄물 지식과 읽기 전략을 배울 수 있어요 • 42
쓰기 능력	쓰기 능력이 발달해요 • 46

2부
무슨 그림책을 읽을까

독해력

001 서툴러도 괜찮아 《슈퍼 히어로의 똥 닦는 법》 • 52
002 성적에 상관없이 행복할 수 있어요 《오싹오싹 크레용!》 • 55
003 오, 괜찮은데? 《괜찮아 아저씨》 • 58
004 할아버지를 떠올려 봐요 《우리 할아버지》 • 62
005 빨간 고양이인 내가 참 좋아 《빨강이 어때서》 • 65

- 006 두려워도 잘 해낼 수 있어요 《문어 목욕탕》 • 68
- 007 지친 부모님께 마음을 표현해요 《건전지 아빠》 • 71
- 008 기발한 상상력의 힘을 느껴요 《어떤 학교가 좋아?》 • 73
- 009 스스로 성장할 수 있어요 《오싹오싹 팬티!》 • 75
- 010 기발한 상상력을 즐겨요 《수박 수영장》 • 78
- 011 좋은 친구에 대해 생각해요 《모모와 토토》 • 81
- 012 지친 일상을 벗어난 휴가의 느낌을 즐겨요 《핫 도그》 • 84
- 013 그림을 보며 등장인물의 생각과 마음을 추측해요 《엄마의 여름방학》 • 87
- 014 용기가 필요한 순간, 그림책으로 희망을 만나요 《기억나요?》 • 90

어휘력

- 015 나이가 많은 그림책에서 다양한 어휘를 만나요 《도깨비를 빨아 버린 우리 엄마》 • 93
- 016 어떤 기분을 사러 가 볼까요? 《기분 가게》 • 96
- 017 모두 다 시시해요 《내 마음 ㅅㅅㅎ》 • 99
- 018 서로의 이야기를 나누며 이해해요 《꽁꽁꽁》 • 102
- 019 판타지의 재미를 느껴요 《엄마 자판기》 • 105
- 020 드러나 있지 않은 부분을 추측해요 《사자마트》 • 108
- 021 나누면 행복해져요 《단어수집가》 • 111
- 022 여름의 맛을 느껴요 《여름맛》 • 114
- 023 새로운 어휘를 자연스럽게 익혀요 《꽁꽁꽁 댕댕》 • 117

배경지식

- 024 뮤지컬로도 즐길 수 있어요 《장수탕 선녀님》 • 120
- 025 옛날이야기가 읽고 싶어요 《호랭면》 • 123
- 026 작가에 대해 알아보아요 《회전목마》 • 126
- 027 시련에도 흔들리지 않는 긍정적인 태도를 배워요 《희망이 내리는 학교》 • 129
- 028 시대에 따라 변화하는 것들을 비교해 봐요 《산딸기 크림봉봉》 • 131
- 029 진짜 내가 좋아하는 일을 찾아요 《슈퍼 거북》 • 134
- 030 반려동물에 대한 생각을 나누어 봐요 《어떡하지?! 고양이》 • 136
- 031 달과 관련된 상상을 해요 《달 가루》 • 138
- 032 정보가 나오는 그림책을 읽으며 배워요 《지구에 온 너에게》 • 141
- 033 아픈 바다를 구해요 《할머니의 용궁 여행》 • 143

034 내 경험과 연관 지어 읽고 느껴요 《이상한 엄마》 • 146
035 나와 함께 태어난 엄마를 탐구해요 《엄마 도감》 • 149
036 산타에 대한 재미있는 상상을 해봐요 《산타는 어떻게 굴뚝을 내려갈까?》 • 152

비판적 사고력

037 지우개로도 그림을 그릴 수 있어요 《완벽해》 • 155
038 늑대가 꼭 나쁠까요? 《늑대가 들려주는 아기 돼지 삼 형제 이야기》 • 158
039 비판적으로 생각해요 《감기 걸린 물고기》 • 161
040 우리는 모두 생각이 달라요 《완벽한 계란 후라이 주세요》 • 164
041 엄마의 웃는 얼굴이 보고 싶어요 《돼지책》 • 167
042 세상을 다르게 바라봐요 《이상한 하루》 • 170
043 재치와 유머가 돋보여요 《치과 의사 드소토 선생님》 • 173
044 우리 가족의 모습과 비교해요 《감자 좀 달라고요!》 • 176
045 오해와 편견에 대해 생각해 보아요 《이파라파냐무냐무》 • 179
046 구덩이에서 나갈 방법을 찾아볼까요? 《구덩이에서 어떻게 나가지?》 • 182
047 고정관념을 깨고 상상해 봐요 《이건 상자가 아니야》 • 184
048 있는 그대로의 나를 믿고 용기를 내요 《벽 타는 아이》 • 187
049 대단한 것에 대해 생각해요 《대단한 무엇》 • 190
050 어렵고 불편한 상황을 이겨 내는 마음을 키워요 《아나톨의 작은 냄비》 • 193

유창성

051 와하하, 웃음이 나와요 《호랭떡집》 • 196
052 "오늘 집에 가서 나도 해봐야지!" 《내가 다 열어 줄게》 • 199
053 그림의 일부를 보며 추측해요 《곰돌이 팬티》 • 201
054 책장 넘기는 방향이 다양한 책을 만나요 《간다아아!》 • 204
055 의성어·의태어의 재미를 느껴요 《홀짝홀짝 호로록》 • 207
056 여름에 여름 그림책을 읽어요 《태양 왕 수바》 • 209
057 누구나 고민을 가지고 있어요 《오줌이 찔끔》 • 211
058 용기를 내어 도전하면 행복해져요 《코끼리 미용실》 • 214
059 나의 소중함을 느껴요 《우주로 간 김땅콩》 • 217

음운 인식 능력

- 060 생각보다 더 즐거운 일이 벌어질 거예요 《어떡하지?》 • 220
- 061 그림책이 좋아져요 《어떤 화장실이 좋아?》 • 223
- 062 오싹하면서도 재미있는 이야기를 즐겨요 《드라랄라 치과》 • 226
- 063 나의 단점을 사랑해 봐요 《짧은 귀 토끼》 • 228
- 064 주인공처럼 용기를 내어 볼까요? 《알사탕》 • 231
- 065 등장인물의 마음을 떠올려요 《식빵 유령》 • 233
- 066 나들이를 가요 《나오니까 좋다》 • 235
- 067 아이들과 마음을 나누어 봐요 《무지개 물고기》 • 237
- 068 여러 번 읽으면 깊이 느낄 수 있어요 《달샤베트》 • 240
- 069 다른 건 틀린 게 아니에요 《두더지의 여름》 • 243
- 070 미워하는 마음은 어떻게 사라질까요? 《미움》 • 246
- 071 슬플 때 나만의 해결 방법을 찾아요 《눈물빵》 • 249
- 072 칭찬은 힘이 세요 《에드와르도 세상에서 가장 못된 아이》 • 252
- 073 나에 대해 깊게 생각해요 《이게 정말 나일까?》 • 255

읽기 능력

- 074 학교에 가고 싶어요 《당근 유치원》 • 258
- 075 판다의 비밀을 알고 싶어요 《판다 목욕탕》 • 261
- 076 조금씩 성장해요 《점》 • 263
- 077 그림을 느껴 봐요 《할머니의 여름휴가》 • 266
- 078 그림으로 의미를 이해해요 《튤립 호텔》 • 269
- 079 부끄러워도 자기 잘못을 인정해요 《오싹오싹 편의점》 • 272
- 080 현실과 환상의 세계를 넘나들며 여행해요 《동물원》 • 274
- 081 등장인물의 아픔을 느끼고 공감해요 《훌훌 도르르 마법 병원》 • 277
- 082 다양한 그림 스타일을 즐겨요 《토요일 토요일에》 • 279
- 083 그림책의 다양한 구도를 느껴요 《위를 봐요》 • 282
- 084 엄마의 어린 시절을 만나 봐요 《한밤중 개미 요정》 • 284
- 085 질투는 날려 버려요 《질투는 아웃, 야구 장갑!》 • 287
- 086 파도와 소녀, 신나게 물놀이해요 《파도야 놀자》 • 290
- 087 호기심이 커져요 《그림자 놀이》 • 293
- 088 그림책과 놀이하듯 즐겨요 《한번 넘겨 봐》 • 296
- 089 여러분은 어린이 작가예요 《이상한 손님》 • 299

쓰기 능력

- 090 봄을 더 생생하게 느껴요 《봄 숲 놀이터》 • 302
- 091 등장인물의 마음에 공감해요 《괴물들이 사는 나라》 • 304
- 092 속이 다 시원해요 《눈물바다》 • 307
- 093 화가 날 때 해결 방법을 찾아요 《베티는 너무너무 화가 나!》 • 309
- 094 상상의 나래를 펼치며 마음껏 즐겨요 《커졌다!》 • 312
- 095 주인공이 되지 못했던 풀과 꽃들을 만나요 《틈만 나면》 • 315
- 096 조지는 왜 멍멍하고 짖지 않을까? 《짖어 봐 조지야》 • 317
- 097 상상의 여행을 떠나요 《마법 침대》 • 320
- 098 반전이 있는 그림책을 만나요 《도망쳐요, 과자 삼총사!》 • 323
- 099 누구나 완벽하지 않아요 《선생님은 몬스터!》 • 326
- 100 등장인물의 상황과 마음을 이해해요 《나, 비뚤어질 거야!》 • 329

3부
어떻게 그림책을 읽을까

- Q1 그림책을 언제부터 읽어 줘야 할까요? • 334
- Q2 그림책으로 공감력을 높이는 법 • 337
- Q3 그림책은 언제까지 읽어야 할까요? • 340
- Q4 그림책 읽기 루틴을 정하는 법 • 343
- Q5 어떻게 질문해야 할까요? • 346
- Q6 문해력 환경을 만드는 법 • 350
- Q7 책과 더 풍부하게 만나는 법 • 353
- Q8 고전 그림책을 만나는 법 • 356
- Q9 다독과 속독보다 깊이 읽기 • 360
- Q10 태블릿으로 보는 그림책이 더 좋을까요? • 363
- Q11 같은 그림책을 반복해서 읽어 줘도 될까요? • 366

부록 연령별 추천 도서·계절별 추천 도서 • 369

문해력
그림책
100

1부

—

왜
그림책을
읽을까

독해력

그림책을 읽으면
독해력이 자라나요

    독해란 글을 읽고 의미를 이해하는 것을 말합니다. 글을 읽는다고 내용까지 다 이해하는 것은 아닙니다. 단순히 글자라는 기호에 알맞은 소리 짝을 찾아 읽어 가는 것은 해독입니다. 글이 의미하는 바가 무엇이고, 글에서 직접적으로 드러나지 않은 내용도 파악할 때 독해를 하고 있다고 말할 수 있습니다.

    저는 두 아이가 태어난 이후 어디서든 그림책을 자주 읽어 주려고 노력했습니다. 처음에는 두 아이 모두 제가 읽어 주는 이야기를 귀로 듣고 눈으로 그림을 보면서 나름대로 의미를 이해해 가는 듯했습니다. 잘 파악되지 않는 것은 제게 묻기도 하고, 그림에 대해 함께 대화를 나누기도 했습니다. 그러다가 4~5세가 되던 시기에 두 아이는 그림책 속에서 반복되는 글자들에 관심을 가지기 시작했습니다.

예를 들어, 자기 이름에 들어간 글자나 그림책에 자주 등장하는 낱말들을 손가락으로 가리키며 읽었지요. 처음에는 지렁이를 통째로 읽을 뿐, 한 글자씩 '지', '렁', '이'라고 읽지는 못했습니다. 그런데 계속 그림책을 읽어 주니 지렁이의 '지'라는 글자가 자기 이름에 있는 '지'라는 글자와 같다는 사실을 발견하게 되었지요. 아이는 단어를 구성하는 글자를 짚으며 읽을 수 있는 글자들이 점점 많아졌습니다.

그즈음 아이는 카카오톡 메시지나 편지를 직접 쓰고 싶어 했어요. '사랑해'와 자기 이름, 엄마나 아빠와 같은 단어를 물어보며 적기도 했습니다. 모르는 글자는 물어보기도 하고, 같은 글자가 쓰여진 그림책을 찾아보기도 했습니다. 엄마가 많이 읽어 주어 거의 외우다시피 한 그림책은 본인이 문장을 가리키며 읽곤 하던 때를 지나, 6~7세 무렵에는 웬만한 그림책의 문장들을 스스로 읽게 되었어요.

글자를 읽게 되었다는 사실이 스스로도 기뻤던지 아이는 그 무렵에 직접 그림책을 읽고 싶어 했습니다. 그러면 저는 아이가 그림책을 소리 내어 읽는 것을 들어 주다가 글자를 알려 주기도 하고, 함께 대화도 나누었지요. 저는 아이가 글의 의미를 이해하고 이야기와 마음껏 친해질 수 있도록 도왔습니다.

아이는 유치원에서 어느 정도 글자를 배웠지만, 따로 학습지나 문제집을 푸는 과정 없이 글을 자연스럽게 읽기 시작했습니다. 특별한 학습이 없었기 때문에 아이의 독해 능력 발달에 매일 밤 잠자리에서 읽어 주었던 그림책들이 영향을 주었으리라 생각합니다.

많은 부모님들은 주어진 지문을 읽고 주제를 찾거나 문제를 해결하는 식의 학습지나 문제집 학습을 선택하십니다. 독해력에 관한 부모님들의 고민과 걱정을 반영하기라도 하듯, 시중에는 이미 많은 독해력 문제집이 나와 있습니다. 그런데 저는 이 부분이 우려스럽습니다. 짧은 글을 읽고 문제를 반복적으로 푸는 학습 형태는 아이를 쉽게 지치게 하고, 읽기 자체에 대한 흥미를 떨어뜨리기 쉬우니까요. 이른 시기부터 학습지나 문제집을 반복한 결과, '읽기' 자체를 싫어하게 된 어린 학생들을 볼 때면 안타깝습니다.

그래서 저는 문제를 반복해서 푸는 독해 문제집보다 그림책을 통해서 즐겁게 독해력을 키우기를 권하고 싶습니다.

부모님이 그림책을 읽어 줄 때, 아이는 엄마나 아빠의 목소리로 이야기를 듣고 눈으로는 그림을 보면서 글의 의미를 더 잘 이해합니다. 처음에는 그림만 보던 아이가 글자에 관심이 생기는 유아 시기가 되면 글자 형태를 주의 깊게 보면서 반복되는 글자나 낱말을 읽으려고 하지요. 계속 반복되는 듣기를 통해서 낱자와 소리의 대응을 깨우칠 수 있습니다. 모르거나 헷갈리는 글자에 대한 질문도 많아지고, 직접 써 보려고 하지요. 그렇게 아이에게 글자라는 암호를 스스로 해독해 보려고 노력하는 시기가 오는 것입니다.

이 시기, 아이는 그림책의 어려운 글자나 낱말을 읽을 때 그림의 도움을 받으며 글의 의미를 파악합니다. 또, 단순히 어휘를 익히는 것이 아니라 어휘들이 사용되는 실제 상황도 함께 알게 됩니다. 이런 식으로 아이는 부모님이 많이 읽어 주었던 쉬운 그림책을 스스로 읽을 수 있게 됩니다.

그런데 그림책 육아를 통한 독해력 발달 과정에서 주의해야 할 시기가 하나 있습니다. 어느 순간 아이가 글자들을 웬만큼 읽기 시작하면, 부모님은 아이의 '읽기'에 대해 안심하게 되는데, 이때를 주의하셔야 합니다.

대학원에서 초기 문해력을 제대로 공부하기 전에는 교실에서 글자를 소리 내어 읽는 아이들을 보며 당연히 의미를 이해하고 있으리라고 생각했습니다. 그런데 막상 읽은 내용을 물어보면 제대로 알고 있지 못한 경우가 종종 있었습니다.

아이가 글자와 소리를 일대일로 잘 대응시키며 글자를 읽었는데 내용을 모른다면 아직 아이의 발달이 독해 단계에 이르지 못했음을 뜻합니다. 이런 경우는 주로 낱말 중심의 학습지를 통해 해독을 기계적으로 익히거나 그림책을 읽더라도 글자에만 집중했을 때 생겨납니다. 그러니 아이가 글자를 빨리 아는 것, 소리 내어 빨리 읽는 것에만 집중하지 않아야 합니다.

저는 올해 담임을 맡고 있는 1학년 교실에서 독해력 수준이 굉장히 다른 학생들을 만났습니다. 아직 글자를 더듬더듬 읽어 나가는 해독 단계에 머물러 있는 학생도 있지만, 유창하게 문장을 읽으며 스스로 의미를 이해하는 학생도 있습니다.

수학 시간에도 문장제 문제를 스스로 읽고 바로 문제를 해결하는 아이도 있지만, 글자를 읽지 못해 교사가 읽어 주고 의미를 풀어 주어야 하는 아이도 있지요. 교사는 모두에게 맞는 수업을 하려고 노력하지만, 또래의 독해력에 비해 읽기 수준이 뒤처져 있는 아이는 안타깝게도 수업 내용을 따라가기가 어렵습니다. 모든 공부의 기본은 읽기인 만큼, 독해가 어려운 학생들은 다양한 교과목에서 학습이 힘들어집니다. 독해력이 부족하면 성인이 되어서도 기초적인 정보 탐색을 위한 읽기가 어려울 뿐 아니라 기본적인 의사소통도 불편할 수 있습니다.

그림책을 읽어 주시면서 아이의 질문에 대화도 나눠 주시고 그림에 아이의 시선이 오래 멈출 때는 기다려 주세요. 이 과정을 거치며 아이는 차츰 교과서에 나오는 개념도 단계적으로 이해할 수 있습니다. 독해력이 신장되면 서툴더라도 연역적·귀납적 사고 등 수준 높은 논리적 사고 과정도 시작하게 됩니다.

그러니 오늘 밤에도 재미있는 그림책을 읽고 대화를 나누어 주세요. 아이는 지금, 해독에서 독해로 나아가는 어려운 여정을 시작하고 있습니다.

어휘력

노력하지 않아도
어휘력이 저절로 늘어요

그림책 《단어수집가》에는 이런 말이 나옵니다.

'더 많은 낱말을 알게 될수록 여러 가지 생각과 느낌과 꿈을 더 잘 이해할 수 있었어.'

어휘를 많이 안다는 것은 이런 의미입니다. 어휘는 공부나 성적의 바로미터가 아니라 아이가 인생을 풍성하게 살아가는 데 중요한 도구가 됩니다.

그런데 학교에서 만난 아이들은 맛있는 음식을 먹었을 때도, 게임에서 이겼을 때도, 재미있는 책을 읽었을 때도 그저 "좋다"라고 표현할 뿐 자기감정을 구체적인 어휘로 말하지 못할 때가 많습니다. 고학년 아이들 중에는 감정의 대부분을 "헐", "쩐다", "대박"과 같은 비

속어를 쓰거나 욕으로 표현하는 경우도 많습니다. 이는 어휘력이 충분히 쌓이지 않은 어른들도 마찬가지입니다.

어휘력이 부족하면 자기 생각이나 감정을 말로 표현하기 어려워 스스로 답답해합니다. 상대와 의사소통이 잘 이뤄지지 않아 원활히 일을 처리하기 어렵거나 사람들과 관계 맺기도 어려울 수 있습니다. 그렇기 때문에 어린 시절부터 책을 읽으며 다양한 어휘와 표현을 접하려고 노력해야 합니다.

6학년인 한 여자아이가 한 남자아이에게 "너 정말 계산적이다"라고 말했더니, 이상하게도 그 이야기를 들은 남자아이가 좋아하더랍니다. 그래서 왜 좋아하냐고 물었더니 남자아이가 "계산적이라면 수학을 잘한다는 뜻이잖아"라고 했다더군요.

4학년 교실에서 교과 평가를 하는데 이런 일이 있었습니다. '다음 중 맞는 기호를 찾아 쓰시오'라는 문제를 보고 "기호가 뭐예요?"라고 묻는 아이들이 있었다고 합니다. 어떤 아이들은 벌써 문제를 이해하고 다음 문제로 나아가는데 이 학생은 간단한 어휘를 알지 못해 좋은 학업 성과를 거두기 어려울 수 있습니다.

많은 육아 서적에서도 아이가 어렸을 때부터 화를 내거나 짜증 낼 때 상황에 알맞은 표현을 알려 주라고 말합니다. "지금 배고파서 짜증이 나는구나" 하고 말입니다. 아이에게 상황을 구체적으로 말로 풀어 준 뒤 감정으로 연결하면 아이 스스로 불편한 기분이 드는 이유를 인지하게 되어, 나중에 비슷한 상황에서 자기감정을 알맞은 어휘로 표현할 수 있습니다. 자기감정을 먼저 이해하게 되니 무턱대고 화를 내거나 짜증을 내는 경우도 줄어듭니다. 이렇게 어휘력이 좋아지면 감정을 잘 들여다보고 스스로 조절할 수 있는 힘도 길러집니다.

어휘력을 향상하기 위해서는 먼저 다양한 어휘를 사용하는 환경에 자녀를 자주 꾸준히 노출하는 것을 권합니다. 가정에서 대화를 나누실 때 아이에게 생소해도 새로운 어휘를 하나씩 섞어 연습해 보셔도 좋습니다.

아이가 태어나면 부모님들은 '치카치카', '맘마' 등의 아이가 알아듣기 쉬운 어휘를 사용하게 됩니다. 이것은 이내 가족들 사이에 익숙해져, 유아 시기가 훨씬 지나서도 계속 사용하는 경우가 많지요. 하지만 아이가 커가면서는 '양치'라는 어휘나 '식사'라는 어휘도 알아듣고 사용할 수 있어야 합니다. 그렇기에 집에서 아이에게 맞춘 유아어를 사용하시는 것보다는 아이가 다양한 어휘를 듣고 활용할 수 있는 기회를 주는 것이 바람직합니다.

그림책을 활용해 아이들에게 풍부한 어휘 환경을 만들어 줄 수 있습니다. 아이가 스스로 독서를 하지 못하는 시기에는 부모님이 읽어주는 그림책들을 통해서 아이들은 머릿속 어휘집에 다양한 단어를 수집해 놓습니다. 그림책에 반복적으로 나오는 어휘들은 자신도 모르는 사이에 머릿속에 저장되어 필요한 상황에 알맞은 어휘를 꺼내 활용할 수 있게 되지요.

우리가 영어 단어를 따로 많이 외우고 공부한다고 외국인과 대화를 나눌 때 적절한 단어를 제대로 말하기 어려운 것처럼, 국어 어휘도 따로 떼어서 외운다고 어휘력이 느는 것이 아닙니다. 어휘력을 향상시키려면 맥락이 있는 글 안에서 자연스럽게 익히는 것이 가장 좋습니다.

유아에게 그림책을 읽어 주면 문맥 안에서 어휘의 의미를 파악하게 되어 실제 상황에서 그 어휘를 만났을 때 알맞게 사용할 수 있습니다. 그래서 그림책을 다양하게 읽어 주시는 것이 아이의 어휘력 발달에 많은 도움이 됩니다.

그림책을 읽을 때 다양한 어휘가 많이 등장하는 그림책을 골라 읽어 주시면 좋습니다. 얼마 전 둘째와 읽은 《도깨비를 빨아 버린 우리 엄마》 그림책에는 '걷어붙이고, 억센, 홑이불, 베갯잇, 해치운, 쏜살같이, 소동' 등의 단어들이 자주 나왔습니다.

이것들은 일상에서보다는 책을 읽을 때 더 만날 수 있는 표현들로 아이에게는 생소할 수 있습니다. 저는 이런 단어가 나올 때마다 그 뜻과 의미가 포함된 예를 들어 주며 아이와 대화를 나누었습니다. 이런 식으로 그림책 읽기 시간이 매일 반복되면 아이가 새롭게 알게 되는 어휘의 양이 상당히 많아집니다.

아이와 그림책을 읽을 때 의성어와 의태어에도 주목해 보시면 좋습니다. 아이들은 소리 내어 읽을 때 의성어와 의태어를 어려워합니다. '울퉁불퉁'처럼 받침까지 모두 있거나 '쑥쑥'처럼 쌍자음이 있는 글자들은 보기에도 낯설게 느낍니다. 의성어, 의태어를 포함한 다양한 어휘들은 일상에서보다 책에서 많이 쓰이기 때문에, 들어 본 경험이 많이 없다면 사용하기도 어렵습니다.

이 표현들이 활용되는 상황이 뇌 속에 저장되어 있지 않은 아이들에게는 의성어, 의태어를 읽어도 외국어를 읽는 것처럼 이해되지 않고 낯설어하는 상황이 벌어집니다. 이것은 영어에 익숙하지 않은 성인들이 영어책을 읽을 때 신문 기사나 비문학 지문은 쉽게 읽으면서 의성어, 의태어를 읽는 데 해독이 오래 걸리고 느낌을 한번에 이해하지 못하는 것과 비슷합니다.

이런 의성어, 의태어는 그림책 속에서 많이 등장하는데, 아이들의 영유아기 언어 발달에 좋은 영향을 미칩니다. 의미를 함축적으로 담고 있는 의성어나 의태어는 아이들의 호기심을 자극합니다. 읽기만 해도 운율이 살아나 각 단어마다 독특한 분위기를 자아내면서 글을 더 생동감 있고 재미있게 읽을 수 있습니다.

부모는 그림책을 읽어 주면서 무의식중에 새로운 단어를 강조합니다. 저도 《달님을 빨아 버린 우리 엄마》 그림책을 읽을 때 '진흙 투성이', '너울너울 떠내려왔습니다'라는 표현을 천천히 읽으며 강조하게 되더군요. 그런데 오늘 아침 둘째가 비가 내린 마당의 꽃을 보며 "진흙 투성이네!"라고 말해서 깜짝 놀랐지요. 아이는 그림책 읽기를 통해 어휘력을 키워 가고 있습니다.

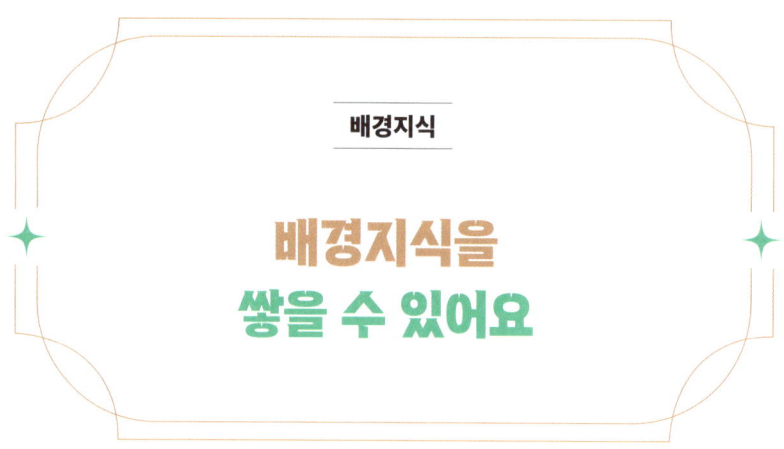

배경지식

배경지식을 쌓을 수 있어요

배경지식은 어떤 글을 읽고 이해하는 데 바탕이 되는 경험과 지식을 말합니다. 배경지식이 있느냐 없느냐에 따라 똑같은 글이라도 이해하는 정도와 속도는 다릅니다. 아직 세상 경험이 부족한 아이들이 배경지식을 쌓을 수 있는 가장 좋은 방법 중 하나는 바로 그림책 읽기입니다.

둘째 아이가 5살일 때, 《모래와 나무》라는 그림책을 읽어 주었습니다. 아이는 이때 '오아시스'라는 어휘를 처음 접했기에 저는 그림을 보며 차근차근 그 의미를 설명해 주었습니다. 그 후 같은 그림책을 다시 읽었을 때 아이는 "오아시스는 물이 있는 곳이지"라고 말하더군요.

같은 그림책을 세 번째로 읽을 때에는 "사막에는 물이 없는데 오아시스에는 물이 있지. 사막이 나오는 다른 그림책들도 보고 싶어" 하며 오아시스와 연관된 다른 개념들도 궁금해했습니다. 물론 그 사이에 사막과 오아시스의 사진들과 영상을 보며 이야기를 나눈 것도 아이의 배경지식을 확장하는 데 영향을 준 것 같습니다.

얼마 전에 둘째 아이는 《바다 100층짜리 집》의 주인공 콩이가 바닷속 생물들과 함께 수면까지 힘차게 올라가는 장면을 보던 중 갑자기 거실 책장으로 달려가더니 《TV 생물도감의 신비한 바다 생물》 책을 빼 들고 온 적이 있었습니다.

"저 책에 나온 물고기가 이 책에도 있어. 찾아 줄게!" 하더니 책장을 이리저리 넘겨, 산갈치를 찾아냈어요. 제가 두 책의 삽화를 비교해 보니 정말 산갈치가 바다 100층짜리 집에 나와 있었습니다. 엄마도 모르는 사이에 둘째 아이가 새로운 정보를 알게 되었다는 점이 흥미로웠습니다.

배경지식은 우리의 직접적인 경험과 독서 등의 간접 경험을 통해 쌓이게 됩니다. 부모인 우리는 실제 체험과 그림책 읽기 등을 통해 직·간접적으로 아이가 다양한 배경지식을 쌓아 나갈 수 있는 기회를 주는 것이 좋습니다.

이런 배경지식은 문해력을 기르는 데도 도움을 줍니다. 아이의 수준보다 난이도가 높은 글이더라도 아이가 이미 배경지식을 가지고 있다면 좀 더 읽기 쉽고, 깊이 있게 이해할 수 있기 때문입니다. 배경지식을 통해 독해가 쉬워지니 글 전체를 이해하는 힘도 쑥쑥 자랄 수 있습니다.

안녕달 작가의 《겨울 이불》을 읽은 저는 책을 읽는 내내 그리운 어린 시절의 정서와 따뜻한 사랑에 동화되어 "역시 안녕달 작가네!" 하고 감탄했습니다. 이 책을 다 읽은 후 두 아이에게 권했는데 아이들은 오히려 이 그림책을 낯설게 느꼈습니다. 그 이유를 생각해 보니 아이들에게 배경지식이 없었기 때문이었습니다.

두꺼운 겨울 솜이불, 뜨거운 아랫목, 정이 오가는 찜질방의 풍경을 아이는 경험해 본 적이 없었던 것이지요. 저는 아이들에게 아랫목에 데운 밥이라든지, 찜질방의 푸근한 풍경이라든지, 왜 방에 들어가자마자 아이가 발바닥을 뜨거워하는지 등을 설명해 주었습니다. 조만간에 아이들과 찜질방 체험을 한 번 해야겠다고 생각했습니다.

얼마 후, 찜질방을 다녀온 뒤에 다시《겨울 이불》을 아이들과 함께 읽었어요. 그랬더니 아이들은 찜질방의 기억을 되살리며 책을 더 생생하게 즐기는 듯했습니다. 이렇듯 그림책은 몰랐던 배경지식을 쌓을 수 있도록 하고 이미 알고 있던 지식을 좀 더 넓은 지평으로 확대할 수 있도록 합니다.

특히 그림책 읽기를 통해 감정에 대해 간접 경험하게 되면서 공감 능력도 키울 수 있습니다. 아직 세상 경험이 적은 아이들은 책으로 다양한 상황을 엿보게 됩니다. 이 과정은 상황과 타인에 대해 생각해 볼 기회를 줘 함께 웃거나 아파할 수 있는 아이로 자랄 수 있습니다. 그래서 그림책은 지식을 늘리는 것에서 나아가 아이의 인성을 가꾸는 데도 도움이 됩니다.

대상에 대해 실제로 보고, 듣고, 만져 보며 체험하는 것이 효과적이지만 매번 직접 경험하여 배경지식을 쌓는 것은 쉽지 않지요. 그래서 아이에게 다양하고 재미있는 그림책을 읽어 주는 것이 필요합니다.

비판적 사고력

비판적으로 사고하는 힘을 길러요

《감기 걸린 물고기》라는 그림책에는 배고픈 아귀와 알록달록한 물고기들이 등장합니다. 다양한 색깔을 가진 물고기들은 서로 섞여 커다란 물고기 형태를 이루며 안전하게 살아가고 있지요. 이렇게 물고기들이 똘똘 뭉쳐 있는 상태라 배고픈 아귀는 물고기를 잡아먹을 수 없었습니다. 어떻게 하면 물고기들을 잡아먹을 수 있을까 궁리하던 아귀는 한 가지 꾀를 냅니다. 바로 소문을 만들어 물고기 무리를 흩어지게 하는 것이지요.

"얘들아~ 빨간 물고기가 감기에 걸렸대~"

빨간 물고기들이 열이 나서 빨개진 것이라고 소문을 만들어 냅니다. 물고기들은 사실을 확인하지도 않은 채 우왕좌왕 하다가 소문의 덫에 걸려들고 말지요. 소문은 물고기들 스스로 옮기고, 그럴듯하게 부풀려집니다.

결국 색깔별로 나뉘어 버린 물고기 떼는 빨간색 물고기들을 내쫓고, 쫓겨난 물고기들은 아귀에게 잡아먹혀 버립니다. 꾀를 내어 이득을 본 아귀는 다시 소문을 내지요. 노란 물고기도 감기에 걸렸다고 말이에요. 이제 물고기들은 소문을 당연하게 받아들이고 서로를 의심하기 시작합니다. 물고기 무리는 흔들리고 흩어집니다.

이때 한 물고기가 용기를 내어, 근거 없는 헛소문을 아무 의심 없이 믿어 버리는 물고기들에게 이렇게 말합니다.

"이상하지 않아? 감기에 걸린 물고기 본 적 있어?"

요즘 다양한 정보의 홍수 속에서 근거 없는 유언비어나 거짓 정보들로 만들어진 가짜 뉴스들이 많아지고 그 수법 또한 교묘해지고 있습니다. 온라인에서 가짜 콘텐츠를 제작·유포하고 이런 허위 정보를 접한 이들은 쉽사리 진실로 믿어 버리거나 이슈를 퍼 나르고 있어 심각한 문제가 되고 있습니다.

요즘 화제인 챗GPT를 비롯한 인공지능 시대가 될수록 비판적 사고력은 더 필요합니다. 챗GPT의 결과물에 담긴 정보가 사실관계에 맞는지, 사회규범이나 도덕 가치에 위배되지 않는지를 비판적으로 판단할 수 있어야 하기 때문입니다.

비판적 사고란 논리적으로 생각해 내용을 분석하고 그 타당성이나 적절성을 평가해 합리적으로 판단하는 힘을 말합니다. 학교에서도 비판적 사고력 함양을 중요하게 다루고 있습니다. 다양한 유형의 담화, 글, 국어 자료, 작품, 복합 매체 자료를 비판적으로 이해하고

자기 생각을 창의적으로 표현하는 것을 국어과의 목표 중 하나로 삼고 있습니다.

국어 교과를 가르칠 때, 글에 담긴 글쓴이의 생각을 자기 생각과 비교하며 읽거나 친구들과 찬반 토론을 하며 반대편의 주장에 반론을 제기하는 활동을 많이 합니다. 이런 활동을 통해 학생들은 표현의 적절성이나 정보의 타당성을 스스로 판단해 보며 비판적 사고를 연습합니다.

특히 고학년의 국어 교과 활동에 이런 내용들이 많은데, 비판적 사고는 저학년 때부터 익혀 온 다양한 국어 지식과 기능들을 통합해야 하는 수준 높은 활동이 필요하기 때문입니다. 이런 의미에서 비판적으로 사고한다는 것은 곧 아이의 국어 능력이 높다는 것을 뜻합니다.

유아 시기의 아이들에게 그림책을 읽어 주면 비판적 사고력이 싹트는 데 도움됩니다. 앞서 예를 든 《감기 걸린 물고기》를 읽어 주면서 《근데 그 얘기 들었어?》, 《그랬구나!》와 같은 비슷한 주제의 그림책을 함께 읽어 주고 대화를 나눔으로써 소문과 진실에 대해 생각해 볼 수 있습니다.

질문과 대화에 익숙하지 않은 아이들에게 보통 질문을 하면 "몰라요"라고 답하거나 "그냥"이라고 말하는 경우가 많습니다. 이럴 때는 쉽게 답할 수 있는 정보를 묻는 질문부터 시작해 조금씩 의견을 물어보는 질문으로 옮겨 가며 생각할 기회를 줍니다.

"주인공이 친구와 어디를 갔지?"

"학교에서는 무슨 일이 있었지?"

"주인공처럼 이런 일을 겪었을 때 너는 어떤 기분이 들었어?"

"엄마(아빠)는 이렇게 생각하는데 너는 어떻게 생각하니?"

아이와 질문을 통한 대화를 나누실 때는 아이가 테스트를 보는 것과 같은 부담감을 느끼지 않도록 가볍게 물어보시고 엄마(아빠)의 생각도 함께 이야기해 주세요.

비판적 사고는 책을 '깊이' 읽는 과정 중에 자랄 수 있습니다. 책을 읽으며 내용을 깊이 이해하려는 사고 활동, 책 내용을 해석하고 의미를 파악하는 과정, 자기 가치관이나 세상의 상식과 기존 질서에 빗대어 판단해 보는 활동을 거치며 비판적 사고는 자랄 수 있습니다. 이런 의미 있는 읽기 활동 속에서 생각하는 힘이 길러지고 관점이 생깁니다. 이 힘을 바탕으로 타인의 생각이나 책 속 글들, 여러 정보를 무조건 수용하지 않고 비판적으로 바라보고 판단할 수 있는 아이로 성장합니다.

유창성

함께 읽으면
유창성이 잘 자라요

 아이들이 학교에 입학하면 1~2학년 사이에 초기 문해력 검사를 하는 경우가 있습니다. 이때 교사는 학생들에게 낯선 지문을 주어 읽게 하고 학생들의 읽기를 30초 동안 들어 봅니다. 더듬거리며 읽거나 글자를 자주 틀려 고쳐 읽는 경우도 있지만, 정말 유창하게 글을 읽는 학생도 있습니다. 이 아이들은 또박또박한 발음으로 정확하게 읽으면서도, 중간중간 쉬어 가는 부분에서 잘 끊어 읽고 억양도 자연스럽습니다. 또, 글자를 거의 틀리지 않으면서 음운 변동이 있는 낱말도 앞뒤의 글자 연결을 생각하며 능숙하게 읽습니다.

 많은 분들이 아이가 글을 빨리 읽으면 '유창하다'라고 표현하시는데, 유창성에는 글을 빠르고 정확하게 해독하는 자동성, 정확성뿐만 아니라 표현력도 필수 요소입니다. 유창한 읽기에 적절한 억양, 강

세, 빠르기, 적절한 끊어 읽기가 꼭 필요하다는 뜻인데, 표현력이 좋으면 의미가 더 잘 전달됩니다. 그래서 읽기 속도만 빠르다고 좋은 것이 아닙니다. 오히려 책 읽는 빠르기에만 집중하다 보면 의미를 제대로 이해하지 못하고 넘어가는 안 좋은 습관이 생길 수 있습니다. 능숙한 성인 독자라 해도 글의 난이도나 주제의 친밀도, 글의 장르에 따라 그때그때 다른 빠르기로 글을 읽게 되니까 무턱대고 빠르게만 읽는 것이 좋지 않습니다.

두 아이를 키우면서 보니, 어느 정도 글자를 읽을 수 있게 되었을 무렵, 오히려 한 글자, 한 글자씩 힘을 주어 읽는 '축자적 읽기'를 하는 것을 발견했습니다. 그래서 음운 변동이 있는 단어를 어색하게 읽는 오류가 있었습니다. 예를 들어 '난로'를 '날로'라고 읽지 않고 한 글자씩 또박또박 '난로'라고 어렵게 읽는 것입니다.

이 단계의 아이들은 단어를 편하게 읽는 자동화에 이르지 못하고, 글자 단위로 주목하여 읽기 때문에 그렇습니다. 하지만 차츰 많은 글을 접하게 되면 자연히 글자들과의 관계를 고려하며 읽게 됩니다. 예를 들어, '먹는다'라는 표현을 읽을 때 '먹', '는', '다'라고 한 글자씩 힘주어 발음하지 않고 '멍는다'라고 일상생활에서 말하듯이 자연스럽게 읽게 되는 것이지요. 이때부터 유창성이 조금씩 발달하고 있다는 것을 느낄 수 있습니다.

결국 유창성을 키울 수 있는 방법은 다양한 종류의 책이나 글을 소리 내어 읽는 것입니다. 같은 글을 여러 번 반복해서 읽는 것도 좋습니다. 처음에는 낱말에 유창성이 생기겠지만 곧 문장에서도 유창성이 향상됩니다. 책을 함께 보며 부모님이 소리 내어 읽어 주시는 것도 아이가 관찰하며 모델링 할 수 있어 좋습니다.

《알사탕》그림책을 읽을 때, 둘째 아이는 책에 나오는 아빠의 잔소리를 끝까지 다 읽어 주는 것을 좋아합니다. 글씨를 조금씩 익히고 있던 6세 무렵, 아이의 눈이 내가 읽는 곳을 함께 따라오는 것이 느껴지고, "여기 읽고 있지?"라고 묻는 것이 재미있었습니다. 이렇게 아이가 글씨를 읽기 시작했다면 '함께 읽기'를 하는 것도 좋습니다.

전체적인 이야기는 엄마(아빠)가 읽고 아이는 인물들의 말 부분만 읽거나, 주로 엄마가 읽어 주다가 아는 글자가 나왔을 때 아이가 읽게 할 수도 있어요. 책을 나눠 읽으면 평소와 다른 방식에 재미를 느끼면서 마음을 나누는 듯한 정서적 경험도 하게 됩니다. 또, 아이가 소리 내어 책을 읽고 싶어 하면 역할을 바꿔서 아이가 엄마에게 그림책을 읽어 주는 것도 유창성을 기르는 데 도움이 됩니다.

둘째 아이는 글자를 잘 읽지 못하던 시기에도 《호라이》 같은 책을 저에게 읽어 주었습니다. 이 그림책은 '호라이가 밥 위에'로 시작해 '머리 위에', '꼬리 위에'처럼 간단한 표현으로 반복되는 구절이 계속 이어져요. 그림에서도 내용에 대한 단서를 찾을 수 있기 때문에 글을 읽기 시작한 지 얼마 되지 않은 초보 독자들도 스스로 소리 내어 읽기 쉽습니다.

이렇게 '함께 읽기'를 하는 동안 아이는 책을 더 잘 읽게 되면서 책 읽기의 즐거움을 느끼게 됩니다. 엄마는 아이의 읽기를 자연스레 경청하면서 아이의 유창성을 확인할 수 있습니다.

정확하게 읽더라도 읽기 속도가 너무 느리거나, 속도는 빠르지만 오류가 많고 표현력이 좋지 못한 아이는 학년이 높아질수록 독해를 어려워할 수 있습니다. 해독에 많은 애를 쓰고 있기에 충분히 내용을 이해할 수 없어서인데, 이러한 이유로 가끔은 아이의 읽기를 '들어' 보는 것이 필요합니다.

아이의 유창성이 잘 자라지 않는다면 아이에게 맞는 방법으로 지도해 주세요. 아이가 흥미로워할 만한 글을 다양하게 접하게 해 준다거나 부모님이 소리 내어 읽어 주시는 것도 좋습니다. 이때 아이들에게 입 모양을 보여 주며 혀의 위치를 알려 주면서 발음을 지도할 수 있습니다.

음운 인식 능력

음운 인식 능력을
키워요

    저는 1학년을 가르칠 때 본격적인 수업을 시작하기에 앞서 아이들과 말놀이를 즐겨 합니다. 이 시간을 통해 수업에 대한 긴장을 풀고 학생들의 음운 인식 능력과 발달 수준을 점검해 볼 수 있기 때문입니다. 그런데 상당수의 아이들이 수수께끼, 끝말잇기, 거꾸로 말하기 등의 말놀이를 해 본 적이 없었어요. 그래서 말놀이의 규칙을 천천히 설명해 준 뒤 놀이를 시작했습니다. 그래도 끝말잇기를 할 때 첫소리나 끝소리 구별을 못하는 등의 어려움이 있었습니다.

    예를 들어 '장미'라는 단어를 말할 때 장미의 끝소리 '미'를 첫소리로 옮겨서 놀이를 이어 가야 하는데, "끝소리가 뭐야?"라고 물었을 때 "장"이라고 말합니다. 또 "'오이'를 거꾸로 말해 보자"라고 했을 때 "이오"라고 대답하지 못하는 아이들도 있었습니다. 말놀이를 할 때 즐거운 놀이가 아닌, 어려운 문제를 만난 듯한 표정을 짓는 아이를 볼 때면 진땀이 나곤 합니다.

　끝말잇기 놀이를 하려면 단어에서 음절 단위를 먼저 분리해야 하고, 끝소리를 찾을 수 있어야 하며, 그 끝소리를 다시 첫소리로 인지해서 첫소리로 시작되는 단어를 만들어야 합니다. 다양한 어휘를 알고 있는 것도 중요하지만 소리를 듣고 말을 이어 나가야 하는 놀이이기 때문에 음운 인식 능력이 길러지지 않은 학생들에게는 어렵습니다.

　우리가 평소 사용하는 낱말은 음절로, 음절은 말소리의 최소 단위인 음소로 구성되어 있습니다. 예를 들어 '학교'라는 낱말은 '학'과 '교'라는 2개의 음절로 구성되어 있고, 그중 '학'은 'ㅎ', 'ㅏ', 'ㄱ' 3개의 음소로 구성되어 있지요. 이렇게 말에서 들리는 소리를 인식하고 소리를 쪼개거나 합치는 등의 조작 능력을 음운 인식 능력이라고 합니다.

　아이들은 일상생활에서 구어를 먼저 습득하기 때문에, 문자언어를 배우기 전에 보통 '청각적 음운 인식 능력'이 발달합니다. 이것은 집에서 부모님과 형제자매와 말놀이를 하고, 그림책을 읽으며 언어적인 상호작용을 하는 과정에서 자연스럽게 배울 수 있습니다.

　음운 인식 능력이 알맞게 발달해서 '강'이라는 낱말이 세 개의 음소로 구성되어 있음을 아는 아이는 각각의 소리를 글자와 잘 연결합니다. 예를 들어, 글자와 소리의 대응을 알면 'ㄱ', 'ㅏ', 'ㅇ' 소리와 맞는 글자를 찾을 수 있지요. 이렇게 음운 인식 능력이 있으면 글자를 보고 알맞은 소리를 대응시켜 낱말을 알맞게 소리 내어 읽을 수 있습니다. 더 나아가 쓰고 싶은 낱말을 쓸 때 소리를 먼저 떠올리고 알맞은 글자 짝을 찾아 정확하게 적을 수도 있습니다.

　각 가정에서 재미있는 말놀이로 자연스럽게 음운 인식 능력을 키울 수 있습니다. 저희 가족은 차를 타고 이동할 때 아이들과 자주 말놀이를 합니다. 말놀이는 특별한 준비물이 필요하지 않아 언제 어디서든 시작할 수 있습니다.

　아이들과 함께하는 말놀이에는 수수께끼와 끝말잇기도 있지만, 요즘에는 거꾸로 말하기를 자주 해요. 거꾸로 말하기는 소리의 차례를 알고 그것들을 뒤바꾸는 놀이인데, 오이는 이오, 쓰레기통은 통기레쓰라고 말하는 식이죠. 둘째 아이가 어렸을 때는 두 글자로만 하다가 6세가 넘어서부터 세 글자로 글자수를 늘렸고, 첫째 아이와는 네 글자, 다섯 글자로도 합니다. 도로 표지판의 생소한 지명에서 글자를 따오거나 거리의 간판을 보고 말해 주면 좀 더 난이도가 높아집니다.

　그림책을 읽으며 아이가 글자에 관심을 가지는 시기가 왔다면 부모님이 한글 자음과 모음에 대해 지도해 주실 수 있습니다. 아이들은 엄마나 아빠가 읽어 주는 그림책을 들으며 소리에 알맞은 글자를 찾아보기도 하고 각각 자모의 소리가 어떻게 나는지를 조금씩 알아 나갈 수 있겠지요. 기계적으로 학습하기보다는 그림책에 자주 등장하는 어휘나 글자, 아이의 이름에 있는 글자를 찾아보고, 소리를 내어 보게 하면서 글자와 소리의 대응을 연습해 봅니다.

　이때 ㄱ, ㄴ, ㄷ의 순서가 아닌, 아이에게 의미 있는 글자와 아이가 좋아하는 단어로 소리를 알려 주면서 한글로 놀아 주세요. 이런 놀이 과정을 통해 아이는 음운 인식 능력과 함께 글자와 소리의 관계를 조금씩 익혀갑니다.

말놀이 그림책을 읽어 보는 것도 효과적입니다. 말놀이 그림책으로 사이다 작가의 《고구마유》, 《고구마구마》가 많이 알려져 있지만, 서현 작가의 《호랭떡집》도 말놀이에 좋습니다. 그림책 곳곳에 운율을 살릴 수 있는 구절들이 담겨 있거든요.

"쫄깃쫄깃 맛있는 떡~ 둘이 먹다 하나 죽어도 모르는 떡~ 깨 넣으면 깨떡, 밤 넣으면 밤떡"

이 구절을 읽다 보면 리듬감을 느낄 수 있어요. "빙글뱅글, 펄쩍팔짝, 빙글뱅글, 펄쩍팔짝"으로 이어지는 부분도 재미있지만, 아이들이 제일 좋아하는 부분은 뭐니뭐니 해도 "가래떡은 꽉 조르고, 인절미는 가루 뿌리고, 백설기는 납작 누르고" 하며 떡들이 요괴를 물리치는 부분입니다.

소리 내어 읽다 보면, 우리나라 전통 판소리나 마당놀이 한 장면이 떠오르는 듯합니다. 말놀이의 운율과 리듬을 담뿍 담고 있는 서현 작가의 《호랭떡집》을 읽을 때는 리듬을 살려 재미있게 읽어 보세요. 이렇게 운율을 살린 소리를 들어 보고 글을 읽어 보는 것도 아이의 음운 인식 능력을 키워주는 데 도움이 됩니다.

읽기 능력

인쇄물 지식과 읽기 전략을 배울 수 있어요

저는 두 아이와 그림책을 읽을 때 매번 표지부터 살펴보고, 제목과 저자의 이름을 읽습니다. 앞표지와 뒤표지의 차이점을 살펴보고 바코드를 찾아보기도 합니다. 표지를 한 장 넘겨서 나오는 면지와 내지에는 어떤 정보들이 있는지, 책을 넘길 때 어디를 잡고 넘기는지, 어디부터 어떻게 읽어 나가야 하는지도 천천히 알려 줍니다.

글자는 그림과 다릅니다. 글자는 여러 가지 형태와 모양을 가지고 있으면서 방향성을 가지고 있습니다. 나무 그림은 거꾸로 있어도 나무로 인식할 수 있지만, ㄱ은 거꾸로 있으면 ㄱ이 아닙니다. 또, 글을 읽을 때는 왼쪽 상단에서 시작해서 오른쪽으로 읽고 행의 끝까지 읽으면 다음 줄의 왼쪽부터 읽어야 합니다.

책에는 표지가 있고, 제목이 있습니다. 책은 글을 쓴 사람과 그림을 그린 사람이 있지요. 책을 읽을 때는 왼쪽 페이지를 먼저 읽고 오른쪽 페이지를 읽으며, 한 장씩 읽고 넘깁니다. 이런 것들을 인쇄물 지식(print awareness)이라고 합니다. 글자가 그림이나 다른 기호들과 다르다는 것을 이해하고, 인쇄물에 대한 개념을 인식하는 것이지요. 이런 인쇄물 지식이 있어야 책을 읽고 내용을 이해하고 어휘력도 키울 수 있습니다. 그만큼 인쇄물 지식은 문해력의 뿌리에 해당되는 기본적인 지식입니다.

초등학교 1학년이면 이런 인쇄물에 대한 지식쯤은 당연히 알고 있으리라고 생각하시는 분들이 많습니다. 하지만 현실에서 만나는 1학년 아이들 중 일부는 이런 지식을 알지 못한 채 학교에 들어옵니다. 같은 반의 어떤 친구는 그림책의 글을 줄줄 읽는 시기에, 어떤 아이는 책을 어디서부터 읽어야 하는지도 알지 못하지요.

인쇄물, 그러니까 책이나 잡지, 신문 등이 풍부한 환경을 자주 만나게 해 줘야 합니다. 그리고 부모님 등 주변 사람들이 인쇄물을 다루는 모습을 보고, 그것에 대해 이야기를 나누는 것도 인쇄물 지식을 늘리는 데 도움이 됩니다.

인쇄물 지식은 태어나면서 저절로 습득되지 않습니다. 인쇄물에 자주 노출되어야 발달합니다. 저는 현재 담임을 맡고 있는 1학년 교실에서 매일 아침 아이들에게 그림책을 한 권씩 읽어 주며 인쇄물 지식을 습득할 수 있도록 합니다. 각 가정에서도 부모님이 책이나 신문, 카탈로그 등을 읽는 모습을 보여 주시는 것이 좋습니다. 인쇄물에 대한 노출 빈도와 상호작용이 적은 아이들은 문해력 발달에 중요한 역할을 하는 인쇄물에 대한 지식이 부족하게 되기 때문입니다.

읽기 전략(reading strategy)은 우리가 글을 읽을 때 독해를 잘하기 위해 수행하는 방법들을 말합니다. 예를 들어 내용 예측하기, 그림 훑어보기, 중요한 낱말의 의미 파악하기, 작가의 의도 추측하며 읽기, 중요한 정보 찾기, 전체 내용 요약하기 등입니다. 능숙한 독자들은 이런 전략들을 읽기 전·중·후에 적절하게 활용함으로써 내용을 더 잘 이해할 수 있습니다.

우리는 책을 읽으며 얼마나 의미를 이해하고 있는지를 파악합니다. 만일 읽기가 잘 이루어지지 않는다면 적절한 전략을 사용해야 합니다. 부모님이 그림책을 읽어 주시는 과정을 통해 아이에게 읽기 전략을 가르쳐 줄 수 있습니다. 먼저, 아이와 표지와 제목을 보면서 내용을 예측해 봅니다.

"어떤 그림이 그려져 있어? 어떤 이야기가 펼쳐질까?"
"제목을 보렴. 어떤 이야기가 펼쳐질 것 같니?"

이야기를 읽으면서는 다음에 어떤 내용이 나올 것인지를 예측해 볼 수 있습니다. 뒷장을 넘기기 전에 이렇게 아이에게 질문을 건네 봅니다.

"다음에는 어떤 일이 벌어질까?"

이때 그림책의 그림을 단서로 내용을 상상할 수 있습니다. 배경지식을 그림책에 연결지어 대화해 주시면 이해하기 좀 더 쉬워집니다.

"우리도 이렇게 눈사람 만들어 본 적이 있지? 그때 어떤 기분이

들었어?"

　그림책을 읽다가 만나게 되는 낯선 어휘는 아이가 잘 알아들을 수 있을 만한 쉬운 말로 바꿔 설명해 주시고 내용을 요약하고 정리하는 연습도 해 보시기 바랍니다.

　이런 인쇄물 지식과 읽기 전략을 통해 아이들은 읽기 과정을 차츰 즐기게 됩니다. 어린 시절에 들인 읽기 습관은 아이가 자발적인 독자로 성장하도록 합니다.

쓰기 능력

쓰기 능력이 발달해요

초등학교 1학년 때 한글 자음, 모음과 낱말을 익히다가 2학기가 되면 몇 문장을 활용해 그림일기를 쓰게 되고, 고학년이 되면 자신의 주장을 나타내는 긴 글도 쓸 수 있어야 합니다. 중·고등학교, 대학교에서도 보고서나 논술 등의 작문 과제를 할 일이 많으며, 직업을 가진 이후에도 기획서나 발표문을 작성할 수 있어야 하지요. 그야말로 글쓰기는 인간관계를 지속하고 사회생활을 해 나가는 데 필수적인 능력이라고 할 수 있습니다.

아이가 태어나고 자라서 크레파스나 색연필을 잡을 수 있는 시기가 되면, 선을 여기저기에 긋거나 뭔가를 끄적이곤 합니다. 이때 그림책이나 주변의 과자 봉지, 간판 등의 환경 문자를 통해 글자에 노출된 아이들은 조금씩 한글 자음·모음과 비슷한 형태를 그리는 것을 볼 수 있어요. 처음엔 각각 자음과 모음을 커다랗게 제각각 쓰다가 차차 자음과 모음을 적절히 결합해서 짧은 단어를 쓰고, 긴 연습을 거쳐 단순한 문장을 쓸 수 있게 됩니다.

아이들은 그림책을 읽으며 자연스럽게 글자와 친해지고, 글자와 소리와의 관계도 알게 됩니다. 처음에는 자주 보이는 낱말과 같은 글자 덩어리를 알게 되겠지만, 부모님이 읽어 주는 소리를 계속 들으면서 차차 작은 단위의 글자와 그에 맞는 소리 짝의 대응에 익숙해집니다. 그리고 그림책을 읽으며 평소에 구어로는 접하기 힘든 '문어체'라는 것도 익힐 수 있습니다. 우리가 말로는 자주 사용하지 않는 '-습니다'라는 표현이나 '그리고', '그러나'와 같은 문장을 이어 주는 말에도 자연스럽게 익숙해지는 것이지요.

또, 아이들은 자신의 필요에 의해 글자를 쓰고 작문을 하고 싶어 합니다. 부모님의 휴대폰을 이용해 주변 사람들에게 문자 메시지를 보내거나 편지를 쓰며, 그림책을 창작하고 싶어하기도 합니다. 이때 아이들의 글을 보면 맞춤법이 엉망이더라도 그림책의 문장을 흉내 낸 듯한 문어체가 등장하는 것도 발견할 수 있습니다. 이렇게 아이는 자신이 써 보고 싶은 낱말이나 문장을 주도적으로 쓰며, 쓰기가 피하고 싶거나 지겨운 활동이 아니라 즐겁고 필요한 행위임을 인식하며 자랄 수 있습니다.

아이들의 이런 자발적 읽기와 쓰기 활동은 극적이고 강한 자극을 접하거나 읽기와 쓰기를 학습으로 받아들이기 전에 가장 활발하게 일어납니다. 그러니 교육기관에서 일기 쓰기나 받아쓰기와 같은 공식적인 글쓰기 교육을 접하기 전에 자기 마음껏 즐겁게 글을 쓰는 활동을 해 보는 기회를 자주 마련해 주시면 좋습니다.

쓰기에 필요한 맞춤법을 익히는 것도 그림책을 통해 도움을 받을 수 있습니다.

둘째 아이는 글을 쓸 때 '갔다' 대신 '갓다'라고 적곤 했습니다. 이렇게 어린 아이들은 소리 나는 대로 글자를 떠올려 적기 때문에 맞춤법을 틀리는 경우가 많습니다. 아이가 한창 즐겁게 원하는 쓰기를 하고 있는 시기여서 저는 따로 맞춤법을 지도하지는 않았습니다. 그런데 어느 날, 둘째 아이가 그림책에서 '갔어요'라는 문장을 접하고 나더니 갑자기 일기장을 가져와 잘못 쓴 'ㅅ'을 지우고 'ㅆ'을 써 넣더라고요. 스스로 알맞은 받침을 찾아 적는 것이 신기했습니다.

이런 식으로 그림책을 자주 접하는 아이들은 그림책을 읽으며 맞춤법을 자연스럽게 익힐 수 있어요. 그리고 만약 아이가 자주 맞춤법을 틀리는 낱말이 있다면, 그 낱말이 그림책에 나왔을 때 함께 보시면서 알려 주실 수 있답니다.

"여기는 '좋아'라고 써 있지? 우리가 뭔가를 좋아한다고 말할 때는 '조'라는 글씨 밑에 'ㅎ'을 넣기로 약속했어. 다음에는 이렇게 써 보자."

그림책을 읽으며 나누는 대화를 통해 아이는 소리 나는 대로만 글자를 쓰는 것이 아니라 뜻이 통하게 정해진 규칙으로 적어야 한다는 것을 배웁니다. 그렇게 아이는 자연스럽게 맞춤법에 익숙해집니다.

좋은 글을 많이 읽은 아이가 글을 잘 쓸 수 있습니다. 학창 시절, 저는 대학 입시를 위한 논술을 준비하기 위해 신문의 사설과 같은 좋은 글을 많이 읽으라는 지도를 받았습니다. 좋은 글을 많이 보다 보면 어느새 다양한 어휘 및 글의 구조에 익숙해질 수 있다는 뜻이었죠. 자신도 모르는 사이에 좋은 글을 흉내 내며 쓰다 보면 점차 글쓰기 실력이 늘어나게 되는 것이 당연한 일일 테니까요. 그렇기 때문에 초등학교 저학년 아이들이 쉽게 접할 수 있는 그림책이라는 좋은 글을 통해, 아이들은 자신도 모르는 사이 글쓰기 실력을 키워가게 됩니다.

《읽기 & 쓰기 교육》에서 저자 김영숙은 읽기와 쓰기 능력은 단독적으로 별개의 능력으로 발달하는 것이 아니라 서로 영향을 주며 동시에 발달한다고 말합니다. 즉, 읽기 발달은 쓰기 발달에 영향을 미치고 쓰기 발달은 읽기 발달에 영향을 미친다는 것이지요. 지금까지 알아본 것처럼 그림책 읽기 등을 통해서 발달한 읽기 능력은 쓰기가 발달하는 데 영향을 주고, 이렇게 발달한 쓰기 능력은 다시 읽기를 유창하게 하는 데 도움을 줍니다.

문해력
그림책
100

2부

무슨
그림책을
읽을까

BOOK ✦ 001

서툴러도 괜찮아

《슈퍼 히어로의 똥 닦는 법》 안영은 글, 최미란 그림

#자기 탐구와 자존감

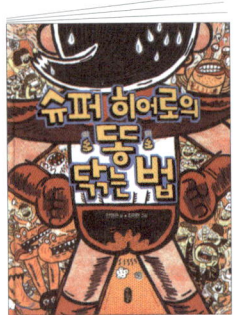

유치원부터 초등학교 저학년 시기의 아이들은 똥, 코딱지, 방귀를 참 좋아하죠! 그래서 똥 닦는 법이라는 그림책 제목만 들어도 참 흥미로워했어요. "재미있겠다!" 하는 아이들이 반, "윽, 더러워!" 하는 아이들이 반이었지만, 읽어 줄수록 익살스러운 그림과 재미난 이야기에 아이들은 깔깔대며 즐거워했습니다.

이 그림책의 주인공 짱짱맨은 슈퍼 히어로지만, 똥 닦는 법을 잘 몰라 팬티에 똥을 묻히고 다니는 것이 밝혀지며 망신거리가 됩니다. 그러다 어렵게 찾아간 똥 도사를 만나 똥 닦는 법을 제대로 배우게 되지요. 그림책에 나온 대로 똥 제대로 닦는 법은 실생활에 정말 필요한 기술이지만, 제대로 배울 곳이나 기회가 잘 없어요.

이제 입학을 해서 초등학교의 화장실이라는 낯선 곳에서 혼자 용변을 처리해야 하는 우리 반 아이들에게 휴지 접는 법, 쭈그리고 닦는 법, 손 씻는 법을 그림책을 통해 알려 줄 기회가 생겨서 참 좋았어요.

저는 이렇게 질문했습니다.

"짱짱맨처럼 여러분도 부끄럽고 창피했던 경험이 있나요?"

"유치원 변기랑 초등학교 변기랑 물 내리는 방법이 달라서 처음에 물을 못 내렸어요."

"너무 급해서 바지에 쉬가 묻었어요."

"배가 너무 아파서 바지에 똥 싼 적 있어요!"

1학년 아이들은 학교에서 용변을 보기 위해 바지를 내리는 것, 화장실까지 참으면서 가는 것, 용변 후 뒤처리를 하는 것을 대부분은 어려워합니다. 그래서 용변 후 뒤처리는 창피한 것이 아니고 배우면 된다고 이야기해 주었습니다.

"실제 생활에서는 이렇게 부끄럽더라도 알면 좋은 것들이 많아요. 짱짱맨이 똥 닦는 것을 배운 것처럼 여러분은 어떤 기술을 배우고 싶나요?"

"친구들이랑 사이좋게 지내는 방법이요."

"학교에 올 때 아침마다 엄마랑 헤어지는 게 힘들어요. 괜찮아지는 방법을 알고 싶어요."

"줄넘기를 잘 못해서 배우고 싶어요."

이렇게 우리 반 아이들은 배우고 싶은 것이 참 많았어요. 아이들에게 이렇게 말해 주고 싶습니다.

여러분이 아기 때는 두 다리로 일어서는 것도, 걷는 것도, 말을 문장으로 하는 것도 어렵고 힘들었지만, 어느새 쑥쑥 자라 1학년이 되었잖아요. 아기 때는 힘들고 어렵게 느껴지던 일이 지금은 별 생각 없이도 편하게 하는 행동이 되었죠. 그러니까 지금 당장은 학교 화장실이 무섭기도 하고, 용변을 보는 방법이 어려울 수도 있어요. 아침에 엄마랑 헤어지는 것도, 혼자 학원에 가는 것도 힘들 수도 있습니다. 하지만 선생님은 알고 있어요. 지금 어려운 것들도 분명 시간이 지나면 잘할 수 있다는 것을요.

읽기·대화 가이드

- 여러분은 똥 닦는 방법을 잘 알고 있나요? 언제, 어디에서 배웠나요?
- 짱짱맨처럼 부끄럽고 창피했던 경험이 있나요?
- 실제 생활에서는 이렇게 부끄럽더라도 알면 좋은 것들이 많아요. 짱짱맨이 똥 닦는 것을 배운 것처럼 여러분은 어떤 기술을 배우고 싶나요?
- 이 그림책에서 말한 것처럼 휴지를 적당히 사용해야 하는 이유는 뭘까요?

BOOK ✦ 002

성적에 상관없이 행복할 수 있어요

《오싹오싹 크레용!》 에런 레이놀즈 글, 피터 브라운 그림

#자기 탐구와 자존감

얼마 전, 반 아이들과 학교 도서관에서 수업을 한 적이 있어요. 학생들에게 원하는 책을 골라 읽을 시간을 주었는데, 많은 아이들이 오싹오싹한 귀신 이야기를 읽기 시작했습니다. 역시 저학년 아이들은 무서운 이야기에 흥미를 느끼는 것 같아요. 《오싹오싹 크레용!》도 짜릿하고 으스스한 그림책입니다.

저는 그림책을 읽어 줄 때 먼저 표지를 탐색하게 합니다. 표지에 있는 글 작가, 그림 작가, 번역가, 출판사, 제목이 어디에 있는지 아이들과 찾아봅니다. 이렇게 책을 구성하는 요소들이 어떤 것이 있는지 알아보고, 표지의 제목과 그림을 보며 앞으로 펼쳐질 이야기를 추측해 봅니다. 이런 활동은 초기 문해력이 발달하는 시기에 책에

대한 개념을 갖도록 합니다.

"표지를 볼까요? 어떤 일이 벌어질 것 같나요?"

"토끼가 무서워하고 있어요."

"크레파스가 귀신인가 봐요."

"크레파스가 알아서 움직이는 거 같아요. 그걸 토끼가 무서워하는 거 같아요."

주인공 재스퍼는 자신 있는 미술을 빼고는 공부하는 게 하나도 즐겁지 않았어요. 그런데 어느 날, 집에 가는 길에 크레용을 하나 발견합니다. 보라색에 새것처럼 끝이 뾰족하고 완벽한 크레용이었지요. 크레용은 어쩐지 재스퍼를 만나서 행복해 보입니다. 그날 밤, 재스퍼는 받아쓰기 공부를 하지 않고 재미있는 TV 프로그램을 시청했어요. 그랬더니 다음 날, 받아쓰기 시험에서 제대로 아는 것이 없습니다.

그런데 이게 웬일일까요? 크레용을 집어 들자 곧바로 맞는 답을 척척 쓰기 시작합니다. 크레용을 얻은 뒤로 100점을 맞고, 그림도 아주 잘 그리게 된 토끼 재스퍼. 그런데 재스퍼는 점점 오싹오싹해지고 불안해지지만, 크레용은 즐거워 보입니다. 결국, 재스퍼는 크레용과 결별을 선언합니다. 그리고 스스로 이뤄 낸 점수에 만족을 하고 자유를 만끽하지요.

《오싹오싹 크레용!》은 조금 더 큰 아이들도 재미있게 읽을 수 있는 그림책입니다. 요즘엔 1학년들도 공부를 싫어하고 성적을 걱정하는 모습을 보이긴 하지만, 시험과 성적의 늪에 빠져 버린 고학년 아이들이라면 훨씬 더 많은 것을 공감하고 느낄 수 있지 않을까요? 이 그림책을 읽고 나서, 어떻게든 좋은 점수를 받는 것이 능사가 아님을, 우리는 성적과 상관없이 행복해질 수 있다는 것을 아이들이 알아 가면 좋겠습니다.

읽기·대화 가이드

- 표지의 제목과 그림을 보세요. 앞으로 어떤 일이 벌어질 것 같나요?
- 재스퍼는 미술 말고 공부하는 게 즐겁지 않은 친구였어요. 여러분은 어떤 공부가 재미있나요? 어떤 공부가 어렵고 재미없나요?
- 처음에 받아쓰기 100점을 받은 재스퍼는 조금 오싹한 기분이 들었지만 기뻤습니다. 그런데 나중에는 모든 과목에서 100점을 받아도 끔찍했다고 표현하지요. 왜 그렇게 마음이 바뀌었을까요?
- 여러분에게 오싹오싹 크레용이 생긴다면 어떨까요?

BOOK ✦ 003

오, 괜찮은데?

《괜찮아 아저씨》 김경희 글·그림

#자기 탐구와 자존감

    어느 마을에 밝고 유쾌한 괜찮아 아저씨가 살고 있었어요. 아저씨는 아침이면 세수를 하고 손으로 매만져 머리 모양을 만들었지요.

"오, 괜찮은데?"

그리고 아저씨는 남은 머리카락의 숫자를 셉니다.

"하나, 둘, 셋, 넷, 다섯…… 열."

우리 반 아이들과 함께 아저씨의 머리카락 개수를 세어 보았어요.

"뭐야, 왜 머리카락이 열 개밖에 없어!"

"아저씨 머리가 저게 다예요?"

    아이들이 웃음을 터뜨렸습니다. 그림책 속 아저씨는 괜찮다고 생각했는데 우리 반 아이들은 안 괜찮은 것 같습니다.

    그런데 어떡하죠? 아저씨가 낮잠을 잘 때 새가 와서 머리카락 한 올을 뽑아갔어요. 화가 날 만도 한데, 괜찮아 아저씨는 다음 날 세수를 하고 머리카락을 세 개씩 묶었어요. 그러고는 다시 말합니다.

"오, 괜찮은데?"

아이들과 남은 머리카락을 세어 보았어요.

"하나, 둘, 셋, 넷, 다섯…… 아홉!"

아까보다 목소리가 조금 더 커진 것 같습니다. 그러면서 아저씨의 머리카락이 아홉 개밖에 없는 것을 재미있어 하는 친구도 있고, 안타깝게 보는 친구도 있었어요.

"남자가 왜 머리를 묶어요?"

"왜! 남자도 머리를 묶을 수 있지!"

1학년 아이들은 머리카락 개수보다도 머리 모양에 관심이 많았습니다.

비 오는 날, 거미가 아저씨 머리에 매달려 흔들흔들하는 바람에 이제는 머리카락이 여덟 개 남았네요. 그래도 아저씨는 개의치 않습니다. 이번에는 가르마를 멋지게 타고 또 외쳐요. 우리 반 아이들과 함께 외쳐 보았습니다.

"오, 괜찮은데?"

다 함께 긍정의 주문을 외우듯 한바탕 큰소리로 외치고 나니 아이들이 까르르 웃습니다. 이렇게 우리는 아저씨의 머리카락 개수를 세며 요즘 수학 시간에 배우고 있는 숫자를 알아보기도 했습니다. 그리고 괜찮아 아저씨처럼 속상했던 경험을 떠올려 본 후 그래도 "괜찮아"라고 말할 수 있는 긍정의 힘에 대해 생각했습니다.

"주인공 아저씨는 머리카락이 빠지는 경험을 하지요. 여러분은 이렇게 속상한 경험을 한 적이 있나요?"

"동생이 어려서 제가 만들어 놓은 레고를 부수었어요."

"언니가 맨날 제가 놀고 있을 때 자기 물건이라고 뺏어가요!"

"괜찮아 아저씨는 속상한 일이 있어도 머리 모양을 새롭게 만들고 나서 '괜찮은데?' 하고 말하지요. 여러분도 같은 상황을 좋게 볼 수 있을까요?"

"동생이 일부러 레고를 망가뜨린 건 아니니까 '괜찮아' 하고 말해 줄 수 있어요."

"태권도 도장에 안 가고 엄마랑 있고 싶지만, 태권도를 배우면 좋은 점도 있어요."

이렇게 우리는 하루에도 여러 번 속상하고 화가 나는 일이 생깁니다. 이럴 때 짜증을 내지 말고, 괜찮아 아저씨처럼 긍정적으로 생각해 보는 여유를 가지는 건 어떨까요? 근심과 걱정을 사라지게 하는 괜찮아 아저씨의 주문을 외워 보는 것도 좋겠죠!

"오, 괜찮은데?"

읽기·대화 가이드

- 표지를 보고 내용을 추측해 볼까요?
- 괜찮아 아저씨의 안타까운 상황은 어떤 것인가요? 그 상황에서 아저씨는 어떻게

해결을 했나요?

- 요즘 속상했던 경험이 있나요? 머리카락이 빠진 괜찮아 아저씨가 머리 모양을 바꾸며 괜찮다고 말한 것처럼 우리도 속상하고 안타까운 경험을 긍정적으로 바라볼 수 있는 방법은 무엇이 있을까요?

BOOK ✦ 004

할아버지를
떠올려 봐요

《우리 할아버지》 앤서니 브라운 글·그림

#가족 이해와 관계

그림책이 시작될 때 등장인물이 우리에게 이런 질문을 던집니다.
"너희 할아버지는 어떤 분이야?"
그래서 우리는 책장을 넘기는 것을 멈추고 할아버지에 대해 생각해 봅니다.
"우리 할아버지는 키가 커요. 그리고 제가 해 달라는 건 다 해 주세요."
"우리 할아버지는 농사를 지으세요. 그래서 잘 만나지 못하는데 만나면 좋아요."
"초등학교에 입학했다고 할아버지가 선물을 사 주셨어요."
아이들이 말하는 할아버지의 모습은 한결같이 따뜻하고 너그러운 분이신 듯했습니다. 할아버지와 행복한 시간을 보내고 있는 아이들을 떠올리는 제 마음도 푸근해졌습니다.

 책장을 넘기자 다양한 아이들이 자신의 할아버지를 소개합니다. 쪼글쪼글 주름이 많고, 공룡을 닮은 듯한 할아버지. 새 자동차처럼 반짝반짝 빛이 나는 것 같은 할아버지, 몸집이 산처럼 큰 할아버지, 몸집이 진짜 작은 할아버지 등 모습도 제각각입니다.
 한 학생이 몸집이 작은데, 엄청 큰 고양이를 키우는 할아버지의 그림을 보며 신기한 듯 말했습니다.
 "어떻게 할아버지보다 고양이가 저렇게 클 수 있어요! 거짓말!"
 그렇게 말하면서도 웃고 있는 아이들이 정말 즐거워 보였습니다.

 이 책에는 다양한 할아버지들이 등장하는데 비슷한 점도 있었어요. 할아버지가 나를 사랑하고, 나도 할아버지를 사랑한다는 점이지요.
 멀리 떨어져 있지만 나를 끔찍이 사랑해 주시는 할머니, 늘 아낌없이 내어 주시는 할아버지에 대한 기억은 어른이 되어서도 아이에게 남아 따뜻한 애정의 원천이 됩니다.
 《우리 할아버지》는 할아버지에 대한 존재감, 할아버지와의 관계, 가족의 의미 등을 되짚어 보게 하는 그림책입니다. 이 책을 읽으며 아이들이 할아버지에 대한 생각을 떠올려 보고 따뜻한 감정을 느낄 수 있는 계기가 되기를 바랍니다.

> **읽기·대화 가이드**

- 우리 할아버지에 대해 떠올려 보고, 말해 볼까요?
- 우리 할아버지를 생각하면 어떤 느낌이 드나요?
- 그림책 속에 등장하는 할아버지와 우리 할아버지는 비슷한 부분이 있나요?
- 기억에 남는 할아버지와의 추억은 어떤 것이 있나요?

BOOK ✦ 005

빨간 고양이인 내가 참 좋아

《빨강이 어때서》 사토 신 글, 니시무라 도시오 그림

#자기 탐구와 자존감

　《빨강이 어때서》 그림책은 빨간 털을 가진 고양이가 주인공입니다. 그런데 흰색 털을 가진 엄마와 까만 털을 가진 아빠는 이런 빨강이의 특징을 그대로 받아들이지 않고, 빨강이의 털을 흰색이나 검정색 혹은 줄무늬로 바꾸려 합니다. 빨강이는 가족들과 다른 특이한 색깔을 가진 고양이라서 인정받지 못하지요. 그렇지만 빨강이는 자신의 빨간색을 좋아합니다. 하얘지거나 까매지고 싶지 않았던 빨강이는 결국 집을 떠납니다.

　"남들이랑 똑같아야 좋은 걸까? 곰곰이 생각해 봤어. 하지만 난 빨간 고양이인 내가 참 좋아."

　그림책 속 빨강이의 말처럼, 우리도 나만의 특이한 점을 찾아보았습니다. 주변 사람들이 말하거나 스스로가 부족하다고 생각하는 점에 대해서도 이야기해 보았습니다.

"저는 키가 작아요. 그래서 엄마, 아빠가 밥을 많이 먹으래요."
"난 키가 커서 안 좋아."
"저는 제가 마음에 드는데 자꾸 저 보고 살 빼래요."
"영어 학원에서 다른 반으로 가려면 이번 시험을 잘 봐야 해요. 근데 저는 영어를 잘 못하는 거 같아요."

이번에는 자신이 잘하는 점을 찾아보기로 했습니다.
"저는 키가 작아도 빨라요! 달리기를 잘하고, 축구도 잘해요."
"나는 영어는 잘 못하는데 수학은 좋아해요."
"아이들이랑 사이좋게 잘 놀아요."

이렇게 우리는 각각 다른 특성을 가지고 있지요. 같은 교실에서 같은 교과서로 같은 수업을 듣지만, 좋아하는 것도 잘하는 것도 다 다릅니다. 그러니까 누군가와 달라도 괜찮아요. 다른 사람과 비교하지 말고, 이 세상 하나뿐인 나를 사랑하면 좋겠습니다. 그리고 우리도 빨강이를 응원해 주던 파랑이처럼 주변 친구들을 있는 그대로 받아들이고 아끼는 친구가 되면 좋겠어요.

> 읽기·대화 가이드

- 가족들이 자신을 있는 그대로 봐 주지 않고, 색깔을 바꾸려고 하는 노력 때문에 빨강이는 속상한 마음이 들었습니다. 여러분도 비슷한 경험이 있나요?
- 빨강이처럼 다른 사람과 다른 나만의 특징을 찾아봅시다.
- 파랑이처럼 나를 있는 그대로 인정해 주고 칭찬해 주는 사람은 누가 있나요? 인정받았던 기억을 떠올려 말해 볼까요?

BOOK ✦ 006

두려워도
잘 해낼 수 있어요

《문어 목욕탕》 최민지 글·그림

#자기 탐구와 자존감

아이들은 문어가 빼꼼히 쳐다보고 있는 표지를 보고는 재미있어 했어요.

"선생님! 여기 숫자 8이 많이 나와요."

그림책을 읽어 주기 시작하자, 아이들은 여기저기에 8이라는 숫자가 많이 나온다고 합니다.

"왜 그럴까?"

"작가가 8을 좋아해서요", "문어 다리가 여덟 개니까요"라고 아이들은 저마다 이유를 찾습니다.

주인공이 사는 마을에 '문어 목욕탕'이라는 새로운 목욕탕이 생겼어요. 정말 가 보고 싶지만 갈 수가 없어요. 엄마가 없으니까요. 하지만 엄마 없이 혼자 온 아이는 입장료가 80원이라는 소식에 혼자라도 가 볼 용기를 냅니다. 주인공은 주변 사람들이 나만 빼고 즐거워 보인다고 생각합니다.

이때 그림을 유심히 살펴보던 우리 반 아이가 "모두 다 즐거운 것은 아니에요"라고 말합니다. 어떤 아이는 "왜 주인공은 몸을 수건으로 가려요?"라고 묻더라고요. 그랬더니 아이들이 "자신감이 없어서", "혼자만 와서 슬퍼서", "우울해서", "낯설어서"라고 저 대신 이야기해 줍니다.

"《문어 목욕탕》의 주인공처럼 낯선 공간에 혼자 가 본 적이 있나요?"
"저는 매일 학원에 혼자 가요."
"얼마 전 편의점으로 엄마 심부름을 다녀왔어요."
처음엔 겁도 났지만 지금은 많이 이겨 내서 괜찮다고 말하는 모습이 참 기특했습니다.

이윽고 주인공은 물탕에 들어가서 문어 덕분에 즐거운 경험을 하게 됩니다. 그 부분을 아이들은 《장수탕 선녀님》과 비슷하다고 이야기했어요. 물속으로 숫자를 세며 들어가고, 그 안에서 벌어지는 신비롭고 환상적인 일들이 닮았다고 하네요.

주인공은 문어 덕분에 낯선 공간에서 즐거움을 찾게 되고 마음이 시원해지지요. 아이들은 마지막에 혼자 서 있는 남자아이를 발견했어요. "얘는 아빠가 없나 봐요." 하면서 그림만 보고도 숨은 이야기를 추측하기도 했습니다.

 그림책 읽기를 마치며 우리는 주인공을 다시 떠올리며 현재 우리의 고민을 이야기해 보았어요. 아이들은 증조할머니의 건강, 태권도 심사, 언니와의 다툼 등을 고민하더라고요. 모든 사람들에겐 고민이 있음을 이야기하면서 해결할 수 있는 방법을 찾아보기도 했어요. 주인공이 용기를 내어서 도전해 보고, 결국 마음이 시원해진 것처럼 우리도 용기를 한 번 내볼까요? 결국 우리 마음도 시원해질 거예요!

읽기·대화 가이드

- 목욕탕에 가 본 경험을 이야기해 볼까요?
- 주인공이 처음 본 목욕탕 풍경은 어땠나요? 왜 주변 사람들이 다 즐거워 보였을까요?
- 여러분도 주인공처럼 낯설고 두려웠던 적이 있나요? 그런 기분을 어떻게 이겨 냈나요?
- 마지막에 등장한 아이는 왜 혼자 서 있을까요? 숨겨진 이야기를 추측해 봅시다.
- 여러분의 현재 고민은 어떤 것이 있나요? 어떻게 이겨 낼 수 있을까요?

BOOK ✦ 007

지친 부모님께
마음을 표현해요

《건전지 아빠》 전승배, 강인숙 글·그림

#가족 이해와 관계

우리 반 아이들은 아침에 등교를 하면 제 책상 위의 그림책을 슬쩍슬쩍 쳐다봐요. 책 표지도 관찰하고, 책장도 넘겨 봅니다. 그런데 이날은 특히 "이 그림책 재미있겠다" 하는 아이들이 참 많았어요.

"이 그림책은 사진으로 찍은 것 같아요."

한 친구가 말했어요. 아이들은 참 예리합니다.

동구네 집에 살고 있는 '건전지 아빠'는 건전지가 필요한 여러 곳에서 열심히 일합니다. 캠핑을 갈 때 손전등을 따라가 열심히 일을 하고 지쳐서 집으로 돌아옵니다. 그런데 그때 "아빠" 하며 달려오는 아이들! 이 그림책은 지친 건전지 아빠가 알록달록한 자녀들 덕에 '충전 완료'되며 행복하게 끝을 맺어요.

우리 반 아이들에게 부모님을 충전 완료해드린 경험을 물어보았어요. 대부분의 아이들이 안마를 해드릴 때, 설거지나 심부름을 해드릴 때, 공부를 잘했을 때를 말하더라고요. 그런데 잘 모르고 있는 사실이 있는 듯해서 알려 주었습니다. 여러분의 존재만으로 부모님들은 충전이 완료된다는 사실을요! 그런데 그때 한 친구가 "화내실 때도 엄마, 아빠가 나를 사랑할까요?"라고 묻더라고요. 그래서 힘차게 고개를 끄덕이며 그렇다고 알려 주었습니다. 그 순간조차도 여러분을 사랑하는 마음은 변함이 없다고 말이지요.

저는 아이들에게 숙제를 내 주었습니다. 바로, 집에서 엄마, 아빠를 '충전 완료' 해드리기! 아이들이 "안마를 할까?", "심부름을 할까?" 하며, 다양한 일들을 궁리하기에, 그냥 꼭 안아드리는 것만으로도 충전이 완료될 거라고 귀띔해 주었어요.

— ✦ (읽기·대화 가이드)

- 이 그림책의 그림은 다른 그림책과 어떻게 다른가요?
- 건전지 아빠의 표지를 보며 어떤 일이 일어날지 예측해 봅시다.
- 평소에 우리 엄마, 아빠는 어떨 때 '충전 완료' 상태가 되시나요?
- 오늘 집에 가서 엄마, 아빠가 '충전 완료'될 수 있도록 해 보고 내일 학교에 와서 이야기를 해 볼까요?

BOOK ✦ 008

기발한 상상력의 힘을 느껴요

《어떤 학교가 좋아?》 스즈키 노리타케 글·그림

#상상력

이 그림책은 이미 읽어 준 《어떤 화장실이 좋아?》 시리즈 중 한 권인데요. 그래서 그런지 반 친구들이 굉장히 친숙하게 느끼고, 읽기 전 표지를 볼 때부터 기대감을 드러냈습니다.

입구에서 폭포가 콸콸 쏟아져 내리는 폭포 학교, 신발장에 칸칸이 귀여운 새들이 살고 있는 새 학교 이야기가 등장하자, 아이들이 굉장히 흥미로워했습니다. "나도 저런 학교 가고 싶다!" 하며 웃는 아이들을 보니까 '학교 건축이 색다르면 참 좋을 텐데' 싶었습니다. 아이들에게 어떤 학교가 마음에 드냐고 물어보니, 미끄럼틀 학교, 게임을 하는 학교, 수업 시간이 없는 학교 등 다양한 이야기가 나왔어요. 공통점은 공부를 안 하는 학교네요! 하하하!

이 그림책에는 책상과 의자도 다양하게 등장하고, 재미있는 선생님들이 다채롭게 등장합니다. 그야말로 기발한 상상력에 아이들이 "우와~" 하며 감탄을 합니다.

이 책에서는 학생과 선생님의 역할이 바뀝니다. 학생이 자신이 좋아하는 것으로 수업을 진행하고, 선생님은 진땀을 흘리며 수업에 참여하지요. 우리 반에게 선생님이 된다면 어떤 수업을 하고 싶냐고 물었더니 게임, 만들기, 상어에 대해 알아보기 등을 말합니다. 나중에 자라서 선생님을 해도 참 잘할 것 같은 우리 반 아이들입니다.

이 그림책은 곳곳에 작은 그림이 숨어 있어서, 친구들이 숨은그림을 찾으며 즐거워했어요. 그 어느 때보다 그림을 열심히 들여다보고 꼼꼼히 확인했지요. 매번 그림책을 함께 읽고 나서, 언제든 각자 빌려서 읽어도 된다고 하는데요. 이날은 쉬는 시간이 되자마자 아이들이 저에게 몰려 왔습니다.

읽기·대화 가이드

- 어떤 학교가 있으면 좋겠는지 상상해 볼까요?
- 의자와 책상이 달라진다면 어떻게 바꿀 수 있을까요?
- 여러분이 선생님이 되었다고 생각해 봅시다. 어떤 주제로 수업을 할 수 있을까요?
- 여러분이 원하는 선생님은 어떤 선생님인가요? 왜 그런가요?

BOOK ✦ 009

스스로 성장할 수 있어요

《오싹오싹 팬티!》 에런 레이놀즈 글, 피터 브라운 그림

#자기 탐구와 자존감

제가 《오싹오싹 크레용!》을 읽어 준 이후, 반 친구들이 이 시리즈 그림책들을 많이 읽어 보았더라고요. 그래서 이 그림책 표지를 보여 주자 여기저기에서 소리를 지르며 좋아했습니다. 표지 그림을 보면, 모두 흑백인데 팬티만 으스스한 야광 연두색이라 극적인 대비가 한눈에 쏙 들어 오지요. 오싹오싹한 느낌이 아이들을 사로 잡습니다.

어느 날, 토끼 재스퍼는 엄마와 함께 팬티를 사러 갔다가 오싹오싹 팬티를 사게 됩니다. 그날 밤 여느 때처럼 불을 끄고 자려고 하는데, 갑자기 그 팬티의 빛이 으스스하게 느껴집니다. 그래서 바로 벗어 버리는데, 신기하게 다음 날 아침에 보면 팬티가 입혀져 있어요. 중국으로 보내도, 가위로 잘라도 계속 그 자리에 돌아오는 팬티. 그

야말로 오싹오싹한 팬티입니다.

요즘 아이들과 우리나라에 대해 배우고 있어서, 이런 질문을 던졌어요.
"재스퍼가 만약 팬티를 중국이 아닌 우리나라로 보냈다면 어떤 기념품을 가지고 올까요?"
태극기, 김치, 비빔밥, 한복, 무궁화 등등. 아이들의 대답이 참 다양하더라고요.

재스퍼는 결국 구덩이를 깊게 파고 팬티를 묻어 버립니다. 재스퍼가 팬티를 묻으러 가는 동안 《오싹오싹 당근!》에 나오는 들판이 나오는 것이 또 하나의 재미인데, 그 그림책을 읽은 친구들은 역시 알아보더라고요. 구덩이를 파고 팬티를 묻는 장면에서, 아이들이 저렇게 깊은 구덩이에서 재스퍼는 어떻게 나올 수 있었냐고 물었어요. 그래서 제가 아이들에게 되물어 보았습니다. "정말 어떻게 나왔을까요?" 하고요. 그랬더니 아이들이 저번에 읽었던 그림책 《구덩이에서 어떻게 나가지?》를 떠올렸습니다. "쥐랑 고양이처럼 물이 넘쳤던 게 아닐까요?" 하고 말해서 모두 웃고 말았어요. 친구들이 그동안 읽었던 그림책과 비교하고 추측하는 것은 언제 들어도 신기하고 놀랍게 느껴집니다.

결국 이 책의 마지막에서 재스퍼는 성장합니다. 무서워했던 팬티를 더 이상 무서워하지 않게 되거든요. 엄마나 아빠의 도움 없이 스스로 말이지요. 우리 친구들도 입학 후 100일이 넘는 시간을 보내는 동안 낯설고 두렵던 학교생활에 적응을 하며 성장했습니다. 앞으로도 계속 낯설고 걱정되는 상황들이 새롭게 오겠지만,《오싹오싹 팬티!》속 재스퍼처럼 스스로 성장할 수 있으리라 믿습니다.

> **읽기·대화 가이드**

- 재스퍼가 만약 팬티를 중국이 아닌 우리나라로 보냈다면 어떤 기념품을 가지고 올까요?
- 깊게 구덩이를 판 재스퍼는 그 안에서 어떻게 나왔을까요? 상상해 봅시다.
- 재스퍼는 스스로 두려움을 이겨 냈어요. 여러분도 무섭거나 두려웠던 상황을 스스로 이겨 낸 적이 있나요?

BOOK ✦ 010

기발한 상상력을 즐겨요

《수박 수영장》 안녕달 글·그림

#상상력

《수박 수영장》은 워낙 베스트셀러여서 그런지, 이 그림책은 이미 읽어 본 아이들이 많더라고요. 이 그림책을 원작으로 하는 뮤지컬이 있어서, 오늘은 뮤지컬 노래를 들려주며 그림책 수업을 시작했습니다. 뮤지컬 곡을 작게 틀어 놓아 감상을 풍부하게 하기도 했고, 유튜브에서 뮤지컬 영상을 보며 원작과 비슷한 점과 다른 점에 대해 아이들과 이야기해 보았습니다.

사람들이 수박 안에서 수영하며 수박씨와 수박 껍질을 이용해 다양하게 노는 모습이 즐겁게 펼쳐집니다. 나이와 성별, 직업, 장애 등을 구별하지 않고 이웃 사람들 모두가 한곳에서 자연스럽게 어울려 놉니다. 안녕달 작가만의 상상과 재치가 빛나는 책으로 가족에 대한 애정과 이웃을 바라보는 따뜻한 시선을 잘 느낄 수 있습니다.

《달샤베트》,《두더지의 여름》 같은 여름 그림책들을 요즘 읽고 있어서 그런지 아이들이 여름의 분위기를 물씬 느끼고 있더라고요. "수박 먹고 싶다!", "어제 수박 먹었어요" 하고 아이들은 자유롭게 수박 이야기를 하며 그림책을 읽기 시작했습니다.

아이들은 수박 수영장에서 즐겁게 노는 아이들을 보며, 함께 놀고 싶다고 이야기했습니다. 구름 장수가 등장하는 부분에서는 구름 양산과 먹구름 샤워를 갖고 싶다고 하네요. 어디에 쓸 것인지 물어봤더니, 더운 날 시원하게 샤워하면서 집에 가고 싶다는 대답에 모두가 웃었습니다.

미끄럼틀도 타고 즐겁게 놀던 수박 수영장에 마지막 아이가 떠나면 이제 문을 닫을 차례입니다.

"가을이 왔나 봐요!"

단풍잎과 은행잎이 수박 수영장에 떨어지는 부분에서 아이들은 계절의 변화를 실감했습니다. 어떻게 눈치를 챘냐고 물었어요.

"저 잎들은 가을에 보이잖아요."

"단풍잎이랑 은행잎이요!"

이렇게 글로 적혀 있지 않아도 아이들은 그림을 통해 의미를 이해합니다.

계절이 바뀌면서 수박 수영장은 문을 닫았습니다. 아이들은 여름이 가는 것을 아쉬워하면서도 씩씩합니다.

"괜찮아요! 겨울 오면 눈썰매를 타면 되거든요!"

멋진 대답이네요. 그래요, 그렇게 우리는 새로운 계절을 기쁘게 맞이하면 됩니다. 새로운 계절의 또 다른 즐거움이 우리를 기다리고 있으니까요.

읽기·대화 가이드

- 수박에 대해 떠오른 느낌이나 경험이 있으면 이야기해 봅시다.
- 표지의 그림을 보면 어떤 느낌이 떠오르나요? 어떤 이야기가 펼쳐질까요?
- 여러분은 구름 장수에게서 무엇을 사고 싶나요? 왜 그런가요?
- 수박 수영장은 왜 문을 닫을까요? 계절이 변화한 것을 어떻게 알 수 있나요?
- 여름이 가서 아쉬운 적이 있었나요? 무엇 때문에 아쉬웠나요?

BOOK ✦ 011

좋은 친구에 대해 생각해요

《모모와 토토》 김슬기 글·그림

#우정과 사랑

표지를 넘기면 나오는 면지에 노란색 배경의 다양한 물건들이 가득합니다. 이것은 나중에 보면 모모의 집인 것을 알 수 있지요. 반 친구들이 이 그림책을 다 읽고 나서, 앞·뒤의 면지에 그려진 그림을 비교해 보더라고요. 하나는 모모의 집, 하나는 토토의 집인 것 같다고 이야기하며 숨겨진 의미를 발견할 수 있었습니다.

"아! 알았어요. 모모는 원숭이라서 바나나를 좋아해서 노란색이고, 토토는 토끼라서 당근을 좋아해서 주황색인 것 같아요!"

그림책에 직접적으로 등장하지 않은 정보까지도 생각하며 추론해 내는 아이들 모습이 대견합니다.

이 그림책의 주인공 모모는 토토와 단짝 친구예요. 모모는 단짝 친구인 토토를 위해 다양한 선물을 줍니다. 그리고 토토가 고른 주황색 물건 대신에 노란색 물건을 골라 줍니다. 토토는 고맙다는 말을 하지 않고 "있잖아, 모모야. 나는……." 하고 말을 줄입니다.

"이때 토토는 무슨 말을 하고 싶었을까요?"

"나는 노란색보다 주황색이 좋아."

그런데도 모모는 토토의 마음을 생각하지 않고 자기가 원하는 선물을 줘요. 토토는 온통 노란색으로 꾸며진 자신을 바라보다 생각에 잠깁니다. 결국 토토는 모모와 놀지 않겠다고 주황색 쪽지 한 장을 남긴 채 떠나 버립니다.

"왜 그런지 알아요. 모모가 토토가 좋아하는 것을 주지 않아서 화난 것 같아요."

"나는 주황색이 좋은데, 자기는 노란색이 좋다고 자꾸 노란색을 주니까요."

아이들은 토토의 속상한 마음을 이해하고 있었어요.

토토를 찾아다니던 모모는 드디어 이유를 알았습니다. 그리고 토토에게 주황색 꽃으로 사과를 청하지요.

"드디어 토토가 원하는 것을 알았나 봐요!"

아이들이 모모를 칭찬해 주었습니다.

"친구가 내 마음을 몰라 속상했던 적이 있나요?"

"저는 할리갈리 보드게임을 하고 싶은데, 친구가 할리갈리 컵스 보드게임을 하자고 했어요."

"저는 지금 안 놀고 싶은데, 자꾸 쉬는 시간에 저를 잡으려고 와서 속상했어요."

친구가 자신의 마음을 몰라주어 속상했던 경험들이 이곳저곳에서 튀어나왔습니다.

나는 어떤 친구일까요? 친구의 마음을 알아주는 친구인가요? 우리는 어떻게 친구를 배려하면서 놀아야 하는지 이야기해 보았어요.

읽기·대화 가이드

- 단짝 친구는 뭘까요?
- 토토는 무슨 말을 하고 싶었을까요? 어떤 마음이었을까요?
- 토토는 왜 마음이 풀렸을까요?
- 친구가 내 마음을 몰라 속상했던 적이 있나요?
- 나는 좋은 친구인가요? 어떻게 좋은 친구가 될 수 있을까요?

BOOK ✦ 012

지친 일상을 벗어난 휴가의 느낌을 즐겨요

《핫 도그》 더그 살라티 글·그림

#자기 탐구와 자존감

교실에서 우유를 마실 시간이 되자 아이들이 물어봅니다.

"선생님 책 안 읽어 줘요?"

"오늘은 그림책 없어요?"

여름방학을 지나고 왔는데도 그림책 읽는 시간을 기억하고 기다리고 있는 사실이 기특합니다. 이날은 우리의 지난 여름방학을 떠올려 볼 수 있도록 《핫 도그》라는 그림책을 읽었습니다.

"핫 도그? 강아지가 뜨겁다는 뜻인가?"

아이들의 생각을 들으며 책장을 열자, 대도시의 한여름 푹푹 찌는 길바닥에 주인과 함께 강아지가 걸어가는 장면이 등장했어요.

"'푹푹 찐다'라는 건 무슨 말일까요?"

"뜨겁다!"

"살이 찐다?"

뜻을 잘 모르는 친구들이 많아서 '푹푹 찐다'라는 어휘에 대한 이야기를 하며 그림책을 읽기 시작했습니다. 호빵과 만두를 찌는 것, 찌는 듯한 요즘 날씨에 대한 이야기도 해 보았지요. 그러면서 콘크리트 바닥을 걸어가는 강아지의 입장을 생각해 보았어요. 발바닥이 타는 듯한 느낌일까? 주인 다리를 목줄로 감는 강아지의 상황을 떠올려 보며 아이들이 등장인물의 상황과 느낌을 공감해 보도록 했습니다.

너무 시끄럽고, 득시글거리는 사람들 사이를 걷던 강아지는 횡단보도에서 멈춰 섭니다. 자동차들이 빵빵 경적을 울려대는 그림을 보고 아이들은 걱정을 하더라고요.

"강아지가 차에 치이는 것 아니에요?"

그때 주인은 키를 낮춰 강아지를 바라보더니 어디로 향합니다.

"어? 어디로 가는 걸까?"

"아! 바다다!"

그렇게 개와 주인은 한적한 섬으로 갑니다. 바람을 맞고, 파도로 달려가며 강아지는 웃고 있어요. 덩달아 주인도 행복해져요.

"여러분도 방학 동안 더운 도시를 떠나 여행 간 적 있어요?"

"전 강원도에 갔어요."

"전 제주도 바다에 갔어요."

"계곡에 가서 캠핑했어요."

주인과 함께 행복한 짧은 휴가를 보내고 일상으로 돌아와 행복한 하루를 마무리하는 강아지처럼, 우리도 행복한 여름방학을 보내고 왔으니 2학기 일상을 힘차게 시작해 봅니다.

읽기·대화 가이드

- 표지를 보고 어떤 생각과 느낌이 떠오르는지 말해 봅시다.
- 대도시의 한여름 날, 푹푹 찌는 길바닥에 주인과 함께 강아지가 걸어가는 장면을 봅시다. 그때 강아지의 느낌은 어떨까요? 무엇을 원할까요?
- 주인은 왜 강아지를 데리고 바다로 떠났을까요?
- 마지막에 강아지는 왜 행복해졌을까요?
- 지친 날, 기운을 낼 수 있는 나만의 방법이 있나요?

BOOK ✦ 013

그림을 보며
등장인물의 생각과
마음을 추측해요

《엄마의 여름방학》 김유진 글·그림

#가족 이해와 관계

"엄마가 휴가 간 것 아니에요?"

아이들이 책 제목을 보고 의아해합니다. 엄마의 어린 시절 여름방학에 관한 이야기라고 하니, 엄마도 여름방학이 있었냐며 신기해하더라고요.

이 그림책은 여름방학을 맞은 딸이 엄마의 여름방학을 궁금해하며 시작됩니다. 기억이 안 났던 엄마는 어린 시절의 일기장을 찾아보며 언니와 둘만 외갓집을 갔던 기억을 떠올려요. 우리 반 아이들은 옛날 기차와 초등학교, 옛날 집과 가구들을 보며 신기해했습니다.

엄마는 어린 시절 동생과 함께 간 외갓집에서 외사촌들과 신나는 여름방학을 보냅니다. 방학 마지막 날, 마당에 물을 받아 놓은 대야에서 수영을 하고 할머니가 씻겨 줍니다. 그때 할머니가 이렇게 질문해요.

"이제 쑥쑥 커서 중학생이 되고 고등학생이 되고 대학생이 되고 어른이 되면 할머니가 이렇게 씻겨 준 것 다 잊어버리겠지?"라고 말이지요. '난 안 잊어버릴 건데!' 하고 아이는 생각했지만, 그 뒷장에서 현재의 딸이 다시 묻습니다.

"엄마, 정말 다 잊어버렸지? 기억 안 났지?"

그림책 속에서 엄마는 딱히 대답을 하지 않았지만, 우리는 그림의 표정을 보고 함께 이야기를 나눠 보았어요.

"엄마의 표정을 보고 무슨 말을 할지 생각해 볼까요?"

"엄마는 잊어버린 것 같아요."

아이들과 그렇게 그림을 보며 등장인물의 생각을 추측해 보았습니다.

딸은 엄마의 일기장을 읽고 나서 엄마와 함께 외갓집으로 향합니다. 그 장면에서 엄마와 딸이 함께 보내는 현재의 여름방학은 엄마의 어릴 때와는 많이 다른 모습입니다.

"보드게임을 하고 있어요."

이렇게 《엄마의 여름방학》을 읽으며 우리의 지난 여름방학을 떠올려 보았습니다. 그리고 우리 엄마의 여름방학도 상상해 보았어요. 아이들은 엄마에게도 자신과 같은 어린 시절이 있었음을 생각해 봅니다.

읽기·대화 가이드

- 이번 여름방학에 어떤 일이 있었는지 말해 봅시다.
- 그림책 속 엄마의 여름방학에서 어떤 점이 낯설고 재미있게 느껴지나요?
- 그림책 속 엄마는 어린 시절을 기억하고 있었을까요?
- 엄마의 외갓집과 아이의 외갓집을 비교해 볼까요? 어떤 점이 달라졌나요?
- 우리 엄마와 아빠는 여름방학 때 어떤 일을 했을까요? 어떤 마음을 느꼈을까요?

2부 무슨 그림책을 읽을까

BOOK ✦ 014

용기가 필요한 순간, 그림책으로 희망을 만나요

《기억나요?》 시드니 스미스 글·그림

#두려움과 슬픔

아이들은 이 그림책의 표지를 보고 인물의 표정이 우울해 보인다고 이야기했습니다. 우리를 쳐다보는 눈이 슬퍼 보인다네요. 속표지를 보면 누워 있는 두 사람의 발이 이불 밖으로 빼꼼히 보입니다. 아이들은 엄마나 아빠, 아이랑 엄마의 발일 것 같다는 추측을 했어요. 어떤 친구는 아이랑 형일 것 같다고 합니다. 그래서 우리는 한 장을 넘겨 어떤 이야기가 펼쳐지는지 알아보기로 했습니다.

그곳에는 어두운 방에 함께 누운 엄마와 아이의 얼굴이 보입니다. 새로운 집에서 보내는 첫날 밤, 둘은 나란히 침대에 누워 있습니다. 그리고 엄마와 아이는 천천히 지난날의 기억을 떠올려 봅니다. 들판으로 나들이 간 날, 엄마랑 자전거를 탄 날, 폭풍우 치던 날,

집을 떠나던 날의 추억들을 엄마와 아이는 도란도란 대화를 나누며 조심스레 꺼내어 봅니다. 그렇게 소중한 기억을 떠올리다 보니 어느새 아침이 밝아 옵니다. 아이는 아침 해가 비춰 오는 창 앞에 서서 지금 이 순간도 추억이 될 것이라 생각을 합니다.

"걱정하지도 두려워하지도 않았어요. 우린 잘 지낼 줄 알았으니까요."

아이는 잠든 엄마를 바라보다 엄마의 곁에 눕습니다. 그리고 꼭 기억할 거라는 다짐을 하지요.

엄마와 아이는 어떤 상황일지 아이들에게 물어보았습니다. 처음에는 아빠가 나오는데 나중에는 아빠와 헤어지는 장면이 나온다는 것을 이야기하며 아이가 아빠와 떨어져 엄마랑만 살게 된 것 같다는 추측을 했습니다. 새로운 집, 뭔가 슬퍼하는 듯한 둘의 표정, 어수선하게 정리가 되지 않은 짐들을 보며 아이들은 주인공의 낯설고 두려운 마음을 읽고 있었습니다. 그러면서 엄마와 아빠가 다툰 날의 기억을 떠올리고 걱정되고 무서웠다는 이야기도 했지요.

현재의 낯설고 두려운 상황들에서 희망을 가지려는 주인공의 모습이 뭉클하게 다가옵니다. 엄마와 아이의 대화에서 어떤 어려움도 이겨 낼 수 있는 가족의 힘을 만나 볼 수 있었습니다. 어떤 아이들은 아직 이 이야기가 와닿지 않거나 어렵게 느껴질 수도 있겠지만, 마음속에 잘 접어 두면 좋겠어요. 언젠가 고난과 어려움을 만나게 될 때, 용기가 필요할 때, 고요히 접혀 있던 이 그림책을 꺼내서 작은 희망의 빛을 발견할 수 있길 바랍니다.

> **읽기·대화 가이드**

- 표지와 속표지를 보며 어떤 이야기가 펼쳐질지 예상해 봅시다.
- 엄마와 아이는 어떤 상황일까요? 왜 그렇게 생각하나요?
- 엄마나 아빠와 대화를 나누며 서로 응원했던 기억이 있나요?
- 가족과 함께 한 소중한 추억을 꺼내어 볼까요?
- 아이와 엄마는 앞으로 어떻게 지내게 될 것 같나요?

BOOK ✦ 015

나이가 많은 그림책에서
다양한 어휘를 만나요

《도깨비를 빨아 버린 우리 엄마》 사토 와키코 글·그림

#다양성

사토 와키코 작가의 《도깨비를 빨아 버린 우리 엄마》는 출간한 지 오래된 책입니다. 우리나라에서만 따져 봐도 무려 1991년에 1판 1쇄를 찍은 그림책이거든요. 저는 이 책을 대학교 3학년 수업에서 만났는데 어른이 봐도 기발하고 재미있는 이야기에 푹 빠져들었습니다.

《도깨비를 빨아 버린 우리 엄마》에는 빨래를 아주 좋아하는 엄마가 등장합니다. 소매를 둘둘 걷어붙이고 커튼, 바지, 조끼, 양말, 홑이불, 베갯잇 등 모두 눈 깜짝할 사이에 빨아 버린 엄마가 이번에는 옷이 아닌 아이들, 소시지, 고양이까지도 빨아 버리고 착착 줄에 널어놓는다는 이야기가 매우 흥미롭습니다.

"와! 왜 저런 것까지 빨아요?"

"엄마 너무하다! 아이들이랑 고양이가 아플 것 같아요."

제가 책을 읽어 주자 아이들은 놀라서 눈이 휘둥그레졌습니다.

그러던 어느 날 엄마의 빨랫줄에 천둥번개 도깨비가 걸립니다. 도깨비가 예의 없게 말하자, 엄마는 정말 화가 나서 도깨비의 목을 잡아끌고 빨래 통에 풍덩 집어 던졌습니다. 그렇게 도깨비까지 빨아서 바짝 말렸는데, 그만 눈, 코, 입이 사라져 버렸습니다. 이때 아이들은 "와하하" 하고 크게 웃었어요. 우리는 작가의 기발한 상상력에 감탄했습니다.

눈, 코, 입이 사라진 도깨비는 어떻게 되었을까요? 엄마는 아이들에게 도깨비의 얼굴을 그려 보라고 하고, 아이들은 크레용을 가지고 와서 예쁘게 그려 줍니다. 그러자 천둥번개 도깨비는 자기 얼굴을 마음에 들어 하고 친구들을 잔뜩 데려옵니다.

"빨래를 좋아한 엄마에게 빨랫감 도깨비가 많아져서 엄마는 좋겠어요!"

"저도 도깨비 얼굴을 그려 보고 싶어요!"

특히 이 그림책에는 '억세다, 금세, 홑이불, 베갯잇, 눈 깜짝할 사이, 쏜살같이 달아나다' 등 다양한 어휘가 등장해 아이들이 문맥을 통해 자연스럽게 뜻을 이해하고 어휘를 익히는 데 좋습니다. 이 그림책도 시리즈 책으로 《도깨비를 다시 빨아 버린 우리 엄마》, 《달님을 빨아 버린 우리 엄마》가 있습니다. 아이가 이 그림책에 재미를 느낀다면 시리즈로도 함께 찾아 읽어 보세요.

읽기·대화 가이드

- 표지를 보고 내용을 추측해 볼까요?
- 그림책 속 옛날 빨래하는 장면과 여러분이 집에서 본 요즘 빨래하는 장면을 비교해 봅시다. 어떤 점이 다른가요?
- 이 그림책 속 엄마는 빨래하는 것을 좋아합니다. 여러분은 무엇을 하는 것을 좋아하나요?

BOOK ✦ 016

어떤 기분을
사러 가 볼까요?

《기분 가게》 도키 나쓰키 글·그림

#상상력

　도키 나쓰키 작가의 《기분 가게》의 표지를 보자 학생들은 주인공이 마법을 부릴 것 같다고 말했습니다. 자연스럽게 작가의 이름을 찾던 아이들은 줄에 재치 있게 달린 작가의 이름을 발견하고 즐거워했습니다.

"이름을 그림처럼 넣었어요!"
"숨은그림찾기를 하는 거 같아요."

　가끔 그림책 중에 작가의 이름과 바코드를 재미있게 표현한 그림책들이 있어요. 찾는 것 자체도 재미있지만, 왜 이렇게 의도했는지를 생각해 보면 그림책을 더 풍부하게 즐길 수 있어요.

매일 비슷한 하루를 살아가던 주인공이 어느 날 집 뒤에 생긴 기분 가게를 방문하며 이야기가 시작됩니다.

"어서 와. 여기는 기분 가게란다! 알고 싶은 기분을 한번 말해 보렴. 내가 바로 만들어 보여 줄 테니."

달팽이 주인의 말에 기분을 알고 싶다고 말한 아이는 정말 기린 목이 되어 봅니다. 평화를 맛본 주인공은 전구를 산 날에 스위치의 기분을 사러 가고, 잠이 안 오는 밤에는 잠 못 드는 기분을 사러 갑니다. 주인공이 다양한 기분을 맛볼 때마다 학생들도 덩달아 다채로운 기분을 상상해 가며 이야기를 따라갔습니다.

"세균이 왜 둘로 쪼개져요?"

세균의 기분을 사러 간 주인공의 이야기를 읽을 때 아이들이 이렇게 질문했습니다. 그래서 우리가 병에 걸릴 때 몸에서 어떤 변화가 있는지를 설명했습니다. 그랬더니 다음에 세균이나 바이러스에 대한 책을 읽어 보고 싶다고 하더군요. 이렇게 그림책을 읽으면 새로운 궁금증이 생기고, 아이들의 관심사가 늘어납니다.

그림책을 다 읽고 나서, 우리가 어떤 기분을 사고 싶은지 이야기해 보았어요.

"저는 공룡의 기분을 사러 가고 싶어요! 트리케라톱스가 되면 어떤 느낌일지 궁금해요!"

"저는 용으로 변신해서 불을 뿜으면서 날아다니고 싶어요."

"시계의 기분을 사고 싶어요. 우리 집에 걸려 있는 시계는 우리를 보면서 어떤 생각을 할지 궁금해요!"

질문을 하자마자, 여기저기에서 마구 이야기가 터져 나왔습니다. 한동안 우리 반 기분 가게에서 다양한 기분이 성황리에 팔리는 동안, 선생님은 우리 아이들의 무한한 상상력이 참 부러웠습니다.

읽기·대화 가이드

- 표지의 그림과 제목을 보고 어떤 이야기가 펼쳐질 것 같은지 예측해 봅시다.
- 반복되는 일상이 지루한 적이 있나요? 그럴 때 어떤 일을 하고 싶나요?
- 주인공이 기분 가게에서 산 기분 중에 가장 마음에 드는 기분은 무엇인가요? 왜 그런가요?
- 이 그림책 속에서 나온 기분 가게에 간다면 여러분은 무슨 기분을 사고 싶나요?

BOOK ✦ 017

모두 다 시시해요

《내 마음 ㅅㅅㅎ》 김지영 글·그림

#상상력

"우와. 얼굴에 ㅅ이랑 ㅎ이 들어가 있어요!"
"눈썹이 ㅅ이에요."
《내 마음 ㅅㅅㅎ》는 표지부터 흥미롭습니다.

이 그림책은 한글을 배우고 익숙해져야 하는 1학년 아이들이 어휘들을 알아보고, 내 마음에 대한 이야기를 나누기에 참 좋은 그림책입니다.

어느 날 갑자기 좋아하던 것들이 모두 시시해져 버린 아이가 있습니다. 그 아이의 일상 속 모든 어휘는 'ㅅㅅㅎ'으로 이루어집니다.

시시해, 싱숭해, 수상해, 섭섭해, 속상해.

"와, 'ㅅㅅㅎ'으로 만들어지는 글자들이 엄청 많아요."

아이들이 감탄한 것처럼 정말 'ㅅㅅㅎ'만으로도 우리의 마음을 나타낼 수 있는 어휘들이 많이 있습니다. 이렇게 그림책 속 'ㅅㅅㅎ'으로 이어지는 이야기를 들으며 다양한 'ㅅㅅㅎ' 어휘들을 떠올려 보았습니다.

"그림이 다 핑크랑 파랑만 있어요."
"대충 그린 거 같아요."

단순하고 감각적으로 표현된 그림에 아이들이 저마다 한마디씩 평했습니다. 아이들은 다양한 그림책을 만나면서 그림에도 관심을 갖게 되었지요.

1학년 담임을 하다 보면 아이들의 고민을 많이 듣게 됩니다. 아침에 엄마랑 헤어지는 것이 슬퍼서 울면서 등교하는 아이, 학원이 많은 목요일을 싫어하는 아이, 조퇴해서 집에 가는 친구가 부러운 아이. 이렇게 아이들은 어리더라도 반복되는 일상에 지루함을 느끼거나 하기 싫다거나 불편하다는 감정을 표현합니다.

이 그림책의 주인공처럼 모든 게 너무 시시하고 재미가 없어지게 느껴진다면, 새롭게 상상해 보는 것은 어떨까요? 하고 싶고 시시한 일들도 해 나갈 수 있을 때 우리는 좀 더 성장합니다.

읽기·대화 가이드

- 이 그림책 그림은 어떤 특징이 있나요?
- 여러분도 주인공처럼 어느 날 갑자기 좋아하던 것들이 시시해지고 이상해진 적이 있나요?
- 'ㅅㅅㅎ' 글자로 자기 마음을 표현해 보고 그 이유를 말해 봅시다.

BOOK ✦ 018

서로의 이야기를 나누며 이해해요

《꽁꽁꽁》 윤정주 글·그림

#가족 이해와 관계

"이 책 우리 집에 있는데?"
"저 《꽁꽁꽁 아이스크림》을 읽어 봤어요!"
이 책을 보여 주자마자 아이들이 한마디씩 합니다. 이 그림책은 시리즈로 나온 재미있는 그림책들 중 한 권입니다.
"글자가 녹는 것 같아요!"
표지의 그림을 보면서 우리 반에서는 처음 만나는 윤정주 작가의 그림이 지닌 특징을 찾아보았어요. 아이들은 그림에 선이 많고, 익살스럽다고 말했습니다.

아주아주 늦은 밤, 호야 아빠가 술에 취해서 집으로 들어옵니다.
"우리 아빠도 저렇게 온 적 있는데!"

제가 그림책을 읽어 줄 때, 이야기 속 상황과 비슷한 경험을 했다면 아이들은 스스럼없이 자기 이야기를 꺼내 놓습니다. 따로 상담 시간을 가지지 않아도 그림책을 함께 읽고 대화를 나누며 아이들 이야기를 들을 수 있는 건 그림책을 함께 읽는 교사라 누릴 수 있는 소중한 팁입니다.

아이들은 이 그림책에서 술에 취한 아빠가 눈도 못 뜬 채 물을 벌컥벌컥 마시는 장면이나 방에 가지 않고 소파에서 잠드는 아빠의 모습이 잘 이해되지 않는다고 하더라고요. 그래서 반에서 유일한 '어른'인 제가 술을 마시면 드는 느낌과 하게 되는 행동에 대해 어른 대표로 설명해 주기도 했답니다. 아이들은 그래도 취해서 몸을 가누지 못하는 것은 싫다고 하네요. 아이들의 솔직한 생각을 가까이에서 들을 때면 어른으로서 많은 생각을 하게 됩니다. 좀 더 아이들과 눈높이를 맞춰 대해 주고, 좋은 어른의 모습을 보여 주자고 다짐도 합니다.

윤정주 작가의 '꽁꽁꽁 시리즈'에는 다양한 어휘와 표현이 잘 녹아 들어 있습니다. 이 그림책만 몇 장 읽어 보더라도 '불평이 쏟아지다, 골칫거리, 투덜거리다, 소곤댔다, 버둥대다' 등 다양한 표현이 문맥과 어우러져 등장하거든요. '버둥대다'라는 표현을 읽을 때는 그림책 속 그림을 들여다보기도 하고, 아이들과 행동으로 따라 해 보기도 하며 하나씩 새로운 표현을 익혀 나갔습니다.

우리 아이들이 이 귀여운 그림책을 아주 좋아했습니다. 자녀와 함께 《꽁꽁꽁 피자》, 《꽁꽁꽁 아이스크림》, 《꽁꽁꽁 캠핑》, 《꽁꽁꽁 좀비》 등 윤정주 작가의 다른 그림책들도 함께 찾아 읽어 보시기를 권합니다.

읽기·대화 가이드

- 이 그림책 작가의 그림 스타일의 특징은 무엇이 있나요?
- 새롭게 만난 뜻 모르는 낱말이나 표현이 있나요? 그림책 속 그림이나 문맥을 참고해서 뜻을 추측해 볼까요?
- 늦은 밤 아빠가 술에 취해 들어온 것을 본 경험이 있나요? 그때의 느낌은 어땠나요?
- 내가 냉장고 친구들이라면 어떤 케이크를 만들 수 있을 것 같나요?

BOOK ✦ 019

판타지의
재미를 느껴요

《엄마 자판기》 조경희 글·그림

#가족 이해와 관계

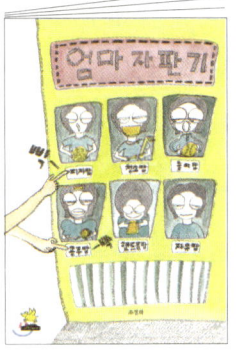

그림책 속 신우는 엄마와 놀이공원에 가고 싶은 토요일, 엄마가 출근을 하는 탓에 집에만 있어야 하는 사실에 굉장히 슬프고 화가 납니다. 엄마는 김밥 한 통을 싸 놓고, 잔소리를 비처럼 쏟아 놓은 채 출근을 하고, 퇴근 후에도 엄마는 잔소리들로 신우를 귀찮게 하는데요. 결국 이불 속에서 핸드폰을 하던 신우는 엄마한테 혼이 나고 맙니다.

'엄마가 없어졌으면 좋겠다'라고 생각한 신우는 그날 밤 진짜 엄마 대신 '엄마 자판기'를 만나게 되는데요. 자유 맘, 공주 맘, 피자 맘 등 신우가 좋아하는 엄마를 잔뜩 만나게 됩니다. 신나게 놀고 원하는 일을 엄마와 함께 마음껏 하게 되지요.

이건 신우의 꿈일까요? 상상일까요? 아이들이 판타지라고 믿고 있었나 봅니다. 다음 날 아침, 신우가 엄마를 부르는 장면에서 엄마가 "밤새 업어 줬는데" 하며 중얼거리는 장면이 나와요. 그러자 아이들이 갑자기 "우와~ 그거 진짜였어?" 하면서 엄마 자판기의 상황이 판타지인지, 실제 상황인지에 대해 갑자기 열띤 토론이 열리기도 했어요.

그림책을 다 읽고 나서, 친구들과 우리를 사랑하는 엄마에 대한 이야기를 나눠 보았습니다. 주인공 신우처럼 엄마에 대한 불만을 조심스레 물어보았어요.
"잔소리요! 맨날 숙제하라고 해요."
"아침에 일찍 깨우는 거요."
물론 "우리 엄마는 내가 원하는 것은 다 해 주시는데?" 하는 아이들도 있었습니다.

아이들에게 엄마 자판기가 있다면 어떤 맘을 만나고 싶은지도 물어보았습니다.
"로블록스 맘이요!"
"유튜브 맘이요!"
"게임 맘이요!"

엄마도 어쩔 수 없는 일들 때문에 나를 속상하게 할 때도 있지만, 결국 세상에서 제일 나를 사랑하신다는 것을 깨닫게 하는 책입니다.

읽기·대화 가이드

- 엄마에 대한 신우의 불만은 무엇인가요?
- 엄마 자판기에서 나온 맘들과 놀았던 신우의 기분은 어땠을까요?
- 엄마 자판기 부분은 실제 상황일까요? 상상일까요? 꿈일까요?
- 여러분도 엄마 때문에 속상한 적이 있었나요?
- 만약, 실제로 엄마 자판기가 있다면 어떤 맘이 나왔으면 좋겠나요?
- 엄마가 나를 정말 사랑한다는 것을 알게 된 순간이 있나요?

BOOK ✦ 020

드러나 있지 않은 부분을 추측해요

《사자마트》 김유 글, 소복이 그림

#편견과 오해

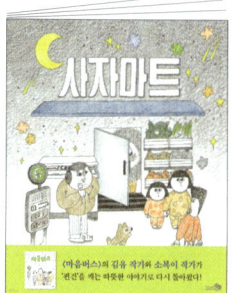

사자마트의 '사자'는 주인 사자 씨의 이름입니다. 그런데 마트에는 손님이 없어요. 처음 온 102동 아주머니가 물건을 정리하던 사자 씨의 외모와 거친 목소리에 깜짝 놀라서 가 버린 이후에 그렇게 되었습니다. 그 다음 날도 손님은 없었습니다. 사람들은 사자마트를 지나며 수군대고 소문을 만들어 내며 사자 씨를 무서워했습니다.

친구들은 이 장면을 보고 나서, "사람을 외모로 판단하면 안 돼요!"라고 이야기하더라고요.

찾아오는 손님이 없어도 사자 씨는 아침마다 일찍 가게 문을 열고, 밤마다 잊지 않고 고양이 밥을 챙겼습니다. 그러던 어느 날, 갑자기 전깃불이 꺼졌어요. 사자 씨는 마트 곳곳을 촛불로 밝혔습니다.

그때 101동 아이들이 사자마트로 다가왔습니다. 첫 손님이었지요. 그리고 103동 아저씨, 102동 아주머니가 사자마트를 찾아왔습니다. 그들은 나가는 길에 모두 사자 씨에 대한 오해를 풀고 후련하게 돌아갔어요. 다시 전기가 들어오고, 아파트와 사자마트가 밝아졌습니다. 그때 아파트 관리실 아저씨들은 정전의 원인을 찾지 못해 의문을 가집니다. 책에는 '저 멀리 지나가는 그림자들은 보지 못했습니다'라고 적혀 있고 자매 고양이의 그림자가 그려져 있어요.

아이들은 마지막까지 읽고 나서, "고양이들이 사자 아저씨를 도와줬나 봐요!"라고 말하더라고요. "왜 고양이들이 아저씨를 도와주었을까?"라고 물어보니, "밤마다 밥을 줘서요!" 하고 대답했습니다. 그러다가 갑자기 아이들이 "101동 언니와 동생이 고양이가 아닐까요?"라고 추측하더라고요. 그러고 보니 고양이 자매와 어딘가 닮기도 했지요? 아이들과 그림을 비교해 보며, 작가의 의도를 추측해 보았어요.

친구들은 이 책에서 '해가 서쪽으로 기울다', '성격이 고약하다', '머뭇거리다', '기웃대다'라는 표현을 함께 이야기해 보며 배울 수 있었습니다. 나중에 우리 반 창문에 붙어 있는 나비를 보고, "선생님 나비가 기웃대고 있어요!" 하더라고요.

읽기·대화 가이드

- 사자마트에 사람이 없었던 이유는 무엇인가요?
- 사자마트의 사자 씨는 실제로 어떤 성격인가요? 어느 부분에서 알 수 있을까요?
- 반 친구들이 고양이 자매가 101동 자매라고 했어요. 어떤 부분에서 그렇게 추측할 수 있었나요?

BOOK ✦ 021

나누면
행복해져요

《단어수집가》 피터 H. 레이놀즈

#자기 탐구와 자존감

그림책을 읽기 전, 제목에 나오는 '단어'가 무엇인지 알고 있는지 질문해 보았어요.

"말! 뜻이 있는 말!"

국어 시간에 '낱말'을 배워서 그런지 단어를 낱말이라는 말로 바꿔 주니 아이들은 뜻을 잘 짐작했습니다. 그럼 '수집가'는 뭘까요? 그 뜻은 그림책을 보면 알 수 있어요. '뭔가를 모으는 사람을 수집가'라고 한다고 책에서 친절하게 이야기해 주거든요.

"선생님은 책을 모으는 것을 좋아해요. 그림책도 많지요. 여러분은 어떤 물건을 수집하나요?"

"저는 돌을 모아요!"

"저는 포켓몬 카드요."

"저는 돈을 모아요!" 하는 친구의 말에 "나도, 나도!"를 외치는 아이들이 여럿 있어서 웃음이 났습니다.

　이 그림책의 주인공 제롬은 낱말을 모읍니다. 단어 수집가이지요. 그는 이야기를 듣다가 왠지 관심이 가는 단어나 눈길을 끄는 단어, 책을 읽다가 문장 속에서 톡 튀어나오는 단어, 기분이 좋아지는 말, 소중한 단어, 노래 같은 단어, 무슨 뜻인지 통 모를 낱말(하지만 소리 내서 말하면 근사하게 들리지요), 저절로 그림이 그려지는 단어 들을 모읍니다.

　그렇게 모은 단어들로 제롬의 낱말 책은 두툼해져요. 그런데 어느 날 실수로 단어들은 모두 뒤죽박죽이 되어 버리는데, 제롬은 그 단어를 줄에 매달고 시를 쓰고 노래를 불러 주지요. 제롬은 더 많은 낱말을 모았어요. 그리고 바람이 살랑살랑 부는 어느 날, 높은 산으로 올라가 모두 날려 버립니다. 바람에 실려 온 단어들은 이제 모두의 것이 되었지요. 그리고 텅 빈 수레 앞에서 제롬은 행복했습니다.

"그동안 힘들게 모은 낱말들을 다 뿌려 주어서 텅 비었는데, 왜 제롬은 행복했을까요?"

"친구들에게 나눠 주어서요."

"선생님도 그동안 모아 온 그림책을 혼자 보지 않고, 여러분에게 생각과 느낌을 나눠 주지요. 그러면서 선생님도 행복해지거든요. 제롬이 모은 단어들을 나누어 준 것처럼, 아이들은 어떤 점을 친구들과 나눌 수 있을까요?"

"저는 종이접기를 잘해서 친구들에게 팽이 접는 법을 많이 알려 줬어요."

"제가 한자를 잘 아니까 많이 알려 줄게요."

"할리갈리 보드게임을 하고 싶은 친구가 있으면 함께 놀아요."

더 많은 낱말을 알게 될수록 여러 생각과 느낌과 꿈을 더 잘 이해할 수 있습니다. 우리 반 아이들도 그림책을 통해 나만의 단어들을 많이 가지길 바랍니다.

읽기·대화 가이드

- 여러분은 어떤 물건을 수집하나요? 왜 수집하나요?
- 여러분에게 기분이 좋아지는 말, 소중한 단어는 어떤 것이 있나요?
- 그동안 힘들게 모은 낱말들을 다 뿌려 줘서 텅 비었는데, 제롬은 왜 행복했을까요?
- 단어를 많이 알고 있으면 어떤 점이 좋을까요?

BOOK ✦ 022

여름의 맛을 느껴요

《여름맛》 천미진 글, 신진호 그림

#상상력

이 그림책은 주인공이 나오고 이야기가 전개되는 방식이 아니라, 다양한 여름의 장면들을 나열해 보여 줍니다.

쨍쨍 햇살 맛, 쏴아아 소나기 맛, 맴맴맴 초록 맛, 돌돌돌돌 바람 맛, 철썩철썩 바다 맛 등이 멋진 일러스트와 함께 여름의 다채롭고 풍부한 느낌을 담뿍 전해 줘요. 친구들과 한 장면, 한 장면을 놓치지 않고 깊이 느껴 보았습니다. 실제로 경험해 본 이야기도 나누고, 여름의 좋은 기억을 함께 이야기했어요.

"선생님은 좋아하는 수박을 먹을 수 있어서 여름이 좋아요. 여러분은 여름의 어떤 점이 좋은가요?"

"저는 여름방학이요!"

"바다에 가는 게 좋아요! 수영하고 싶어요."
"저는 아이스크림을 먹어서 좋아요!"
아이들이 다양한 이유로 여름을 기다리고, 좋아하고 있었습니다.

"아이들의 여름 맛은 어떤 맛인가요?"
그렇게 물었더니 여기저기에서 자신의 느낌을 외치기 시작했습니다.
"저는 아이스크림 맛이요!"
"아이들과 뛰어노는 땀 맛!"
"슈우웅 비행기 맛!"
"윙윙윙 잠자리 맛!"
"엥엥엥 모기 맛!"
그렇게 한동안 나만의 여름 맛을 말해 보았습니다.

아이들에게 일곱 번째 여름과 여덟 번째 여름의 달라진 점을 물어보았어요.
"키가 더 컸어요!"
"학교에 들어왔어요."
"수영을 좀 더 잘하게 되었어요."
"더 더워진 것 같아요."
우리 아이들, 작년보다 더 커진 몸과 마음으로 여덟 번째 여름을 즐겁게 보내고 있네요.

그림책은 이렇게 끝을 맺습니다.

'너와 함께하는 이 여름은 하나도 잊고 싶지 않은 매일매일 아까운 맛.'

우리가 평생 여름을 100번 만나기도 어렵지만, 해마다 여름은 늘 다르고 특별한 맛으로 다가옵니다. 이 아까운 여름날을 사랑하는 아이들과 순간순간 행복하게 보내시길 바랍니다.

읽기·대화 가이드

- 왜 작가는 길쭉한 네모 모양으로 책을 만들었을까요?
- 여름의 어떤 점이 좋은가요?
- 여름 맛은 어떤 맛인가요?
- 작년과 달라진 여름 맛은 어떤 것이 있나요?

BOOK ✦ 023

새로운 어휘를
자연스럽게 익혀요

《꽁꽁꽁 댕댕》 윤정주 글·그림

#가족 이해와 관계

"와, 꽁꽁꽁이다!"

표지만 봐도 강아지 꽁지와 냉장고 친구들 그림이 재미있게 느껴지나 봐요.

바쁜 아침, 아빠와 엄마, 민지가 허둥지둥 집을 나섭니다.

"'허둥지둥'이 무슨 말이지요?"

"빠르게!"

"정신없이."

그렇게 잠시 아이들과 '허둥지둥'의 뜻을 알아보았어요. 요즘 《국어》 교과서에서 흉내 내는 말을 배우고 있는데 그림책을 통해 실감 나게 느껴 볼 수 있었습니다.

"엄마가 허둥지둥 출근을 했다는 글이 나오지요. 그림을 볼까요?"
"집안이 어수선해요."
"우리 집도 아침에 이런데?"
"내 방도 지금 저래요."

그런데 엄마의 휴대폰이 냉장고에 들어 있네요.
"휴대폰이 왜 냉장고에 들어갔을까요?"
"너무 허둥지둥해서 그런가 봐요!"

그때 민지의 담임 선생님에게 전화가 왔어요. 민지가 다쳤다고 하네요. 냉장고 친구들은 강아지 꽁지를 통해 엄마에게 휴대폰을 갖다 주기로 합니다. 그러다가 냉장고 친구들과 꽁지는 모퉁이에서 누군가와 부딪힙니다.

"엄마랑 부딪힌 것 아니야?"
아이들이 예상한 대로 강아지 꽁지는 엄마와 부딪히고, 그 덕에 엄마는 휴대폰을 발견합니다. 그래서 민지를 찾으러 초등학교에 갈 수 있었지요. 생각보다 많이 다치지 않은 민지는 택시 뒷자리에서 아이스크림을 먹으며 싱글벙글했어요. 아이들과 '싱글벙글'이라는 흉내 내는 말을 배워봅니다.

그때 그림을 보던 한 친구가 의아하다는 듯 질문을 했습니다.
"왜 자동차 앞자리에는 아무도 안 그렸어요?"

"근데 왜 아무도 운전을 하고 있지 않아요?"

다른 아이들도 질문하는 친구가 있어서, 우리는 작가가 일부러 생략을 한 그림에 대해 잠시 이야기를 나눠 보았습니다.

"《핫 도그》라는 그림책에서도 벽에 사람이 투명 인간처럼 그려져 있었어요." 하고 읽었던 그림책에서 관련된 부분을 떠올려 이야기를 하는 아이들도 있었어요.

"이렇게 작가가 중요한 부분만 그리는 경우가 있어요. 왜 그럴까요?"

"앞에 사람이 보이면 뒤에 앉은 사람이 잘 안 보여서 그런 것 아닐까요?"

우리는 그림책 작가가 되었다고 상상하고 중요한 부분에 집중해서 그림을 그리는 이유에 대해 생각해 보았어요. 아이들과 그림을 찬찬히 들여다보며 이야기하는 시간은 언제나 재미있습니다.

읽기·대화 가이드

- '허둥지둥'이 무슨 뜻일까요? 어떤 상황인지 이야기해 볼까요?
- 휴대폰이 왜 냉장고에 들어갔을까요? 우리 가족도 물건을 깜빡해서 다른 곳에 둔 적이 있나요?
- 이 그림책에서 재미있게 느껴지는 부분은 어디인가요?
- 작가는 왜 마지막에 택시 앞자리의 운전사를 그리지 않았을까요?

BOOK ✦ 024

뮤지컬로도
즐길 수 있어요

《장수탕 선녀님》 백희나 글·그림

#다양성

　스테디셀러로 유명한 《장수탕 선녀님》은 뮤지컬로도 만들어진 아주 유명한 그림책입니다. '아이들이 그림책을 좀 더 풍부하게 느낄 수 있는 방법이 없을까?' 하고 고민하다가 오늘은 《장수탕 선녀님》의 뮤지컬 오에스티(ost)를 틀어 주며 그림책을 읽어 주었습니다.
　먼저 오에스티에서 한 곡씩 틀어 주다가 소리를 줄이고 그 노래에 맞는 그림책 부분을 읽어 주었지요. 그랬더니 아이들이 음악 없이 그림책만 읽어 줄 때보다 훨씬 더 몰입해 즐기는 듯 보였습니다.

　주인공 덕지는 큰 길가에 새로 생긴 스파랜드에 가고 싶었지만, 엄마는 오늘도 장수탕에 갑니다. 스파랜드에는 불가마도 있고, 얼음방도 있고, 게임방도 있다는데 장수탕은 오래전 모습 그대로입니다.

우리 반 아이들은 덕지가 가는 장수탕을 낯설어했습니다. 찜질방도 있고 먹을 것도 많은 스파랜드 같은 '신식' 목욕탕은 알고 있는데 이런 목욕탕은 처음이니까요. 저는 어린 시절에 갔던 목욕탕을 떠올리며, 덕지처럼 때를 미는 목욕을 끝내고 요구르트나 바나나 우유를 먹던 시절의 이야기를 아이들에게 들려주었습니다.

덕지는 장수탕 냉탕에서 노는 것을 가장 좋아해요. 그런데 오늘은 그곳에서 '선녀님'을 만납니다. 옛이야기 속 선녀에 대한 이미지 때문에 예쁜 선녀님만 떠올리던 제게 장수탕 속 할머니 선녀는 신선했습니다. 그런데 요즘 아이들은 선녀를 이 그림책으로 처음 접하는 경우가 많아 오히려 '예쁜' 선녀님을 낯설어합니다 우리 반 아이들도 장수탕 할머니 선녀님을 좋아했습니다.

뮤지컬을 본 아이는 많이 없더라고요. 저는 아이들이 뮤지컬을 관람할 수 있는 나이가 되었다면, 아이와 함께 읽은 그림책을 원작으로 한 뮤지컬을 함께 관람해 보시는 것을 추천합니다.
원작에서 아이를 사랑하는 엄마의 이야기는 많이 다루어지지 않는데, 뮤지컬에서는 훨씬 강조됩니다. 원작과는 또다른 묘미를 즐길 수 있어요.
집에서나 차로 이동을 할 때 음악이 필요한 순간에는 오에스티를 듣는 것도 그림책과 관련된 즐거움이 됩니다.

읽기·대화 가이드

- 목욕탕에 가 본 경험을 떠올려 봅시다. 어떤 일들을 하고, 어떤 느낌이 들었나요?
- 선녀와 나무꾼 이야기를 알고 있나요? 어떤 이야기인지 말해 볼까요?
- 장수탕 선녀님과 만난다면 어떻게 놀고 싶나요?
- <장수탕 선녀님> 뮤지컬을 본 적이 있나요? 기억에 남는 장면이 있나요? 어떤 부분이 그림책과 다른가요?

BOOK ✦ 025

옛날이야기가
읽고 싶어요

《호랭면》 김지안 글·그림

#상상력

김지안 작가의 《호랭면》 첫 장을 넘기자, 커다란 해가 보이고 한적한 옛 마을이 등장합니다. 한 장을 더 넘기자, 옛날 사람들의 모습이 펼쳐집니다.

'도령, 낭자, 서책, 푹푹 찌는 가마솥 더위' 등의 어휘도 함께 살펴보았습니다. 이렇게 그림책에 새로 나오는 어휘가 있다면 아이들과 대화를 나누듯 쉽게 풀어서 설명해 주시면 좋아요. 의성어는 따라 말해 보고 의태어는 행동으로 표현해 봅니다. 그림책을 읽으며 어휘를 익히면 맥락 안에서 어휘를 배울 수 있어서 따로 떼어 보는 것보다 훨씬 의미 파악에 좋습니다.

더운 여름날에 김 낭자, 이 도령, 박 도령은 우연히 발견한 서책에서 신비한 얼음의 전설을 보게 됩니다. 그 길로 구범폭포라는 곳으로 떠나게 되지요. 강을 건너고, 산을 오르며 포기하고 싶어질 무렵, 어디선가 시원한 바람이 불어오고 위험에 빠진 아기 고양이를 구하게 됩니다. 그런데 이게 웬걸요! 아기 고양이를 따라가다 보니 냉면이 가득한 폭포를 발견하게 되고, 아이들은 시원하고 맛있는 냉면을 맛보게 됩니다. 그런데 그것은 다름 아닌 호랑이의 호랭면! 자신의 호랭면에 손을 댄 것에 화가 난 호랑이는 세 놈 다 한입에 잡아먹겠다며 으름장을 놓습니다. 위기의 순간 아이들이 구해 준 고양이가 나타났어요. 그런데 그 고양이는 고양이가 아닌 호랑이의 막내였지요. 그 덕에 아이들은 위기를 벗어날 수 있게 됩니다.

이 그림책은 옛이야기처럼 구수하고 친근합니다. 시골 할머니 집이나 예스러운 정취를 느껴 볼 기회가 덜했던 학생들은 이 이야기의 배경을 낯설어하면서도 새롭게 느끼더라고요. 그래서 이 그림책을 읽으며 "우리가 옛날에 태어났다면 어땠을까"라는 질문을 던지고 마음껏 상상하도록 했습니다.

"저는 서당에서 공부했을 것 같아요."
"화장실이 불편해서 싫어요."
"예쁜 한복을 입고 싶어요."

오염되지 않은 맑은 공기, 여유로운 옛 시골의 정취, 정이 오가던 마을 모습을 떠올리며 옛날의 따뜻한 분위기를 즐겼습니다.

마지막으로, 책에 나온 대로 서로 "도령", "낭자" 하고 불러 보기로 했습니다. 아이들은 사극 드라마에서 본 흉내를 내며 웃음을 터트렸습니다. 이런 재미있는 대화가 오가는 사이 어느덧 국어 교과서를 공부할 때가 되었습니다. 저는 때를 놓치지 않고 이렇게 말해 보았지요.

"도령, 낭자들. 이제《국어》서책을 펴시지요!"

읽기·대화 가이드

- 이 그림책 제목은 왜《호랭면》일까요? 어떤 이야기가 나올지 생각해 봅시다.
- 호랭면은 어떤 맛일까요? 다양하게 표현해 봅시다.
- 여러분이 옛날에 살고 있다고 상상해 봅시다. 신비한 얼음을 가지게 되었다면 무엇을 하고 싶나요?
- 옛 말투가 낯설지만 재미있게 느껴지지요? 아이들과 한 번 옛 말투로 대화를 나눠 볼까요?

BOOK ✦ 026

작가에 대해
알아보아요

《회전목마》 브라이언 와일드스미스 글·그림

#우정과 사랑

　《회전목마》를 쓴 브라이언 와일드스미스는 존 버닝햄, 찰스 키핑과 함께 영국 현대 그림책의 3대 작가 중 한 명으로 꼽히는 저자이지만 우리나라에서는 아직 잘 알려져 있지 않습니다.

　'색채의 마술사'라고 불리우는 브라이언 와일드스미스는 영국의 광산촌에서 광부의 아들로 태어났습니다. 어린 시절, 잿빛 일색인 탄광촌에서 가졌던 색에 대한 갈증이 작품에서 환상적이고 다채로운 색감으로 표현된 것으로 보입니다. 학생들은 알록달록하면서도 화려한 색깔과 그림에 감탄했습니다. 아는 만큼 보인다고 작가나 그림책에 대한 지식이 있으면 그림책을 좀 더 재미있고 깊이 있게 즐길 수 있습니다.

그런데 사실 이 그림책은 요즘 아이들에게는 많이 낯설 수밖에 없습니다. 놀이 동산이 마을로 찾아오고, 의사가 왕진을 오는 일은 들어 본 적도 없는 일일테니까요.

"우리는 에버랜드 그냥 가면 되는데, 옛날 아이들은 놀이공원에 엄청 가고 싶었겠네요."

"의사 선생님이 집으로 오는 건 싫을 거 같아요. 주사를 집에서 맞으면 무서울 거 같아요."

그림책 속 주인공 로지는 회전목마를 가장 좋아했어요. 일 년 만에 찾아온 놀이동산에서 회전목마를 타면서 이렇게 소리칩니다.

"이 회전목마를 영원히 탈 수 있었으면."

하지만 며칠 뒤에 놀이동산은 다른 마을로 떠났고, 그 해 겨울 로지는 몹시 아픕니다. 봄이 되어서도 여전히 로지는 앓고 있었어요. 희망을 로지에게 주어야 한다는 의사 선생님의 말을 엿들은 오빠 톰은 아이들과 함께 로지를 위한 근사한 계획을 세웁니다. 다음 날 로지의 생일에 아이들은 분수대에 동전을 던지고 로지가 낫게 해 달라고 빌고, 로지에게 주려고 그림을 그려 옵니다. 바로 로지가 제일 좋아하는 회전목마 그림들이지요. 오빠 톰은 로지에게 조그만 회전목마를 선물로 줍니다. 그날 밤 로지는 회전목마 꿈을 꿉니다. 양쪽 면에 가득 회전목마에 대한 그림이 펼쳐질 때 우리 반 아이들은 감탄했습니다.

아이들이 그림책을 통해 좀 더 다양한 세계, 다양한 이야기, 다양한 인물, 다양한 색감, 다양한 그림체를 넓게 접할 수 있는 기회를 만들어 주세요.

읽기·대화 가이드

- 놀이동산에 가 본 경험을 말해 봅시다. 또, 회전목마를 타 본 경험이 있나요?
- 처음엔 놀이동산이 마을을 떠날 때 슬펐했던 로지가 다음에는 다른 아이들처럼 슬퍼하지 않았어요. 왜 그랬을까요?
- 로지의 친구들이 로지를 위해 그림을 그린 것처럼, 여러분도 친구들을 위해 한 일이 있나요?

BOOK ✦ 027

시련에도 흔들리지 않는 긍정적인 태도를 배워요

《희망이 내리는 학교》 제임스 럼포드 글·그림

#다양성

제임스 럼포드 작가의 《희망이 내리는 학교》에는 아프리카 '차드'라는 나라의 아이들과 학교 이야기가 담겨 있습니다.

주인공인 토마는 형, 누나들과 함께 처음 등교하는 날을 고대했습니다. 드디어 학교에 갔는데 선생님만 있을 뿐, 교실이 없어요.

"왜 맨발로 걸어가요?"
"왜 교실이 없어요?"

토마의 이야기를 들은 우리 반 아이들이 의아하다는 듯 물었습니다. 우리가 있는 교실, 앉아 있는 의자와 책상은 당연히 학교에 있는 것이니까요. 저는 차드라는 나라에 대해 이야기를 해 주었어요. 그랬더니 아이들의 표정이 안타까움으로 바뀌었습니다.

토마의 선생님은 첫 수업이 교실을 짓는 것이라고 하셨습니다. 토마와 친구들은 서로 힘을 합쳐 선생님과 함께 교실을 짓고, 드디어 공부를 시작할 수 있었습니다.

《희망이 내리는 학교》는 척박한 아프리카의 환경과 열악한 교육 조건 속에서도 학교에 가는 것이 소중한 아이들의 이야기입니다. 힘든 현실에도 포기하지 않고 배움에 대한 끈을 놓지 않죠. 이 책의 뒤편에 제임스 럼포드 작가는 책을 쓴 동기를 밝히고 있어요. 작가가 차드에 머물렀을 당시 우기에 내린 큰비로 인해 진흙으로 만든 초등학교가 무너지는 광경을 목격하게 되었고, 그런 어려움 속에서도 배움의 끈을 놓지 않았던 차드 사람들의 모습에 감동을 받았다고 합니다. 아이들이 이 책을 읽으며 다른 나라의 안타까운 교육 현실을 아는 것뿐만 아니라, 시련에도 흔들리지 않는 긍정적인 태도에 대해서도 배울 수 있으면 좋겠습니다.

읽기·대화 가이드

- 친구들도 입학식 때 토마처럼 두근두근한 마음으로 학교에 왔나요? 학교에서 무엇을 배울 것이라고 기대했나요?
- 교실을 다 짓고 공부를 시작한 아이들의 기분은 어땠을까요?
- 다음 해에 새 학기가 되었을 때, 형이 된 토마는 어떤 마음으로 학교에 갈까요?
- 우리나라와 다른 현실이 펼쳐지는 이 그림책을 읽고 난 뒤 어떤 느낌이 드나요?

BOOK ✦ 028

시대에 따라
변화하는 것들을
비교해 봐요

《산딸기 크림봉봉》 에밀리 젠킨스 글, 소피 블랙올 그림

#다양성

이 그림책에는 300년 전 영국에서부터 몇 년 전 미국에 이르기까지 산딸기 크림봉봉을 만드는 사람들과 가족의 생활상이 잘 나타나 있습니다. 같은 일을 하고 있지만 시대 상황에 따라 만드는 사람이나 즐기는 모습이 달라진다는 것을 실감할 수 있는 멋진 그림책입니다.

"저긴 왜 냉장고가 없어요?"
"언덕배기 얼음창고가 냉장고로 바뀐 거네요?"

300년 전 젖소의 젖을 직접 짜는 모습, 나뭇가지 거품기에서 전기 거품기를 사용하는 모습, 우물에서 수도에 이르기까지 도구와 기술

이 변하는 모습을 보면서 아이들은 신기해했습니다.

"진짜 편해졌네요. 앞으로는 더 편해질 것 같아요"라고 소감을 말하는 친구가 있는가 하면, "옛날에 태어나지 않아서 다행이다"라고 말하는 친구가 있어 모두 웃음을 터뜨렸습니다.

200년 전, 100년 전으로 시간을 거슬러 올라가 기술의 발전으로 생활상이 달라지는 모습을 보며 아이들이 참 즐거워했습니다.

이 그림책에는 달콤하지만은 않은 진솔한 인류사도 담겨 있습니다. 미국의 노예사, 여성이 혼자 가사를 도맡아야 했던 불평등한 시대를 보여 주지요. 그리고 오늘날 아빠와 아들이 주방에서 함께 요리를 하는 모습도 보여 줍니다. 다양한 인종으로 구성된 아이들과 마지막으로 만찬을 나누는 모습에서는 아픈 역사를 극복할 수 있는 희망을 보여 주지요.

달콤하고 맛있는 디저트 이야기를 들으며 시대에 따른 생활 모습의 변화도 배울 수 있는 책이에요.

읽기·대화 가이드

- 표지에 왜 세 명이 그려져 있을까요?
- 300년 전 영국의 라임이라는 마을에서 산딸기 크림봉봉을 만드는 과정 속에서 지금 우리 모습이랑 다른 점은 무엇이 있나요? 왜 엄마와 딸은 식사 자리에서 의자에 앉지 못했을까요?

- 200년 전 미국 찰스턴의 모습이 300년 전과 달라진 점은 무엇이 있나요? 식사 자리에서 발견한 점을 말해 볼까요? 왜 두 사람은 벽장에 숨어서 양푼에 남은 것을 긁어 먹을까요?
- 100년 전 미국 보스턴의 모습이 200년 전과 달라진 점은 무엇이 있나요?
- 가까운 몇 년 전, 미국 샌디에이고의 모습이 100년 전과 달라진 점은 무엇이 있나요? 식사 자리에서 달라진 점은 무엇이 있나요?
- 옛날 사람들이 지금의 학교에 오면 무엇을 부러워할까요?
- 그렇다면 과거는 불편하고 안 좋은 것만 있을까요? 옛날에는 어떤 점이 좋았을까요?

BOOK ✦ 029

진짜 내가
좋아하는 일을
찾아요

《슈퍼 거북》 유설화 글·그림

#자기 탐구와 자존감

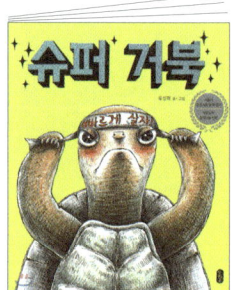

    이 그림책은 우리에게 익숙한 '토끼와 거북이'의 뒷이야기입니다. 아이들이 모두 원래 이야기를 알고 있어《슈퍼 거북》이야기로 빠져들기 쉬웠던 것 같습니다.

    '토끼와 거북이' 달리기 경주에서 이긴 후 거북이 꾸물이는 스타가 되고, 다른 동물들의 기대에 맞추어 빨라지려고 노력합니다. 아이들은 그림책의 흥미진진한 이야기를 좋아했지만, 특히 익살스럽게 그려진 캐릭터와 그림들을 재미있어했습니다. 작게 그려진 아기 돼지 삼 형제나 '느림보 거북' 팻말을 들고 있는 토끼 팬인 너구리를 찾으며 즐거워하더라고요. 이제 글로 써 있는 이야기에만 집중하지 않고 그림을 함께 살펴보며 즐거움을 찾고, 작은 그림을 바탕으로 숨은 이야기를 추측하며 그림책을 즐기는 아이들이 되었습니다.

끊임없는 노력 끝에 빨라진 꾸물이는 과연 어떻게 될까요? 뒷이야기는 어떻게 진행될 것 같은지 아이들에게 물어보았습니다. 토끼와 다시 경기를 하게 될 것 같다고 합니다. 결국 꾸물이는 토끼와 재경기를 하게 되고, 이번에는 경기에서 지게 됩니다. 꾸물이의 기분이 어땠을까요? 그랬더니 아이들은 경기에서 져서 슬플 것 같고 속상할 것 같대요. 그렇지만 그림책 속 꾸물이는 그렇지 않았습니다. 아주 오랜만에 단잠에 빠져들었지요. 그리고 그림책 마지막에 보면 꾸물이가 얼마나 즐겁게 살고 있는지가 담겨 있습니다. 아이들은 꾸물이가 행복해졌다며 기뻐했어요.

다 읽고 나서 내가 하고 싶은 것이 아닌, 주변의 기대에 부응하고자 열심히 노력하는 것들에 대해 생각해 보았습니다. 그리고 진짜 내가 좋아하는 것을 떠올려 보며 다양한 이야기를 해 보았답니다.

읽기·대화 가이드

- 빨라진 꾸물이의 뒷이야기는 어떻게 될까요?
- 경기에 져서 터덜터덜 집으로 돌아온 꾸물이는 어떤 기분일까요? 왜 그렇게 생각하나요?
- 우리가 주변의 기대 때문에 하는 노력은 무엇이 있을까요?
- 진짜 내가 좋아하는 것을 말해 볼까요?
- 여러분이 '토끼와 거북이'의 뒷이야기를 만든다면 어떤 이야기로 만들 수 있을까요?

BOOK ✦ 030

반려동물에 대한 생각을 나누어 봐요

《어떡하지?! 고양이》 이주희 글·그림

#다양성

 이 그림책은 고양이를 너무 좋아하는 주인공이 나와요. 고양이를 키우고 싶은 마음에 여러 가지 고민을 하기 시작합니다. 처음에는 '고양이는 발톱이 뾰족하잖아. 어떡하지?', '고양이는 모래에 똥을 싼다는데, 어떡하지?' 하고 고양이를 키우면서 가족들이 겪게 될 힘든 점을 고민합니다. 그러다가 차차 '우리가 집에 없을 때 고양이는 혼자 심심하겠지?', '고양이도 나랑 살고 싶을까?' 하면서 고양이 입장에서 생각합니다. '고양이는 언제 우는 걸까?'에 대해 궁금해하다가 나는 언제 우는지도 생각해 봅니다.

 우리 반 아이들에게 질문을 해 보니, 도마뱀, 햄스터, 토끼, 병아리, 강아지, 고양이 등 정말 다양한 반려동물들과 함께 지내고 있더라고요. 친구들과 반려동물을 키울 때 어떤 생각과 고민을 해야 하는지 이야기를 해 보았어요. 그러자 동물을 잘 돌봐 줄 수 있는지, 이 동물이 죽을 때까지 책임질 수 있는지 생각해 봐야 한다고 대답을 했습니다.

마지막 장면에서 주인공은 드디어 고양이를 맞이하여, 행복한 삶을 살아갑니다. 친구들도 반려동물과 행복했던 경험을 떠올려 보았어요. '인간이랑 함께 산다는 것은 어떤 걸까?' 하는 고양이의 물음에 대해서도 함께 생각해 보았습니다.

읽기·대화 가이드

- 집에 반려동물이 있나요? 어떻게 지내고, 반려동물과 함께할 때 어떤 느낌이 드나요?
- 주인공은 고양이를 키우고 싶어 여러 가지 고민을 합니다. 반려동물을 키우기 전에 우리는 어떤 생각과 고민을 해야 할까요?
- 주인공은 고양이가 언제 우는지 궁금해하다가 자신이 언제 우는지 떠올려 봅니다. 여러분은 언제 눈물이 나나요?
- 이번에는 고양이의 입장에 대해 생각해 봅시다. '인간이랑 함께 산다는 것은 어떤 걸까?' 하는 고양이의 물음에 대답해 볼까요?

BOOK ✦ 031

달과 관련된 상상을 해요

《달 가루》 이명하 글·그림

#상상력

"《달샤베트》가 생각나요."

"어제 배운 '달떡' 노래 비슷한 것 같아요."

깜짝 놀랐어요. 사실 저도 어제 《탐험》 교과서에 나온 '달떡' 노래를 부르다가 이 그림책이 생각났거든요. 역시 아이들의 예리함이란!

이 그림책 속 작가의 상상력은 대단합니다. 달이 작아지고 커지는 것을 달 토끼가 달을 파내고, 다시 달 조각을 심는 것으로 표현하고 있거든요.

"우와, 저렇게 파다가 달이 없어지는 것 아니에요?"

달을 파는 장면을 한참 읽어 주고 있는데, 아이들이 웃으며 말했습니다. 달을 심어서 달이 커지는 장면을 볼 때도 신기해했어요.

달 토끼는 파낸 달 조각들로 무엇을 할까요? 어제 배운 '달떡' 노래 속 달 토끼는 절구로 떡을 만들지만, 이 그림책 속 달 토끼는 달 조각을 빻아 달 가루를 만들어 모읍니다. 그런데 코끼리보다 더 큰 곰벌레가 등장해서 토끼가 모아 놓은 달 조각들을 먹어 치웁니다.

"곰벌레요?"

아이들에게는 낯선 벌레인 듯합니다. 생긴 모습이 이상하다고 하네요. 그런데 토끼와 곰벌레가 함께 달을 파고, 빻는 장면을 아이들은 재미있어했습니다. 어쨌든 곰벌레 덕분에 달 토끼는 달 가루를 모으기가 쉬워졌어요.

"달 토끼는 달 가루를 왜 모을까요?"

아이들에게 물어보았습니다.

"달의 모양을 바꾸려고요."

"별이 되는 것 아닐까요?"

"눈을 뿌려 주는 것 아닐까요?"

다양한 대답이 오가는 와중에 신기하게도 정답이 나왔습니다. 달 토끼와 곰벌레는 지구가 겨울이라는 뉴스 일기예보를 보고 나서, 달의 끝에서 엄청나게 모은 달 가루를 뿌리거든요. 그림책에서 달 가루가 눈이 되는 장면을 마주하자, 정답을 말했던 친구가 기뻐하며 이렇게 말했습니다.

"선생님! 제가 상상한 게 맞았네요!"

달 가루가 눈이 되는 상상도 참 멋져요. 달 가루는 별처럼 우주를 떠돌다가 지구에서 펑펑 눈으로 내립니다. 눈 오는 날, 즐거워하는 아이들의 모습이 그림책 가득 펼쳐집니다.

"우와, 얼른 겨울이 됐으면 좋겠다."

"나도 눈썰매를 타고 싶다."

"저는 눈사람을 크게 만들었어요."

이 책을 읽으며 《탐험》 교과서 속 이야기처럼 달을 탐험하는 기분을 담뿍 느껴 보았습니다. 달 토끼가 등장하는 《달샤베트》나 '달떡' 동요와 이 책의 달 토끼를 비교해 보기도 했지요. 아주 예전부터 우리 조상님들이 달 토끼를 상상한 것처럼 우리도 오늘 달을 보며 달 토끼의 모습을 상상해 볼까요? 달 토끼는 달에서 뭘 하고 있을까요?

읽기·대화 가이드

- 《달 가루》 제목과 표지 그림을 보고 내용을 추측해 봅시다.
- 달 토끼는 파낸 달 조각들로 무얼 할까요? 달 토끼는 달 가루를 왜 모을까요? 다음 이어질 내용을 예측해 봅시다.
- 곰벌레는 지금 살아 있을까요? 살아 있다면 어떻게 살고 있을까요?
- 이 그림책 작가는 달 토끼가 달을 파고, 다시 달 조각을 심어서 달의 모양이 변한다고 생각했어요. 여러분은 달의 모양이 왜 변한다고 생각하나요? 상상해 봅시다.
- '달떡' 동요 속 달 토끼는 떡을 만들고, 《달 가루》 속 달 토끼는 우리처럼 스마트폰을 사용하고, 이글루처럼 생긴 멋진 집에 살면서 달 가루를 모았어요. 여러분이 상상해 볼 차례입니다. 달 토끼는 달에서 무엇을 하고 있을까요?

BOOK ✦ 032

정보가 나오는 그림책을 읽으며 배워요

《지구에 온 너에게》 소피 블랙올 글·그림

#다양성

이 그림책은 작가가 5년이라는 긴 시간 동안 만든 그림책이라고 해요. 그만큼 방대하고, 묘사도 세밀하지요.

책장을 넘기면, 퀸이라는 아이가 지구라는 행성을 소개해 줍니다. 땅과 바다, 사람들의 피부색과 생김새가 다르다는 것, 옷을 입는 것, 다양한 날씨와 탈 것들, 직업, 동물들, 악기, 물감, 사람들이 만들어 낸 것 등 다양한 관점으로 지구와 지구인에 대해 소개해 주지요.

"저기 상어 있다!"
"새들이 모여 큰 새를 만들었어요!"
"저도 장미 가시를 본 적 있어요."
아이들은 자신의 경험, 배경지식과 그림책을 연관 지으며 이야기합니다. 생김새와 사는 곳, 먹는 것이 다 다른 사람들, 집의 종류는 다양하지만 불이 나거나 전쟁이 나는 등, 다양한 이유로 집이 없는 사람들에 대해서도 생각해 볼 수 있는 책입니다. 먹는 음식은 다양하지만 충분히 먹지 못하는 사람들, 눈에 보이지 않는 가치에 대한 이야기도 나누어 보았지요.

우주의 생명체에게 지구를 소개한 퀸처럼 우리도 초대장을 만들고, 지구에 대해 소개해 보기로 했어요. 역시 우리 어린이들은 이야기를 곧잘 지어내고, 상상력이 뛰어나네요. 아이들은 지구 밖 생명체, 물고기, 포켓몬 등 다양하게 대상을 골라, 내가 살고 있는 아름다운 지구를 소개해 주는 뜻깊은 시간을 보냈답니다.

읽기·대화 가이드

- 이 그림책이 다른 그림책과 다른 점은 무엇이 있나요?
- 주인공 퀸은 지구 밖의 생명체를 만나고 싶어 하지요. 여러분은 누구를 만나고 싶나요?
- 중력, 통닭 냄새, 세균 말고 눈에 보이지 않는 것을 더 생각해 볼까요?
- 어린이들이 아직 일어나지 않은 이야기를 곧잘 지어내는 것 말고, 어른보다 잘하는 것은 무엇이 있을까요?
- 나도 원하는 상대를 골라 지구를 소개해 볼까요?

BOOK ✦ 033

아픈 바다를 구해요

《할머니의 용궁 여행》 권민조 글·그림

#다양성

　표지를 보여 주자, 아이들이 글자가 재활용품으로 이루어져 있다는 이야기를 해요. 그리고 "용궁이 있어요!"라는 말도 했습니다. 그래서 그림책을 읽기 전 아이들이 가지고 있는 배경지식 활성화를 위해 해녀와 용궁에 대한 대화를 나누어 보았습니다. 용궁 이야기를 하다가 보니 용왕, 염라대왕, 옥황상제, 선녀, 달 토끼와 같은 옛이야기를 하게 되었어요. 이런 것들이 나왔던 그림책에 대한 이야기도 함께 나누었습니다. 《호랭떡집》이나 《장수탕 선녀님》 등 아이들이 읽었던 그림책을 떠올려 이야기했답니다.

　표지를 넘기자 해녀 수칙이 나와 있어요. 아이들과 물질, 잠수, 해녀가 잡는 바다 생물들에 대한 이야기를 나누며 해녀에 대해서도 생각해 보는 시간을 가졌어요. 그리고 그림책을 읽기 시작했습니다. 그리고 찾아온 고요의 시간. 아이들이 대화하거나 다른 일을 하다가 읽어 주는 소리에 집중하는 모습을 볼 때면 참 기특하다는 생각이 들어요.

이 그림책의 주인공 해녀 할머니는 물질을 하던 중 광어로부터 도와 달라는 이야기를 듣고 용궁으로 향합니다. 용궁에 가 보니까 용왕 거북이 코에 플라스틱 빨대가 박혀 있어요. 그걸 빼서 치료해 주니 다양한 바다 생물들이 자신을 도와 달라고 아우성입니다. 동물들 모두 비닐이나 플라스틱 등 바다에 버려진 쓰레기 때문에 몸이 아픈 상황이었어요. 할머니는 열심히 도와주지만 아직 모자랍니다. 손녀딸의 저녁밥을 차려주기 위해 돌아와서, 손녀인 아윤이에게 이야기를 들려주지요. 우리 반 아이들은 그림책을 읽으며 할머니의 사투리를 굉장히 재미있어했어요. 저도 사투리를 실감 나게 살리려 애씁니다.

그림책 이야기가 끝나고 난 뒤, 마지막에 해녀 수칙이 다시 나오는데 0번이 추가되었습니다. 0번은 '무조건 바다부터 살린다!'입니다. 책에는 '나무젓가락 20년', '알루미늄 캔 500년' 이라는 '생활 쓰레기 분해 시간'이 적혀 있어요. 함께 살펴보는데 아이들이 깜짝 놀라더라고요. 특히 '폐건전지 200만 년'을 읽을 때, 다들 "헉" 하며 놀랐어요.

"바다 생물들이 쓰레기 때문에 아파하고 있었지요. 왜 그랬을까요?"

"사람들이 쓰레기를 버려서요."

"그렇다면 바다를 구하기 위해서 우리가 할 일은 무엇이 있을까요?"

"쓰레기를 버리지 말아요."

"분리수거를 해요."

"중고 물건을 당근마켓에 팔아요."

그러자 아이들이 와하하, 하고 웃었어요. "당근마켓이 뭐야?" 하고 묻는 아이들이 있어 설명을 조금 덧붙여 주었습니다.

"당근마켓에 팔면 돈도 벌고, 필요한 사람이 갖다 쓰고 일석이조예요."

아이들 말에 놀랄 때가 많아요. 1학년 아이들이 어른처럼 생각하고 말할 때가 있거든요. 폐건전지 분해 시간에 놀란 아이들이 지구의 환경을 위해 조금씩 변화하는 모습을 보여 주기를 기대해 볼게요.

읽기·대화 가이드

- 해녀와 용궁에 대해 아는 것이 있으면 말해 볼까요? 더 궁금한 점은 무엇이 있나요?
- 바다 생물들이 쓰레기 때문에 아파하고 있었지요. 왜 그랬을까요?
- 평소에 내가 무심코 했던 바다를 아프게 했던 행동은 무엇이 있나요?
- 바다를 구하기 위해서 우리가 할 일은 무엇이 있을까요?

BOOK ✦ 034

내 경험과 연관 지어 읽고 느껴요

《이상한 엄마》 백희나 글·그림

#가족 이해와 관계

구름에 먹을 쏟아서, 그날 서울에는 엄청난 비가 쏟아졌습니다.

호호는 열이 심해 조퇴를 하고 엄마는 할머니에게 전화합니다. 그런데 전화는 이상하게도 선녀님한테 연결이 되지요. 그래서 선녀님이 호호네 집으로 내려가 호호를 위해 엄마의 역할을 합니다. 아이들은 선녀님이 입고 있는 옷에 주목했어요. 그래서 날개옷 이야기를 해 주었지요. 호호를 푹신한 구름에 눕혀 주는 장면을 읽으며 선생님도 이 구름에 누워 있고 싶다는 이야기를 해 보았어요.

"근데 누우면 밑으로 떨어질 것 같아요."

"솜사탕 같아서 먹으면 달콤할 것 같아요."

"어? 근데 선녀님이 옷을 놓고 갔어요!"

예리한 아이들은 그림을 보고 벌써 알아차렸네요.

그 순간 엄마가 빗길을 달려 집으로 돌아옵니다. 다른 사람이랑 달리 엄마는 달리고 있고, 집에 들어올 때도 가방을 휘날리며 들어오지요.

"엄마는 어떤 마음일까요?"

"호호가 걱정되어서 달리고 있어요."

"아이가 잘 있는지 궁금하고 아프니까 걱정해요."

엄마와 호호가 한숨 푹 자고 일어나 보니, 엄청난 저녁밥이 차려져 있었습니다.

"와! 나도 오므라이스 먹고 싶다!"

"진짜 커요!"

아이들이랑 그런 이야기를 하며 한 장을 넘겼는데, 선녀님이 걸어 놓은 날개옷을 발견한 엄마, 날개옷 없이 구름을 타고 하늘로 올라가고 있는 선녀님의 모습이 나왔어요.

"진짜 날개옷을 놓고 갔네?"

"옥황상제님이 선녀님한테 옷을 가져오라고 명령할 것 같아요."

"저 구름 타고 가는 장면이 선녀님이 지금 하늘로 가는 게 아니라 다시 오는 게 아닐까요? 옷 놓고 가서."

정말 다양한 이야기가 나왔지요? 우리 반 아이들은 모두 그림책 작가가 될 수 있을 듯합니다.

읽기·대화 가이드

- 호호처럼 아파본 적이 있나요? 그때 어떤 느낌이 들었나요?
- 엄마의 전화는 왜 선녀님한테 연결이 됐을까요?
- 내가 호호라면 선녀님과 어떤 일을 함께 해 보고 싶나요?
- 집으로 오는 엄마는 어떤 마음일까요? 그림을 보고 엄마의 마음을 추측해 봅시다.
- 선녀님이 날개옷을 놓고 갔지요. 뒷이야기는 어떻게 이어질까요? 상상해 봅시다.

BOOK ✦ 035

나와 함께 태어난
엄마를 탐구해요

《엄마 도감》 권정민 지음

#가족 이해와 관계

이 그림책은 '엄마가 태어났습니다. 나와 함께'라는 첫 문장부터 큰 울림을 줍니다. 원래 엄마로 태어난 것이 아니라, 아이가 태어난 순간에 엄마로 새롭게 탄생하니까요. 엄마의 생김새, 몸의 구조와 기능, 몸의 변화, 반응 속도, 엄마의 가방, 엄마의 엄마 등 엄마에 대한 모든 것을 그림책이 설명해 주고 있어요. 아이들과 엄마에 대해 찬찬히 생각해 보는 시간을 가질 수 있었습니다.

과연 우리 아이들은 어떤 부분에서 엄마에 대해 공감했을까요?

"엄마의 반응 속도요! 우리 엄마도 내가 아플 때나 다칠 뻔할 때 그렇거든요."

"아기를 돌보는 거요. 저 어릴 때도 엄마가 그랬나 봐요."

"제 동생이 막 엄마를 귀찮게 하는 게 그림책이랑 똑같아요."
"엄마가 헐크처럼 폭발하는 부분이 너무 웃겨요."

그림책 뒤에는 엄마를 알아보는 퀴즈가 5개 나와 있어요. 엄마가 양손에 무겁게 짐을 드는 이유는? 아기가 잠에서 깼을 때 제일 빨리 오는 동물은? 등 재미있는 문제가 나왔어요. 그런데 우리 반 아이들은 다 100점을 맞았습니다. 엄마에 대해 다시 한번 생각해 보며 퀴즈를 풀었더니 어렵지 않게 다 맞추더라고요.

그림책을 다 읽고 나서 아이들에게 느낌을 물어보았습니다.
"엄마한테 미안해요."
"동생을 키울 때 엄마가 힘들 것 같아서 걱정돼요."
"엄마가 스트레스를 받아서 빨리 죽을까 봐 걱정돼요."
"저를 키울 때도 엄마가 이랬을 것 같아서 고마웠어요."
한 친구가 "엄마 사랑해요"라고 말하자 나도 나도, 하는 이야기가 여러 곳에서 들립니다. 우리 반이 엄마를 사랑하는 마음으로 대동단결된 듯하네요. 그 모습에 마음이 뭉클해 집니다.

마지막으로 이런 질문을 해 보았어요.
"그렇다면 이런 마음을 어떻게 표현할 수 있을까요?"
잠시 생각을 하던 아이들이 입을 열었습니다.
"엄마 마사지!"
"스트레스를 받지 않고 힘들지 않게 도와줘요."

"동생을 좀 돌봐 줘야겠어요."

이 사랑스러운 마음을 잊지 말고, 부디 엄마의 마음을 잘 헤아려 주는 멋진 아들딸이 되길 바랍니다.

읽기·대화 가이드

- 어떤 부분이 재미있게 느껴졌나요?
- 그림책을 읽고 어떤 느낌이 드나요?
- 여러분은 엄마의 어떤 부분을 탐구해 보고 싶나요?
- 엄마에 대한 사랑을 어떻게 표현할 수 있을까요?

BOOK ✦ 036

산타에 대한 재미있는 상상을 해봐요

《산타는 어떻게 굴뚝을 내려갈까?》 맥 바넷 글, 존 클라센 그림

#상상력

이 책은 아이들이 어김없이 좋아하는 크리스마스와 산타에 관한 이야기입니다.

표지를 보고 제목과 작가, 출판사, 표지 그림에 대한 정보를 나누고 있었는데 한 친구가 질문을 했어요.

"산타가 왜 굴뚝을 내려가요? 우리 집은 굴뚝이 없고, 아파트인데요?"

그러고 보니 이 그림책을 이해하려면 굴뚝을 통해 산타가 집으로 들어간다는 배경지식을 알고 있어야 하네요. 그래서 먼저 산타와 관련된 그림책 제목에 '굴뚝'이 왜 등장하는지 알려 주었습니다. 굴뚝이 무엇인지, 또 집에 굴뚝이 있는 이유에 대해서도요. 그랬더니 아

이들이 "아하!" 하며 그제야 제목과 그림을 이해합니다.

그림책을 읽기 전에 아이들의 생각을 물어보았어요.
"그렇다면 산타는 어떻게 굴뚝을 내려갈까요? 그림만 봐도 산타가 굴뚝에 들어가긴 힘들어 보이는데요."
"액체로 변신해서 들어가요."
"런닝 머신으로 운동해서 살을 빼서요!"
우리 반에서는 크리스마스 전에 산타가 살을 빼야 한다는 의견이 우세했습니다! 그렇다면 그림책 속에서는 어떤 이야기가 펼쳐지는지 읽어 볼까요?

그림책에는 '허리띠를 바짝 졸라맬까? 아니면 생쥐처럼 조그마해질까?'라는 재미있는 상상들이 나왔어요. 몰랑몰랑 젤리처럼 쭈욱 늘어나는 장면이나 산타가 엉덩이부터 들어가는 장면에서 아이들은 와하하 웃음을 터뜨렸습니다. 익살스러운 그림들이 참 유쾌하게 느껴집니다.
"그렇다면, 굴뚝이 없는 집에는 어떻게 내려갈까요?"
"집 비밀번호를 마법으로 알아내서 들어가요!"
"비밀번호를 누르면 소리 나잖아! 창문을 통과해서 들어가요. 투명 인간처럼요!"
우리 반 아이들의 상상처럼, 그림책에도 기발한 방법들이 많이 나와서 신나게 읽을 수 있었어요.

여기저기에서 와글와글 토론의 장이 열렸어요. 아이들은 산타에 대해 다양한 질문을 만들었습니다. 아이들의 질문을 받고 나니, 문득 선생님도 참 궁금해지네요!

— ✦ (**읽기·대화 가이드**)

- 산타에게 선물을 받아 본 적 있나요? 산타와 관련된 경험을 말해 봅시다.
- 산타는 왜 굴뚝으로 내려갈까요?
- 산타는 어떻게 굴뚝을 내려갈까요?
- 산타는 굴뚝이 없는 집에는 어떻게 들어갈까요?
- 산타에 대해서 궁금한 점을 말해 볼까요?

BOOK ✦ 037

지우개로도
그림을 그릴 수 있어요

《완벽해》 맥스 아마토 글·그림

#편견과 오해

맥스 아마토 작가의 《완벽해》는 얼굴이 있는 연필과 지우개가 주인공입니다.

"지우개와 연필은 언제 쓸 수 있을까요?"
"연필로 글씨를 쓰거나 그림을 그리고 지우개로 지워요."

평소에 우리는 연필로 쓴 것을 지우는 용도로 지우개를 이용합니다. 그런데 이 그림책을 끝까지 다 읽으면 지우개는 지울 때만 쓰는 게 아니라는 것을 알 수 있어요. 평소에 우리가 가지고 있는 고정관념을 그림책을 읽으며 비틀어 볼 수 있습니다.

첫 장을 넘기자 핑크색 면지가 보입니다. 한 친구가 앞의 표지를 보여 달라더니 "지우개 색이 핑크색이에요!" 하더라고요. "맨 뒤에도 보여 주세요! 거긴 무슨 색이에요?" 하는 친구의 말에 뒷장의 면지도 보여 주었습니다. 그랬더니 이번에는 모든 아이들이 "연필색인 노란색이다!" 하고 신기해하더라고요. 이렇게 이야기를 읽기 전 책의 만듦새을 보면서 책의 분위기를 느낄 수 있습니다.

그림책을 읽기 시작하는데, 아이들이 색다른 등장인물을 보며 재미있어했습니다.
"지우개랑 연필에 팔다리가 있는 게 신기해요."
"얼굴도 있어!"

지우개는 연필이 남긴 흔적을 지우며 깨끗하게 유지하고 싶어 하지만, 연필은 계속 그림을 그려댑니다.
연필과 지우개의 그리고 지우는 상황이 반복해서 등장합니다. 이 상황을 묘사한 장면이 역동적이라 아이들을 그림을 한참 바라봤습니다.

마지막에 다다르자 지우개는 자신이 지우는 것 말고도 그림을 그릴 수 있다는 사실을 깨닫게 됩니다. 우주가 그려진 장면에서 우리 반 아이들은 참 멋지다는 이야기를 하더라고요.

"지우개로도 그림을 그릴 수 있다는 거 처음 알았어요!"

"저도 저렇게 그리고 싶어요!"

우리는 그림책을 다 읽고 지우개로 그림을 그려 보기로 했습니다. 연필로만 그림을 그릴 수 있다는 고정관념에서 벗어나, 지우개로 색다른 그림을 그려 보게 하는 책이었답니다.

읽기·대화 가이드

- 지우개와 연필은 언제 사용하나요? (그림책을 읽기 전과 후에 지우개와 연필의 쓰임에 대한 대화를 각각 나눠 보세요.)
- 이 그림책의 그림은 어떤 특징이 있나요? 어떤 점이 재미있거나 신기하게 느껴지나요?
- 지우개는 마지막 장면에서 다시 연필을 찾게 됩니다. 여러분에게도 이런 단짝 같은 사람이 있나요?

BOOK ✦ 038

늑대가 꼭
나쁠까요?

《늑대가 들려주는 아기 돼지 삼 형제 이야기》

존 셰스카 글, 레인 스미스 그림

#편견과 오해

    그림책 《늑대가 들려주는 아기 돼지 삼 형제 이야기》는 우리에게 잘 알려진 '아기 돼지 삼 형제' 이야기를 늑대의 입장에서 풀어낸 책입니다. '아기 돼지 삼 형제' 이야기를 알고 있는 아이들은 늑대를 돼지를 괴롭히는 나쁜 동물이라고 말했습니다. 그런데 이 그림책에서 늑대는 '커다랗고 고약한 늑대'에 대한 이야기는 모두 거짓말이라며 자기 이야기를 시작합니다.

    "우리 늑대가 토끼나 양이나 돼지같이 귀엽고 조그만 동물을 먹는 건, 우리 잘못이 아니야. 원래 우리는 그런 동물을 먹게끔 되어 있거든. 치즈 버거를 먹는다고 해서 너희를 커다랗고 고약한 사람이라고 한다면, 그게 말이 되니?"

이 부분을 읽고 나서 물어보았더니 아이들이 선뜻 늑대를 나쁘다고 말하지 못하더라고요. 우리도 돼지고기나 소고기를 먹어서 그렇다나요. 늑대의 입장에 공감한다는 학생들도 하나둘 생겼지요.

늑대는 할머니의 생일 케이크를 만들기 위해 설탕을 빌리러 이웃 돼지네 집으로 향했습니다. 그런데 심한 감기에 걸려 있어서 요란한 재채기를 했고 그러자 집이 무너졌지요. 이렇게 누명을 썼다며 자신의 결백을 주장하는 늑대는 마지막에 우리에게 설탕 한 컵쯤은 꾸어 줄 수 있냐고 물었어요.

"안 돼요. 아무리 사정이 있어도 돼지를 잡아먹는 건 나쁘잖아요!"
"근데 늑대가 돼지를 먹는 건 우리가 고기 먹는 거랑 비슷하잖아. 이미 죽어 있었으니까 먹을 수도 있지!"

처음에는 늑대에 대한 의견을 물었을 때 "그냥요.", "몰라요" 하던 아이들도 조금씩 용기를 내 자기 생각을 말하기 시작했습니다. 왜냐하면 그림책을 읽고 생각을 나누는 것에는 정답이 없으니까요.

어떤 텍스트가 다른 텍스트의 요소를 공유할 때 '상호텍스트성'이라 합니다. 최근의 그림책들은 상호텍스트성을 특징으로 하는 작품이 많은데, 이 그림책이 취하고 있는 방식인 패러디도 그 특징을 잘 드러내 줍니다.

우리가 잘 알고 있는 '아기 돼지 삼형제'라는 이야기를 늑대를 주인공으로 하면서 원래의 이야기를 비틀어 새로운 재미를 선사하는 패러디 방식을 활용하고 있지요. 이런 작품들을 재미있게 이해하며 읽으려면 원작을 알아야겠죠?

이 그림책 외에 유설화 작가의 《슈퍼 토끼》, 《슈퍼 거북》도 추천합니다. 본래의 이야기를 잘 알고 있는 아이들이라면, 원작을 친근하게 느끼면서 새로운 이야기를 무척 재미있어할 거예요.

읽기·대화 가이드

- '아기 돼지 삼 형제' 이야기를 알고 있나요? 그 이야기에서 늑대의 이미지는 어떤가요?
- 그림책에 등장하는 늑대의 말을 읽고 나서 자기 생각을 말해 볼까요?

  "우리 늑대가 토끼나 양이나 돼지같이 귀엽고 조그만 동물을 먹는 건, 우리 잘못이 아니야. 원래 우리는 그런 동물을 먹게끔 되어 있거든. 치즈 버거를 먹는다고 해서 너희를 커다랗고 고약한 사람이라고 한다면, 그게 말이 되니?"

- 마지막 늑대는 자신의 결백을 주장하며 우리에게 설탕 한 컵을 꾸어 줄 수 있느냐고 물어요. 여러분 생각은 어떤가요?
- 이 그림책에서 늑대는 자신의 억울함을 이야기하죠. 여러분도 의도와 다르게 일이 잘못되어, 억울했던 경험이 있나요?

BOOK ✦ 039

비판적으로
생각해요

《감기 걸린 물고기》 박정섭 글·그림

#편견과 오해

《감기 걸린 물고기》는 재미있는 이야기 속에 깊이 생각할 거리가 함께 담겨 있어 아이들과 대화를 나누기 참 좋은 그림책입니다.

배고픈 아귀는 커다랗게 무리 지어 다니는 물고기 떼를 와해시키려고 꾀를 내어 소문을 퍼뜨리죠.

"애들아~ 빨간 물고기가~ 감기에 걸렸대~"

물고기들은 소문에 우왕좌왕 하다 흩어집니다. 결국 무리가 나뉜 물고기 떼는 빨간색 물고기들을 내쫓고, 쫓겨난 물고기들은 잡아 먹힙니다. 그리고 또다시 아귀는 활동을 시작합니다. 노란 물고기도 감기에 걸렸다고 말이에요. 이제 물고기들은 서로를 의심하기 시작합니다.

그렇게 물고기들이 아귀에게 계속 잡혀먹히는 과정을 반복하고 있을 때, 한 마리 물고기가 나타납니다. 검은 물고기 한 마리가 이렇게 말하죠.

"소문은 누가 내는 거지? 믿어도 되는 거야? 이상하지 않아? 진짜 감기에 걸린 걸까? 감기 걸린 물고기 본 적 있어?"

우리는 다른 아이들에 대한 소문을 퍼뜨린다거나, 한 친구의 말만 믿고 어떤 친구와 놀지 않는 경우 등에 대해 대화를 나눠 보았어요. 그리고 다른 친구에게 휩쓸리지 않고 스스로 생각하는 방법을 찾아보았습니다. 기특하게도 혼자 올바른 방법을 찾을 수 없을 때는 부모님이나 선생님과 함께 대화를 나눠 보는 방법을 아이들이 찾아내더라고요.

《감기 걸린 물고기》를 읽으며 가만히 문해력의 의미를 떠올려 봅니다. 문해력이라는 것은 정확히 글자를 읽어 나가고, 다양한 어휘를 알기만 한다고 해서 끝나는 게 아닙니다. '팩트 체크'가 되지 않은 무분별한 기사와 콘텐츠들이 넘쳐나고, 내 취향에 맞는 알고리즘만 잔뜩 제시되어 '확증 편향'되기 쉬운 세상에서, 제대로 된 사실과 관점을 찾아낼 수 있으려면 비판적 사고 능력은 더욱 중요합니다. 그림책을 읽으면 생각하는 힘을 키울 수 있습니다.

읽기·대화 가이드

- 감기 걸린 물고기라는 제목을 보고 이야기를 나누어 봅시다. 물고기가 감기에 걸릴 수 있을까요?
- 왜 물고기들은 사실이 아닌 소문을 그대로 믿어 버렸을까요?
- 평소에 소문을 그대로 믿고 퍼뜨린 적이 있나요?
- 친구나 주변 사람들의 말에 그대로 휩쓸리지 않으려면 스스로 어떤 노력을 해야 할까요?

BOOK ✦ 040

우리는 모두
생각이 달라요

《완벽한 계란 후라이 주세요》 보람 글·그림

#다양성

　새로 개업한 먀옹식당의 먀옹 요리사가 잠시 화장실에 간 사이, 한 손님이 찾아옵니다. "완벽한 계란 후라이 주세요"라는 말에 친구들은 먀옹 요리사 대신 완벽한 계란 후라이 만들기에 돌입하게 됩니다. 그런데 도대체 완벽하다는 건 뭘까요? 친구들은 계란 후라이의 크기나 모양, 가격, 접시에 올려놓는 방식 등을 생각하며 각자 완벽한 계란 후라이를 완성해 내려 애씁니다. 잠시 뒤 어마어마한 양의 계란 후라이가 쌓이고 주문한 손님은 완벽한 계란 후라이를 찾으러 왔지요.

　우리 반 아이들에게 물어보았습니다.
　"완벽한 계란 후라이는 어떤 걸까요?"

"노른자가 터지지 않은 거요."

"저는 다 익은 게 좋아요."

"우리 엄마는 계란 후라이를 잘 만드시는데! 소금을 조금 넣는 게 맛있어요."

"케첩을 뿌린 게 좋아요."

아이들은 저마다 생각하는 완벽한 계란 후라이의 모습을 이야기했습니다.

《완벽한 계란 후라이 주세요》를 읽으며 우리는 '완벽함'에 대해 생각해 보았습니다. 완벽함의 사전적 의미는 '결함이 없이 완전한 것'을 말하지만, 그 기준은 사람마다 다를 수 있습니다. 이 그림책에서 등장하는 계란 후라이와 계란을 먹지 못하는 토끼를 통해 '완벽함'에 대한 서로 다른 생각들을 만나볼 수 있었어요.

더불어 우리가 평소에 쓰는 '예쁘다, 맛있다, 멋있다' 등에 대해서도 서로 이야기해 보면서 그 뜻은 제각각 다르다는 것을 깨닫게 되었어요. 이 시간을 통해 아이들은 모두가 비슷한 듯 서로 다른 의견을 가지고 있다는 사실에 놀라고 흥미로워했습니다. 나는 포도가 가장 맛있다고 생각하는데 사과를 맛있다고 생각하는 아이들, 또, 바나나를 좋아하는 아이들이 있다는 것을 알게 된 것처럼요.

그림책을 읽으며 우리는 같은 곳에 있어도 다양한 생각을 하고 있다는 것을 알고, 다른 사람의 생각을 존중해 주어야 한다는 이야기를 나누었습니다.

> **읽기·대화 가이드**

- 완벽한 계란 후라이는 어떤 것일까요?
- 내가 좋아하는 것을 다른 사람이 싫어했던 경험이 있나요? 그때 어떤 생각이 들었나요?
- 내가 생각하는 '예쁘다', '맛있다'의 기준은 어떤 것인가요? 다른 사람들과 생각을 함께 나누어 봅시다.

BOOK ✦ 041

엄마의 웃는 얼굴이
보고 싶어요

《돼지책》 앤서니 브라운 글·그림

#가족 이해와 관계

앤서니 브라운 작가의 《돼지책》을 보자마자 아이들이 웃음을 터뜨렸어요.

"왜 엄마가 아빠랑 아이들을 다 업고 있어요?"

"무겁겠다!"

"엄마 힘 진짜 세다!"

표지의 그림이 웃기다고 생각하던 아이들이 조용해질 때쯤, 한 친구는 엄마의 표정을 보고 힘들어 보인다고 하더군요. 우리는 엄마는 왜 힘든 표정을 짓고 있는지 그림책을 읽으며 생각해 보기로 했습니다.

매일 아침이면 피곳 씨와 사이먼, 패트릭은 엄마에게 빨리 밥을 달라고 보채고 아침식사를 한 후 회사나 학교로 휑하니 가 버리지요. 집에 돌아와서도 피곳 씨와 두 아들은 아무것도 하지 않습니다. 집안일은 모두 엄마의 몫입니다. 엄마인 피곳 부인의 얼굴은 점점 변해갑니다.

계속 남편과 아이들을 위해 헌신적으로 집안일을 하던 어느 날 저녁, 엄마는 집을 떠났습니다.

"어? 돼지다!"

피곳 씨와 사이먼, 패트릭은 서서히 돼지로 변해 가는데 이들 세 인물이 바뀌는 모습을 찾아내면서 아이들은 점점 더 이야기에 빠져들었습니다. 아이들은 교실 앞으로 앞다투어 나와 그림책 이곳저곳을 손가락으로 가리키며 돼지 그림 찾기에 열중했습니다.

"왜 그림들이 돼지로 변했을까요?"

"피곳 씨와 사이먼, 패트릭이 마법에 걸려서 변한 것 같아요."

"엄마가 '너희들은 돼지야'라고 말했으니까 돼지로 변했나 봐요."

그림책을 다 읽고 나서 우리는 각자 가족이란 무엇이고 가족은 어떤 역할을 해야 하는지 생각해 보았습니다. 우리 엄마도 피곳 부인처럼 혼자 힘드신 건 아닌지 되돌아보았습니다. 그리고 우리가 엄마와 아빠를 도와줄 수 있는 방법에는 어떤 것이 있는지를 이야기했습니다.

"안마를 해 줘요!"

"다 먹은 그릇은 싱크대로 가져가요."

"저는 평소에도 엄마를 잘 도와줘요. 방 청소도 잘해요!"

그림책 마지막에 행복해 보이는 엄마의 얼굴처럼, 우리 가족들 모두 웃는 일이 늘어나면 좋겠습니다.

> **읽기·대화 가이드**

- 표지에서 엄마는 왜 아빠와 아이들을 업고 있을까요? 어떤 이야기일지 예상해 봅시다.
- 왜 그림들이 돼지로 변했을까요?
- 여러분은 엄마의 빈자리를 느껴본 적이 있나요?
- 우리 집에서 피곳 부인처럼 속상한 사람이 있을까요? 내가 부모님을 도울 수 있는 방법은 어떤 것이 있을까요?

BOOK ✦ 042

세상을 다르게 바라봐요

《이상한 하루》 연수 글·그림

#편견과 오해

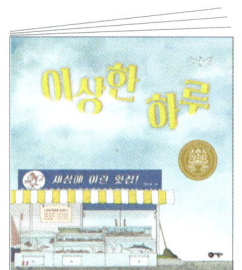

횟집에 있는 해산물들이 수족관을 탈출해서 봄 풍경 속으로 스며듭니다. 아이들은 숨은그림찾기라도 하듯 물이 아닌 곳에서 바다 생물들을 찾아내는 것을 즐거워하면서도 이상하게 여겼습니다.

"왜 이런 곳에 물고기가 있어요? 이상해요."

"그런 생각이 들 수 있어요. 그런데 이번에는 물고기 입장에서 생각해 볼까요? 자기네 물고기가 바다에 있지 않고 횟집 수족관에 갇혀 있는 것을 어떻게 여길까요?"

우리는 이 그림책을 읽으며 기존 질서와는 다르게 보는 시도를 했어요. 당연하게 생각했던 풍경들을 사람이 아닌 물고기의 입장에서 생각해 보는 것이죠. 처음에는 횟집에 있는 물고기의 풍경보다 봄 풍경 속에 숨어든 물고기들의 모습이 이상하다고 여겼던 아이들이 나중에는 횟집이나 아쿠아리움, 동물원의 풍경이 물고기나 동물의 입장에서는 이상할 것 같다고 말했습니다.

"물고기가 엄마를 보고 싶어 할 거 같아요."

아이들은 동물원 안에 있는 동물들이 원래 자기 집으로 돌아가면 좋겠다고 하더군요.

이 그림책은 봄에 읽기 참 좋습니다. 그림책에 봄 풍경이 가득 담겨 있거든요. 반 아이들이 책 속에 담긴 봄을 만끽할 수 있도록 한 장씩 한 장씩 천천히 책장을 넘겼습니다.

'겹겹이 쌓인 돌담 벽 사이사이로 봄이 스며들었다는 걸 고양이는 이미 눈치 챈 것 같습니다'라는 표현에 대해 저는 이렇게 물었습니다.

"왜 작가는 봄이 스며들었다라고 말했을까요?"

'물이 스며들다'라는 표현을 떠올린 아이들은 "돌담 사이사이에 물이 스며드는 것처럼 꽃이 있어서요"라거나 "따뜻한 바람이 어디에나 있어서요"라고 답하더군요.

같은 작가의 《이상한 동물원》도 함께 읽어 보세요. 이 그림책에는 동물원 이야기와 여름 풍경이 멋지게 펼쳐집니다. 몇몇 아이들은 바로 학교 도서관에 이 책을 빌리러 갔습니다.

✦ **읽기·대화 가이드**

- 왜 횟집 물고기들이 수족관을 탈출했을까요?
- 봄 풍경으로 숨어 있는 물고기들을 찾아봅시다. 물고기와 풍경의 어떤 점이 비슷한가요?
- '겹겹이 쌓인 돌담 벽 사이사이로 봄이 스며들었다는 걸 고양이는 이미 눈치챈 것 같습니다'라는 표현을 살펴봅시다. 왜 작가는 '봄이 스며들었다'라는 표현을 썼을까요?
- 《이상한 하루》의 횟집처럼 동물의 입장에서 보면 이상한 풍경들을 우리 주변에서 더 찾아볼까요?

BOOK ✦ 043

재치와 유머가 돋보여요

《치과 의사 드소토 선생님》 윌리엄 스타이그 글·그림

#두려움과 슬픔

    윌리엄 스타이그 작가의《치과 의사 드소토 선생님》을 읽기 시작하기 전에 우리 반 아이들은 치과에 간 경험을 떠올려 보았어요.
"얼마 전에 이를 빼러 갔어요."
한 친구가 입을 크게 벌려 비어 있는 앞니 자리를 보여 줍니다.
"어금니가 썩었어요!"
한 친구는 치료 중인 어금니를 손가락을 가리킵니다.
    거리낌 없이 잇속을 보여 주는 아이들이 귀여워 잠시 웃음이 나기도 했습니다.
    책 겉표지에 표기된 출판사 이름을 보고는 저번에도 이 출판사 책을 읽은 적 있다고 말합니다. 비슷한 이야기와 그림체, 작가의 이름과 출판사까지 기억하는 아이들을 보면서 점점 그림책과 친해지고 있는 모습을 발견하게 됩니다.

치과에서 벌어지는 이야기가 무척 재미있는지 아이들이 조용히 귀를 기울였습니다. 드소토 선생님 부부는 작디작은 생쥐입니다. 어느 날 쥐에게 아주 위협적인 동물인 여우 한 마리가 찾아왔습니다. 고통스러워하는 여우를 거절할 수 없어 여우를 치료해 주지만 여우는 치료가 끝나면 생쥐를 잡아먹을 못된 생각을 품고 있었어요. 우리는 이 대목을 읽으며 드소토 선생님 부부가 위기에 처했을 때 대처할 수 있는 방법을 떠올려 보았습니다. 대부분의 아이들은 자신이 치과 의사라면 아예 여우를 치과에 들어오지 못하게 하거나, 여우가 오기 전에 도망가겠다고 말했어요. 어떤 친구는 몸집이 큰 다른 치과 의사를 찾아 늑대의 이를 치료하자고 아이디어를 내기도 했답니다.

아이들과 책을 읽은 후, 그림책에 나온 한 장면을 깊이 있게 이야기해 보았어요. 아이들은 모두 쥐를 먹고 싶어 하는 여우가 나쁘다고 대답을 했는데, '고기를 먹는 우리 사람들은 어떨까?' 하고 생각해 보았을 때는 자연스러운 것이라고 하더라고요. 그렇게 쥐를 먹고 싶어 하는 여우의 입장을 생각해 보기도 했습니다. 하지만 자신을 도와준 치과 의사 선생님을 먹는 것은 안 된다고 합니다. 그림책을 읽고 대화를 나누는 동안 아이들의 생각이 많이 자랐음을 느낄 수 있었답니다.

> **읽기·대화 가이드**

- 여러분은 치과에 가 본 경험이 있나요? 왜 갔고, 느낌이 어땠나요?
- 여러분이 드소토 선생님이라면 어떤 꾀를 내어 여우에게 잡아먹히지 않을 수 있을까요?
- 여우가 집에 가면서 '내일 치료가 끝나고 의사 선생님을 잡아먹으면 나쁜 일일까, 아닐까?'라고 생각했는데, 여러분의 생각은 어떤가요? 왜 그런가요?

BOOK ✦ 044

우리 가족의 모습과 비교해요

《감자 좀 달라고요!》 모린 퍼거스 글, 듀산 페트릭 그림

#가족 이해와 관계

《감자 좀 달라고요!》는 글 작가와 그림 작가가 각각 따로 있는 그림책입니다. 아이들과 글·그림 작가가 같은 경우와 다른 경우의 장단점을 생각해 보았어요.

"글과 그림 작가가 같으면 내 생각을 마음대로 쓰고 그릴 수 있어요."

"각자가 잘하는 것을 더 잘 할 수 있어요. 글을 잘 쓰는 사람은 글을 쓰고, 그림을 잘 그리는 사람은 그림을 그려요."

이 그림책은 가족들이 휴대폰이나 태블릿을 가지고 노느라 또는 책을 읽느라 바빠서 자기에게는 무관심한 가족들 때문에 속상한 빌이라는 아이의 마음을 잘 담은 그림책입니다.

"선생님, 왜 사람은 없는데 그림만 있어요?"

"그림자만 있는 사람이 말하고 있어요."

아이들은 책 표지의 그림을 유심히 바라보며 질문합니다. 그리고 한 장을 넘기자 등장한 빌의 얼굴을 보고, "이 아이가 그림자네요!" 하며 한번에 이야기를 직감적으로 이해해 저도 깜짝 놀랐습니다.

교사나 부모님, 또는 누군가가 그림책을 읽어 줄 때 아이들은 그저 듣고만 있지 않습니다. 이야기를 적극적으로 따라가면서 다음 이야기를 궁금해하고 상상하면서 나름의 생각을 펼쳐나갑니다.

우리는 식탁에서도 각자의 방식대로 밥을 먹느라 가족과의 시간을 즐기지 못할 때가 있습니다. 이 책은 태블릿이나 스마트폰을 사용하는 것이 일상화된 요즘 우리의 모습을 잘 담고 있어 아이들도 공감하는 듯 보였어요.

"빌이 심심하고 속상할 것 같아요."

"빌이 행복하게 웃으면 좋겠어요."

아이들은 빌의 마음을 누구보다 잘 알고 있었습니다. 우리는 이제 각자의 집에서 경험한 이야기를 나누어 보았어요.

마지막 장면에서 빌의 가족들은 아무도 태블릿이나 휴대폰을 보지 않고 책도 읽지 않고 장난감 없이 한자리에 모여 있습니다. 이 장면에서 우리 반 아이들도 감동적이라고 말하더군요. 오늘 저녁에는 TV나 스마트폰 없이 우리 가족들만의 온전한 대화 시간을 가져 보는 것은 어떨까요?

읽기·대화 가이드

- 글과 그림을 각각 다른 사람이 쓰고 그리면 뭐가 좋을까요?
- 글과 그림을 모두 같은 사람이 쓰고 그리면 뭐가 좋을까요?
- 엄마, 아빠가 바쁠 때 빌의 마음은 어땠을까요?
- 빌이 쪽지를 쓴 뒤 어떻게 되었을까요?
- 집에서 빌처럼 가족들이 각자의 일로 바빠서 속상했던 경험이 있나요?

BOOK ✦ 045

오해와 편견에 대해
생각해 보아요

《이파라파냐무냐무》 이지은 글·그림

#편견과 오해

　아이들은 이 그림책의 큰 크기와 털숭숭이, 마시멜롱이 등장하는 아기자기한 그림들을 보고 신기해했어요. 처음에는 그림들을 보고, "어? 이 책은 왜 말이 안 나와요?" 하고 궁금해했습니다.
　그림과 함께 등장인물들의 말과 의성어·의태어만 나오자 그동안 읽었던 그림책이랑 다르다는 점을 발견했어요. "이 그림책은 만화책 같아요!" 하고 이야기하는 친구도 많이 있었습니다. 그래서 이 그림책은 좀 더 그림을 깊이 있게 읽으며, 생각을 많이 해야 하는 그림책이라고 이야기를 해 주었지요.

　마시멜롱들이 털숭숭이의 외모와 큰소리를 듣고 오해를 하고, 공격을 시작합니다. 아이들은 마시멜롱들의 공격과 이어진 실패를 재미있어하면서도, 털숭숭이는 아무것도 안 했는데 왜 그러냐며 마시멜롱들을 이상하게 보기도 했습니다. 그러다가 등장한 용기 있는 마시멜롱의 이야기를 보면서 함께 털숭숭이에 대한 오해를 풀었어요. 다 읽고 나서 아이들은 오해에 대한 이야기를 하더라고요. 유치원에서도 유괴에 대한 교육을 받을 때 사람의 외모로 판단하지 말라는 이야기를 들었다고 했습니다.

실제로 교실에서도 오해로 인해 아이들이 다투는 일이 많습니다. 저학년보다 고학년으로 갈수록 서로에게 진정으로 다가가기보다는 추측을 하고 오해를 해 버린 상태로 편이 갈리는 경우들이 생기지요. 두 편으로 나뉜 아이들을 모아서 상담을 하다 보면 솔직한 이야기가 서로 오가고 나서야 오해가 이해로 풀립니다.

아이들은 집에서도 형제자매들과 싸울 때나 엄마, 아빠가 싸울 때도 오해가 있는 것 같다고 하더군요. 1학년 아이들도 오해와 이해에 대해 나름대로 생각을 하고 있다는 점을 깨달았습니다. 그래서 학교에서도 친구들끼리 오해가 생기면 직접 친구에게 다가가 진솔하게 이야기해 보자고 했습니다.

친구가 하는 행동이 싫다고 피하지 말고 "난 그런 행동을 싫어해. 그러니까 하지 마"라고 직접 내 감정을 전달해 보자는 이야기를 나누었지요. 지금까지 함께 놀지 않았던 아이들과도 직접 만나서 놀다 보면 생각보다 재미있는 경험을 할 수 있다는 이야기를 나누어 보기도 했습니다. 평소에 우리도 털숭숭이를 피하던 마시멜롱처럼 생각하고 행동하는 일들이 많으니까요.

아이들은 이 그림책을 통해 오해와 편견에 대해, 그리고 이해에 대해 생각을 해 보는 소중한 시간을 가질 수 있었답니다.

읽기·대화 가이드

- 이 그림책이 그동안 읽었던 그림책과 다른 점은 무엇이 있나요? 어떻게 읽으면 좋을까요?
- 털숭숭이를 오해한 마시멜롱들처럼 겉모습으로 다른 사람을 오해한 적이 있나요?
- 오해가 생길 때 어떻게 해결할 수 있을까요?

BOOK ✦ 046

구덩이에서
나갈 방법을
찾아볼까요?

《구덩이에서 어떻게 나가지?》 기무라 유이치 글, 다카바타케 준 그림

#상상력

　세 마리의 들쥐를 쫓던 배고픈 들고양이 두 마리는 들쥐와 함께 깊은 구덩이 속에 빠져 버립니다. 고양이가 들쥐를 먹으려고 했더니 들쥐가 나갈 방법을 찾지 못한다면 고양이들도 어차피 굶어 죽을 거라고 이야기하지요. 그래서 그때부터 쥐와 고양이들은 함께 구덩이를 나갈 방법을 찾습니다.

　먼저, 들쥐들은 고양이 두 마리가 아래에서 받쳐 주고, 쥐가 위에 올라가서 덩굴을 잡고 나가는 방법을 이야기했어요. 그래서 우리 반 아이들과 함께 이 방법을 썼을 때 장점과 단점을 이야기해 보았어요. 반 아이들이 들쥐는 살 수 있는데 고양이는 구덩이에서 못 빠져나갈 거라고 합니다. 아이들은 영리합니다.

　그림책에는 나오지 않지만 고양이 입장에서, 쥐의 입장에서 여러

가지 방법을 찾아보았어요. 참신한 아이디어가 많이 나오더라고요.

그런데 갑자기 구덩이에 비가 오기 시작합니다. 들쥐와 고양이들은 갑자기 들어온 물에 허우적대다가 물과 함께 구덩이 밖으로 나옵니다. 그런데 그 사실을 알지 못한 채 계속 토론을 이어가요. 친구들은 이 장면을 보면서 까르르 웃더라고요. 이미 밖으로 나왔는데 그것을 알아채지 못한 고양이와 쥐가 웃기다고 합니다.

이 그림책은 긴장감과 유머가 잘 섞여 있어 이야기에 풍덩 빠져들 수 있습니다. 이 그림책처럼 재미있는 이야기는 아이들에게 선물과도 같습니다.

읽기·대화 가이드

- 이 그림책은 위로 책장을 넘기며 읽는 그림책이에요. 작가는 왜 이렇게 그림책을 만들었을까요? 이렇게 읽으니 어떤 느낌이 들어요?
- 고양이 두 마리가 아래 있고, 쥐가 위로 올라가며 구덩이를 나가는 방법을 생각해 봅시다. 이런 방법을 쓴다면 어떤 일이 벌어질 것 같나요?
- 쥐가 아래 있고, 고양이가 위로 올라가는 방법을 생각해 볼까요? 이런 방법을 쓴다면 어떤 일이 벌어질 것 같나요?
- 구덩이에서 나갈 방법을 말해 봅시다. 고양이 입장에서 어떤 방법을 쓸 수 있을까요? 쥐 입장에서는 어떤 방법을 쓸 수 있을까요?

BOOK ✦ 047

고정관념을 깨고
상상해 봐요

《이건 상자가 아니야》 앙트아네트 포티스 글·그림

#상상력

이 책을 처음으로 꺼내 놓자, 여러 아이들이 등교를 하자마자 "이건 상자가 아니야" 하면서 제 책상 위 그림책의 제목을 읽더라고요. 평소 같으면 읽어 봤다는 아이들이 몇 명쯤 이야기를 하곤 하는데, 이번에는 모두 처음 보는 그림책인가 봐요. 아는 척을 하는 아이가 없고, 모두가 책 내용을 궁금해하더라고요. 슬쩍 장난치듯 책장을 넘겨 보려는 한 아이의 손을 막으며, 그림책 시간에 재미있게 읽자고 말했습니다. 그러자 "들켰다!" 하며 씨익 웃네요. 궁금한 책이라 더더욱 재미있게 읽을 수 있을 것 같습니다. 그렇게 아이들이 하나, 둘 등교를 하고, 어느새 그림책 읽기 시간이 되었습니다. 그럼 이제 두근두근한 기대를 가지고 그림책을 함께 읽어 볼까요?

아기 토끼가 상자를 가지고 놀고 있어요. 우리가 보기에는 그냥 상자일 뿐이지요. 그런데 토끼는 이건 상자가 아니라고 말하네요. 상자를 가지고 자유로이 상상하며 새로운 것을 만들어 냅니다. 자동차, 산, 불난 건물, 로보트로 변신하지요. 이 그림책은 우리가 가지고 있는 고정관념을 재미있게 비틀어 상상력과 창의력을 자극합니다. 여러 색을 쓰지 않아 더 자유로이 상상할 수 있어요.

"처음에는 표지가 왜 나무 색깔인지 궁금했는데 지금 보니 박스 같아요."

그림책을 다 읽은 후, 처음에는 느끼지 못했던 상자의 색과 질감이 느껴지는 그림책 표지를 다시 보게 되었습니다.

우리도 작가가 되어 보기로 했어요. 상자 모양을 그려서 아기 토끼가 노는 모습을 그려 보기로 했지요. 이 시기의 아이들은 평소에 놀 때도 상상을 많이 하며 놀기 때문에 즐거운 마음으로 그림을 그리기 시작했습니다. 아이들은 태극기, 로켓, 비행기, 잠수함, 병원, 8단 케이크, 나비와 벌 등 상자 모양을 이용해 다양한 상황을 그림으로 그렸어요. 어른이었다면 막막한 표정으로 고민했을 상황인데, 아이들이 재미있게 상상을 하며 수월하게 쓱쓱 그림을 그려 나가는 모습을 보고 감탄을 했답니다. 그러고 나서 다 그린 그림들을 모아서 아이들 앞에서 보여 주었어요. "우와~" 하며 친구의 생각에 놀라기도 하고 "하하하" 재미있다고 웃기도 하며 즐겁게 감상합니다. 다들 그림책과 떠난 상상 여행 시간을 재미있어해 선생님은 참 뿌듯했어요.

> **읽기·대화 가이드**

- 상자를 가지고 놀아 본 경험이 있나요? 어떻게 놀이를 했었나요?
- 평소에 어떤 상상을 많이 하나요?
- 토끼는 상자가 아니라는 말을 합니다. 그럼 무엇일까요? 상상해 봅시다.
- 우리도 상자 모양으로 상상을 해 볼까요? 무엇을 만들 수 있을까요?

BOOK ✦ 048

있는 그대로의 나를 믿고
용기를 내요

《벽 타는 아이》 최민지 글·그림

#자기 탐구와 자존감

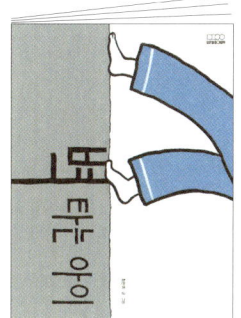

　표지를 보여 주자 아이들이 먼저 《문어 목욕탕》을 쓴 최민지 작가의 책이라고 합니다. 이렇게 차곡차곡 아이들의 그림책 경험들이 쌓이고 있습니다.

　이 그림책은 자유롭게 벽을 타고 싶은 아이와 그런 아이를 못마땅해하는 어른들이 대비되며 이야기가 펼쳐집니다. 벽을 타는 아이를 걱정하는 부모님은 여러 전문가를 대동해 아이를 치료해 보려고 하지만 실패하지요. 결국 아이는 스스로 이상한 아이들이 갇혀 있다는 '모자성'에 가기로 합니다. 있는 그대로 나를 믿고 스스로 문을 열고 나선 아이의 용기가 느껴지는 그림책입니다.

이 그림책을 읽을 때면 저 역시, 나는 어떤 부모, 어떤 어른일까를 고민해 보게 됩니다. 아침에 아이들에게 이 그림책을 읽어 주고 나서 함께 생각을 나눌 때는 '나는 어떤 교사일까'를 고민했어요. 아이들 한 명 한 명의 다름을 인정해 주면서 자신을 믿게 해 주고 싶다는 가치관은 여전하지만, 실제 그렇게 하고 있는지를 되돌아봅니다.

"주인공의 부모님은 왜 이야기를 안 들어 보고, 무조건 고치려고만 해요?"
"왜 어른들은 다 아이들을 모자성에 가두고, 어른들은 안 들어가는 걸까요?"
아이들의 질문을 들으며 한 사람의 어른으로 뜨끔했습니다. 아이들은 벽 타는 아이도 엄마, 아빠한테 직접 자신의 이야기를 해 보았으면 좋았을 것 같다고 했어요. 마지막 장면에서 보통 마을의 '보통'이라는 글자에 X를 치는 작은 그림을 아이들이 찾아내며 통쾌해했습니다.

용기를 내고 스스로를 긍정했던 벽 타는 아이와 서로를 믿고 앞으로 나아간 아이들에게 박수를 보냅니다. 이 그림책을 통해 우리 아이들이 서로 다름을 인정하고, 스스로를 긍정하며 용기를 낼 수 있기를 바랍니다.

읽기·대화 가이드

- 벽 타는 아이 부모님은 왜 여러 전문가들을 불러 아이를 치료하려고 할까요?
- 아이는 왜 스스로 모자성에 가기로 했을까요?
- 어른들은 왜 이상한 아이들을 모자성에 가두었을까요?
- 마지막 장면에서 어떻게 아이들은 보통 마을을 벗어나 함께 놀게 되었을까요?
- 가끔은 이상하게도 느껴질 수 있는 나만의 다른 점은 무엇이 있나요?

BOOK ✦ 049

대단한 것에 대해
생각해요

《대단한 무엇》 다비드 칼리 글, 미겔 탕코 그림

#편견과 오해

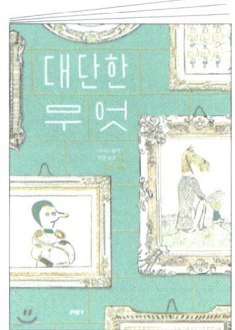

　이 그림책의 주인공은 아빠 개와 함께 벽에 잔뜩 걸린 가족사진을 바라봅니다. 아빠는 액자에 걸린 가족사진 하나하나마다 이야기를 들려 줍니다.
　"이분은 앙구스 삼촌이란다. 경찰의 자랑이었지. 앙구스의 코는 대단했어. 어떤 냄새든 단박에 알아챘지."
　그런데 앙구스 삼촌은 도둑들을 계속 놓칩니다. 이 장면에서 아이들은 하나같이 웃음을 터뜨렸습니다.
　"코는 대단한데, 눈은 안 보이나 봐요!"
　이번에는 문제가 생기면 다른 소방관들은 고모의 이름을 부르곤 했다는, 용감한 소방관 도리스 고모입니다. 물이 나오는 호스를 밟고 있는 도리스 고모를 보더니 이렇게 말합니다.

"아빠가 이야기하는 거랑 달라요!"

그림책에는 양을 잘 돌본 스쿠터 삼촌, 별에 다녀온 유키 고모, 그리는 것을 좋아한 프리다 고모에 대한 이야기가 나옵니다. 그런데 이런 내용은 벽에 걸린 멋진 사진을 보고 독자인 우리가 오해한 것이랍니다. 아빠의 설명은 대부분 '진짜' 사실을 많이 담고 있거든요.

벽에 걸린 프리다 고모의 사진을 보고는 우리 마음대로 화가라고 오해하지만, 넘겨 보면 가게의 간판을 그리고 벽을 페인트로 칠하고 있는 고모의 모습이 그려져 있습니다. 지금도 누구나 고모의 작품을 볼 수 있다는 점은 맞는 이야기이지요. 당연히 화가라고 생각하는 프레임에 갇힌 우리의 생각이 달랐을 뿐! 그렇게 우리는 작가의 의도에 완전히 넘어가며 반전의 재미를 찾을 수 있습니다.

그런데 이게 끝이 아니에요. "나중에 뭐가 될까요?"라고 묻는 강아지에게 아빠 개는 "뭐가 되든, 대단한 개가 될 거야!"라고 말해 주는데요. 그 부분의 책장을 펼치면, 또 다른 반전이 펼쳐집니다. 이 마지막 반전에 아이들이 빵 터졌습니다. 우리의 생각과 다른 이야기가 계속 펼쳐지니까 아이들이 참 좋아했어요. 이 그림책은 이렇게 재미와 생각이라는 두 마리 토끼를 다 잡았어요.

"이 그림책에서 나오는 대단하고 훌륭한 것은 뭘까요? 화가가 아닌 프리다 고모, 실제로 별에 다녀온 것은 아닌 유키 고모, 혼자서 맨 앞에서 달렸지만 이상한 방향으로 달렸던 티보 삼촌은 대단하지 않은 걸까요?"

"대단해요. 계속 노력했으니까요."

"프리다 고모도 누구나 고모의 작품을 볼 수 있는 사실은 맞잖아요."
"자기가 좋아하는 일을 열심히 했어요."

이쯤이면 선생님이 필요 없다는 생각이 듭니다. 제가 하고 싶은 말을 아이들이 다 했거든요.

"대단하다는 건 뭘까요? 우리는 꼭 무언가가 되어야 할까요? 이 책을 읽으면 이 물음에 대한 답을 생각해 볼 수 있습니다.

읽기·대화 가이드

- 왜 그림책에서는 동물을 사람처럼 표현할까요?
- 사진을 보며 아빠가 했던 이야기와 책장을 펼치면 나오는 진짜 이야기가 다릅니다. 각각 실제 이야기를 보고 상황을 추측해 봅시다.
- 대단하다는 기준은 다 같을까요? 우리는 대단하다고 언제 말할 수 있을까요?

BOOK ✦ 050

어렵고 불편한 상황을 이겨 내는 마음을 키워요

《아나톨의 작은 냄비》 이자벨 카리에 글·그림

#두려움과 슬픔

어느 날, 갑자기 냄비 하나가 아나톨 머리로 떨어졌어요. 그리고 그때부터 아나톨은 작은 냄비를 달그락달그락 끌고 다닙니다. 그 냄비 때문에 아나톨은 평범한 아이가 될 수 없었어요. 아주 상냥하고, 그림도 잘 그리는 아나톨이지만 사람들은 냄비만 쳐다보고 이상하게 생각하지요. 아나톨은 냄비가 아주 불편해집니다.

"냄비와 이어진 끈을 자르면 안 돼요?"

"진짜 불편하겠다."

아이들이 아나톨을 걱정하네요.

냄비 때문에 자꾸 걸리고 앞으로 가는 데 걸림돌이 되자 아나톨은 화가 납니다. 아나톨이 평범한 아이가 되려면 남들보다 두 배나 더 노력해야 한다는 사실을 사람들이 몰라줍니다. 그래서 아나톨은 화를 내고 소리도 지르고, 나쁜 말을 하고, 아이들을 때리기도 합니다.

"상냥했던 아나톨이 왜 화를 내고 아이들을 때렸을까요?"

"냄비 때문에 불편하고 짜증 나서요."

"저도 그런 적 있어요! 몸이 아프고 짜증 날 때는 아이들하고 놀 때 화가 잘 나요."

결국 아나톨은 숨어 버립니다. 사람들도 조금씩 아나톨을 잊고, 결국 아무도 아나톨에게 말을 걸지 않았지요. 그런데 세상에는 좋은 사람들도 있지요. 아나톨은 작은 냄비를 지닌 어른을 만났습니다. 그 사람은 아나톨이 냄비를 가지고 살아가는 방법을 알려 주었어요. 결국 그 사람과도 헤어지지만, 아나톨은 스스로를 긍정하며 살아갈 수 있게 됩니다.

"여러분에게도 아나톨의 냄비가 있나요? 사람들이 나의 한 면만 보고, 다른 좋은 점은 잘 봐주지 않나요?"

아이들도 비슷한 경험이 있는지 물어보았습니다.

"저는 집에서 엄마가 공부 이야기만 해서 싫어요. 칭찬은 하지 않고, 공부 이야기만 해요."

"저는 눈이 나빠서 안경을 늘 써야 하는 게 불편해요."

"키가 작은 것만 가지고 이야기해요."

"저는 얼굴이 까만 거요."

작가는 책 말미에 '우리 모두는 아나톨 같은 냄비를 하나씩 가지고 있는 것은 아닐까'라고 말합니다.

우리 모두는 앞으로 감당하기 어려운 냄비를 더 가지게 될 수도 있고, 사람들은 냄비만 보려고 할지도 모릅니다. 아나톨이 힘든 것처럼 우리도 그럴 수 있지요. 그럴 때 아나톨처럼 좋은 사람을 만나면 도움을 받을 수도 있어요. 보통 사람들이 내 냄비만 보더라도, 꿋꿋이 나의 장점을 봐주는 그런 사람이요.

이 그림책에서 아나톨이 좋은 어른을 만나 냄비를 벗게 되었을 때 이런 말이 나옵니다.

"세상에는 평범하지 않은 사람들이 있거든요. 그런 사람을 만나기만 하면 됩니다."

나중에는 우리 아이들이 평범하지 않은 사람들이 되어, 아나톨처럼 냄비가 불편한 사람들에게 온기를 전해 주면 좋겠습니다.

─✦ 읽기·대화 가이드

- 표지를 보면 앞으로 어떤 일이 펼쳐질 것 같나요?
- 갑자기 냄비가 생긴 아나톨의 느낌은 어땠을까요? 어떤 점이 불편할까요?
- 상냥했던 아나톨이 왜 화를 내고 아이들을 때렸을까요?
- 여러분에게도 아나톨의 냄비가 있나요? 어떤 냄비 때문에 불편함을 느끼나요?

BOOK ✦ 051

와하하,
웃음이 나와요

《호랭떡집》 서현 글·그림

#상상력

맛있는 떡과 귀여운 호랑이가 나오는 《호랭떡집》을 읽으면 마치 옛날이야기를 듣는 것 같습니다.

"떡 하나 주면 안 잡아먹지!" 하는 호랑이가 떡만 먹는 게 아니라, 그 맛에 반해 떡집을 차렸어요. 호랑이가 떡집 사장이라는 것부터 재미있는데, 아이들이 좋아하는 요괴 캐릭터들이 잔뜩 나와 우리 반 아이들이 참 좋아했습니다.

호랭떡집에 염라대왕의 생일 떡 주문이 들어왔습니다. 힘들게 만든 떡을 가지고 호랑이는 지옥으로 향해요. 지옥에 도착하니 다양한 요괴들이 호랑이에게 "떡 하나 주면 안 잡아먹지!"를 외쳐요. 그 바람에 떡이 다 떨어진 호랑이는 자신이 '떡'인 척 연기하기 시작합니다.

"떡이 다 떨어진 호랭이는 어떻게 할까요?"
"다시 가서 떡을 만들어요!"
"염라대왕한테 사과를 하고 대신 노래를 불러 줘요."
"요괴들한테 다시 가서 싸운 다음에 떡을 다시 꺼내요!"
아이들은 호랭이 대신 다양한 해결책을 떠올립니다. 그런데 아이들이 예상하지 못한 상황이 되었네요. 떡인 척하는 호랭이의 꼬리를 염라가 꽉 물자 아이들은 와하하 웃음을 터뜨렸습니다.

"가래떡은 꽉 조르고, 인절미는 가루 뿌리고, 백설기는 납작 누르고"
"쫄깃쫄깃 맛있는 떡~ 둘이 먹다 하나 죽어도 모르는 떡~ 깨 넣으면 깨떡, 밤 넣으면 밤떡"

《호랭떡집》에는 말의 운율이 잘 살아있는 문장이 여럿 나옵니다. 따라 읽기만 해도 우리나라 전통 판소리나 마당놀이 한 장면을 떠올리는 듯한 재미가 살아납니다. 이렇게 말놀이의 운율과 리듬을 담뿍 담고 있는 서현 작가의 《호랭떡집》을 읽을 때는 리듬을 살려 재미있게 읽어 보세요. 아이의 말소리에 대한 감각을 일깨워 줄 수 있습니다.

그리고 이 책에는 서현 작가의 전작 그림책들의 캐릭터가 여러 곳에 숨어 있습니다. 《커졌다》, 《눈물바다》, 《호라이》, 《간질간질》 등 서현 작가의 다른 그림책들을 함께 읽어 보시는 것을 추천합니다.

읽기·대화 가이드

- 여러분은 떡을 좋아하나요? 어떤 떡을 좋아해요? 왜 좋아하나요? 그리고 싫어한다면 왜 싫어하나요?
- 지옥에 도착한 호랭이는 요괴들에게 떡을 모두 뺏깁니다. 그 뒤에 어떻게 될까요? 추측해 봅시다.
- 마지막에 호랭이는 지옥 떡을 팔아요. 여러분이 떡을 만든다면 어떤 떡을 만들고 싶나요?

BOOK ✦ 052

"오늘 집에 가서 나도 해봐야지!"

《내가 다 열어 줄게》 요시타케 신스케 글·그림

#가족 이해와 관계

"와, 작다!"

"이 그림책은 왜 작아요?"

요시타케 신스케 작가의 《내가 다 열어 줄게》는 좀 작은 그림책입니다.

"아이들 손이 작아서 잘 잡으라고 작나 봐요."

"더 작고 귀여운 그림책을 만들고 싶었나 봐요."

이 그림책에는 초콜릿 봉지를 스스로 뜯고 싶은 웅이가 등장합니다. 결국 스스로 해결할 수 없어 엄마에게 가져갑니다. 그러면서 속상한 감정을 드러내죠. 엄마처럼 찌익 뜯고 싶다고 말이에요. 조금 더 커서 뭐든 벌컥벌컥 열고 싶은 아이들의 마음을 잘 담고 있습니다. 처음에 "나는 뜯을 수 있는데!" 하던 아이들도 이후에 나오는 그림들을 보며 "저건 못 열어" 하며 자기의 경험을 말합니다.

"아빠는 웅이가 다 클 때까지 곁에서 많은 것을 열어 보고 싶어."
아빠가 웅이에게 하는 말을 읽어 주며 저도 뭉클해졌어요. 아이들은 마지막에 "나는 아직 어려서 아무것도 열 수 없어"라는 웅이의 말에 공감하는 듯 보였어요.

웅이는 결국 과자를 아빠 얼굴 앞에 가져가며 아빠를 '열리게' 합니다. 그 장면을 읽을 때 아이들은 "오늘 집에 가서 나도 해 봐야지!" 하더군요. 우리 아이들의 그런 모습이 참 귀여웠어요. 혹시 오늘 아이가 초콜릿이나 과자를 부모님께 드린다면, 입을 아~ 벌리시며 "엄마(아빠)가 열렸네!" 하고 맞장구쳐 주시면 아이는 한 번 더 웃게 될 것입니다.

읽기·대화 가이드

- 이 그림책은 다른 그림책에 비해 크기가 작습니다. 왜 작게 만들었을까요?
- 봉지를 뜯거나 뚜껑을 열 때의 경험을 말해 봅시다. 어떤 기분이 드나요?
- 여러분도 아직 어려서 못하는 일로 웅이처럼 속상했던 적이 있나요?
- 여러분이 크면 어떤 일을 잘하고 싶나요?

BOOK ✦ 053

그림의 일부를 보며 추측해요

《곰돌이 팬티》 투페라 투페라 글·그림

#상상력

　《곰돌이 팬티》에는 곰돌이와 생쥐가 등장해요. 곰돌이는 팬티를 잃어버렸다고 울상을 짓고, 생쥐는 곰돌이를 위로해 주며 같이 찾아 준다고 말합니다. 그럼 이제 곰돌이의 팬티를 함께 찾아볼까요?

　처음에 등장한 팬티는 화려한 줄무늬 팬티입니다. 생쥐는 곰돌이에게 "이거 네 팬티 아니야?" 하고 묻고, 곰돌이는 "아니야, 아니야" 하고 답합니다. 그럼 누구의 팬티일까요? 뒷장에 팬티를 입고 있는 동물이 그려져 있고 "누구의 팬티일까요?"라고 묻는 앞장에는 구멍이 뚫려 팬티만 볼 수 있습니다. 뚫려 있는 구멍으로 팬티를 보며 누구의 팬티일지 생각하고 맞혀 보는 것이죠. 그래서 이 그림책은 유아에서부터 초등 저학년 시기의 아이들이 참 좋아하는 그림책입니다. 이 시기 아이들은 퀴즈도 좋아하고, 놀이와 게임을 좋아하니까요. 친구와 퀴즈 놀이하듯 책장을 넘겨 보는 재미가 쏠쏠한 그림책입니다.

우리 반 아이들도 참 좋아했어요! 구멍 속 팬티를 바라보며 자신이 생각한 동물을 외쳤습니다. 그리고 답을 알게 되면 "와 맞혔다!" 하고 기뻐하는 친구도 있고, "뭐야! 그림이 웃기다" 하고 재미있어 하는 친구도 있었지요. 이번엔 틀렸지만 다음 문제는 꼭 맞히겠다고 단단히 각오를 하는 아이들의 모습이 참 귀여웠어요.

등장하는 팬티는 모양도 색도 크기도 가지각색입니다. 게다가 방향이 거꾸로 있는 팬티도 있지요. 마지막 흰 팬티의 문제까지 모두 풀어내면 반전이 숨어 있습니다.

"뭐야!"

이 그림책을 처음 읽는 아이들은 마지막 반전에 허탈한 웃음을 터뜨려요. 그리고 다시 앞 페이지로 돌아가 처음부터 보고 나서는 그제야 "아, 그랬구나" 하며 상황을 인정하게 된달까요.

뚫려 있는 구멍으로 보이는 그림을 가지고 뒤 페이지를 예측하는 활동을 하며 아이들은 글이 아닌 그림을 주의 깊게 들여다보고 생각을 합니다. 다 읽고 난 우리 반 아이들이 이 그림책은 왜 이렇게 짧냐고 아우성치더라고요. 이 그림책 후속으로 《생쥐의 팬티》 그림책도 있습니다. 이 책 역시 아이들이 참 좋아할 테니 꼭 함께 읽어 보세요.

> **읽기·대화 가이드**

- 표지를 보고 어떤 일이 일어났을지 추측해 봅시다.
- 뚫려 있는 구멍으로 그림을 잘 바라보고, 누구의 팬티일지 생각해 봅시다. 그렇게 생각한 이유는 뭔가요?
- 그림책에 나오지 않은 동물을 골라, 그 동물이 좋아할 만한 팬티를 생각해 봅시다.

BOOK ✦ 054

책장 넘기는 방향이
다양한 책을 만나요

《간다아아!》 코리 R 테이버 글·그림

#자기 탐구와 자존감

    2022 칼데콧 아너상 수상작이기도 한 《간다아아!》. 이 그림책은 우리가 평소에 책을 넘기는 방향과는 달라요. 책등을 위로 돌려놓고, 아래에서 위로 책장을 넘기는 방식으로 시작됩니다. 덕분에 꼬마 물총새 멜이 나뭇가지에서 뛰어내려 아래로 떨어지는 상황을 생생하게 느낄 수 있지요. 그리고 "텀벙!" 하고 물속으로 들어간 멜이 물속에서 물고기를 잡는 동안, 그림책을 읽는 방향이 바뀝니다. 친절하게 안내된 설명에 따라 그림책을 조금씩 돌려 읽다 보면, 어느새 우리는 그림책을 한 바퀴 돌리게 됩니다.

  이제는 조금 전과는 반대로 위에서 아래로 책장을 넘기면서 읽게 됩니다. 이제부터 멜이 다시 나무로 날아오르는 상황이 펼쳐지는데, 하늘로 날아오르는 멜의 상황과 느낌이 훨씬 생동감 있게 전달됩니다. 이 그림책을 읽으면 하나의 그림책에서 책장을 넘기는 방식이 달라지는 신기한 경험을 할 수 있습니다. 우리 반 아이들도 책장을 돌리는 부분에서 "우와!" 하며 신기해하더라고요.

우리나라에서 책은 보통 오른쪽에 있는 책장을 잡고 왼쪽으로 넘기면서 읽게 되지요. 어른들이 읽는 일반적인 책에서는 이 방식을 변형한 책이 드물지만, 그림책의 세계에서는 책장을 넘기는 방향을 다양하게 변형한 그림책이 많습니다.

그림책을 다 읽고 나서, 주제를 아이들과 함께 찾아보았어요. 아이들은 도전과 용기를 느낄 수 있었다고 말해 깜짝 놀랐습니다. 그래서 이번에는 자신이 한 도전에 대해 이야기했습니다.

"처음 심부름을 했을 때 떨렸는데, 용기를 내서 몇 번 갔더니 괜찮아졌어요."

"학교에 처음 들어왔을 때 아는 친구도 없고 선생님도 처음 만나서 걱정이 되었어요. 그런데 용기를 냈더니 좋아졌어요."

"치과에 가서 이를 뺄 때요. 무서웠는데 빼고 나니 마음이 시원했어요."

이렇게 말하며, 앞니 빠진 시원한 웃음을 보이는 친구도 있었지요. 아이들은 매일 용기를 내 도전하고 있습니다.

읽기·대화 가이드

- 이 그림책이 일반적인 그림책과 다른 특징은 무엇이 있나요? 어떤 효과가 있을까요?
- 작가는 이 그림책을 다 읽은 여러분이 어떤 마음을 가지길 바랐을까요? 그림책을 다 읽고 느낀 점을 말해 볼까요?
- 요즘 도전한 것을 말해 볼까요? 도전한 뒤에는 어떤 느낌을 받았나요?

BOOK ✦ 055

의성어·의태어의
재미를 느껴요

《홀짝홀짝 호로록》 손소영 글·그림

#상상력

이 그림책은 의성어·의태어로만 구성된 그림책인데요. 강아지, 고양이, 오리처럼 아이들이 좋아할 만한 캐릭터와 아기자기한 일상이 등장해 우리 반 아이들이 즐겁게 읽었습니다.

별다른 글 없이, 흉내 내는 말만 가지고도 이야기를 충분히 표현하고 또, 느낄 수 있다는 사실을 배울 수 있었습니다.

이 책을 읽으며 아이들과 그림책을 읽으며 소리나 행동, 상태를 흉내 내는 말을 언제 쓸 수 있는지에 대해 이야기를 나눴습니다.

1학년 국어 교과서에도 흉내 내는 말이 나오는데, 그전에 그림책 속에서 의성어·의태어를 많이 만나 보면 좋습니다. 의성어나 의태어는 읽기만 해도 운율이 살아나 재미있게 글을 읽을 수도 있고, 아이들의 눈높이에 맞게 말로 상상력을 자극합니다. 이런 표현을 그림책에서 만나면서 아이들은 어떤 상황에서 이런 표현을 사용할 수 있는지 익숙해질 수 있답니다. 이를 토대로 실제 상황에서도 적절한 흉내 내는 말을 떠올려 어색하지 않게 활용할 수 있습니다.

그림책을 다 읽고 나서는 아이와 함께 어제 있었던 일을 떠올려 보고, 상황에 알맞은 의성어나 의태어를 골라 표현해 보세요.

읽기·대화 가이드

- 이 책에 나온 흉내 내는 말은 어떤 느낌이 드나요? 언제 쓸 수 있을까요?
- 이 그림책의 특징을 말해 볼까요? 다른 그림책이랑 어떤 점이 다른가요?
- 어제 있었던 일 중 한 가지를 골라, 흉내 내는 말을 넣어 표현해 볼까요?

BOOK ✦ 056

여름에
여름 그림책을
읽어요

《태양 왕 수바》 이지은 글·그림

#상상력

평화롭게 하늘나라의 생명을 보살피던 태양 왕 수바는 둘 머리 용의 꾀에 당해 날개를 잃고 땅으로 떨어집니다. 수바를 만나게 된 팥 할멈은 태양 왕 수바를 도와주지요. 수바가 아무리 이야기해도 수바의 이름을 수박이라고 알아들은 팥 할멈를 보고 아이들은 답답해하면서도 웃음을 터뜨렸습니다.

이 책에는 서로 재미있게 대꾸하는 말놀이 요소들이 있어 재미있습니다. 우리나라 옛이야기 특유의 정서가 담뿍 담겨 있는 데다가 스펙터클한 상황들이 유쾌해서 아이들이 신나게 그림책을 읽지요.

태양 왕 수바는 팥 할멈에게 제사를 지내 달라고 하지만, 결과는 달라지지 않았어요. 실망한 수바를 위해 팥 할멈은 가만히 앉아 소원을 비는 것이 아닌, 꾀를 내어 새로운 방법을 찾아 나섭니다. 진취적인 할머니의 모습이 멋지고 참신하게 느껴집니다.

이때 아이들에게 수바를 도와주기 위해 어떤 방법이 있을지 물어보았어요.

"힘을 내서 수바를 하늘로 던져 줘요!"

"새의 날개를 합쳐 줘요."

팥 할멈 덕에 다시 날개를 되찾은 수바는 보물을 준다는 약속을 지킵니다. 그런데 그 보물은? 바로 수박씨였어요! 팥 할멈은 주렁주렁 열린 수박이 혹시 태양 왕 수바일까 봐 꼭 두드려 본다고 해요. 그 수박이 전국 팔도에 퍼져 지금처럼 우리가 먹게 되었다는 것이 '수박의 전설'입니다.

실체 없는 기원만으로는 문제를 해결하지 못한다는 것, 정면으로 맞설 때 문제의 실마리를 풀어 갈 수 있다는 이야기가 아주 유쾌하게 펼쳐집니다. 아이들은 수박을 두드리는 진짜 이유를 잘 모르는 부모님께 이 그림책을 직접 소개해 드리기로 했답니다.

읽기·대화 가이드

- 수박을 먹어 본 경험을 말해 봅시다. 어떤 색이고, 어떤 감촉이고, 어떤 맛이었는지, 어떤 향기가 느껴졌는지 말해 볼까요?
- 여러분이 팥 할멈이라면 어떤 방법으로 수바를 도와줄 수 있을까요?
- 우리도 그림책을 만든다면, 어떤 전설을 그림책으로 만들 수 있을까요?

BOOK ✦ 057

누구나 고민을
가지고 있어요

《오줌이 찔끔》 요시타케 신스케 글·그림

#자기 탐구와 자존감

    그림책의 주인공은 자꾸 오줌이 '찔끔' 새는 것이 참 곤란합니다. 주인공은 자기와 비슷한 고민을 가진 사람을 찾아 나섭니다. 곤란한 표정을 한 아이들에게 물어보지요. 그런데 똑같은 고민을 가진 친구는 만날 수가 없었어요. 아이들은 옷 뒤에 붙은 상표 태그, 계속 벗겨지는 양말, 이에 낀 시금치, 말려 올라가는 옷소매를 불편해했어요. 코딱지가 달랑거려 불편해하는 인물을 보고는 다 함께 웃음을 터뜨리기도 했답니다.

    "여러분은 어떤 불편함을 가지고 있나요? 어떤 때 곤란한가요?"
    아이들이 정말 즐겁게 공감을 하고 있어서 이런 질문을 해 보았습니다.

"옷 태그 때문에 까끌거렸는데, 오늘 옷은 괜찮아요."
"코딱지가 달랑거려서요. 그럴 땐 흥 풀어버려요."
그런 이야기가 오가다가 한 친구가 말했어요.
"학원 숙제가 많아서 곤란해요."

이 그림책 주인공은 사실 자기와 같은 고민을 가진 단짝 친구가 있었어요. 그러다 그 친구가 멀리 이사를 가 버렸지요. 외로워하던 그때 할아버지도 같은 고민을 하고 있다는 것을 알게 됩니다. 아이들이 이 부분을 엄청 좋아했어요. 어른들도 아이들과 같은 고민을 하고 있다는 것을 알고 통쾌해하는 느낌이었달까요?

우리 반 아이들에게 같은 고민을 나눌 수 있는 친구가 있는지를 물어보았더니 20명 남짓한 아이들이 손을 들어요. 그 친구와 고민을 나누면 어떤 점이 좋은지를 물어보았더니 속이 시원하대요. 그러면서 아이들의 고민을 해결해 준 적이 있는지도 물어보았습니다.
"저요! 제가 화장실에 혼자 가기 무섭다고 하면 같이 가 줘요."
"무거운 짐을 들어 준 적 있어요."
"친구가 속상한 이야기 다 들어줘요!"
우리 반 아이들은 다 멋진 친구들이네요! 친구들에게 원하는 것만 있는 것이 아니라, 내가 어떤 친구가 될 수 있을까도 생각하고 고민도 함께 해결해 주니 말이지요.

읽기·대화 가이드

- 이 그림책에서 나오는 불편함은 어떤 점이 있나요?
- 여러분은 어떤 불편함을 가지고 있나요? 어떤 때 곤란한가요?
- 여러분은 함께 고민을 나누는 친구를 가지고 있나요? 어떤 고민을 서로 나누며 공감하나요?
- 단짝 친구의 고민을 해결해 준 적이 있나요? 어떻게 해결해 주었나요?

BOOK ✦ 058

용기를 내어 도전하면 행복해져요

《코끼리 미용실》 최민지 글·그림

#자기 탐구와 자존감

"이 책 《문어 목욕탕》이랑 비슷해요!"
"이번에는 아빠가 없는 것 아니에요?"
"미용실은 왜 혼자 갔을까요?"
아이들과 표지를 보고 대화를 나눴습니다. 아이들은 《문어 목욕탕》에서처럼 이 주인공도 뭔가 고민이 있을 것이라고 짐작하더라고요.
이번에는 아이들의 미용실 경험이 문득 궁금해졌습니다.
"미용실에 가 본 경험이 있나요?"

그림책 주인공은 단발머리로 자르고 싶은데, 부모님이 싫어해서 도전을 못하고 있었어요. 그러다 용기를 내어 혼자 코끼리 미용실로 들어갑니다.

"저도 머리를 염색하고 싶은데 엄마가 안 된대요."
"저도 이 머리 스타일은 엄마가 자르라는 대로 자른 거예요. 그런데 자르고 보니 마음에 들어요."

아이들의 헤어스타일을 보는데, 정말 아이들의 개성만큼 각자 다 다른 것을 발견할 수 있었습니다. 우리는 평소에 미용실에 가는 이유에 대해 잠시 생각해 보고 책장을 넘겼습니다.

주인공이 머리 스타일을 고르는 장면에서 물어보았어요.
"어떤 머리 스타일이 마음에 들어요?"
아이들은 책에 나온 동물 머리 스타일은 잘 고르지 않고, 차분한 머리 스타일을 고르더라고요. 제가 양머리 스타일을 하고 싶다고 하니 의아하게 쳐다보기도 했습니다.
"저는 단발머리가 나은 것 같아요."
"저는 안 감은 머리요! 재미있을 것 같아요."
우리는 어떤 머리 스타일이 마음에 드는지와 그 이유에 대해 대화를 나누어 보았습니다.

결국 주인공은 단발머리를 골랐습니다. 그리고 코끼리 미용사의 화려한 실력 덕에 변신에 성공합니다. 결국 주인공은 코끼리 미용실에서 단발머리로 자르고 기뻐합니다. 나중에는 가족들을 모두 코끼리 미용실로 데려가는 모습이 그려지지요. 용기를 낸 도전으로 행복해진 아이와 가족들의 모습이 의미 있게 다가옵니다.

이 그림책은 그림이 특히 재미있답니다. 작은 생쥐들이 염색 사탕을 주고, 그것으로 인해 주변 인물들이 염색되는 그림들을 아이들이 아주 좋아했어요. 아이들은 줄거리에 관련된 주요 그림들을 보는 경향이 있는데, 이럴 때 힌트를 주면 작은 그림들의 변화도 찾아보며 새로운 재미를 느낍니다. 아이들이 여기저기에서 "저 생쥐가 염색이 되었어요!" 하고 새로운 장면을 찾기도 하고, 찾은 그림이 재미있다며 웃기도 하고 그렇게 즐거운 시간을 보냈지요. 나중에 쉬는 시간에 그림책을 따로 빌려 간 한 친구는 맨 뒷표지를 보여 주며 가족들이 다 염색이 되었다는 사실을 알려 주기도 했습니다.

그림책은 마지막 그림까지 버릴 것이 없습니다. 이렇게 아이들과 숨겨진 의미와 재미를 찾으면서 이 책을 읽어 보시길 바랍니다.

읽기·대화 가이드

- 표지를 보고 《문어 목욕탕》과 그림을 비교해 봅시다. 어떤 점이 비슷하고 어떤 점이 다른가요? 앞으로 어떤 일이 펼쳐질까요?
- 미용실에 가 본 경험을 말해 볼까요?
- 주인공과 함께 머리 스타일을 골라 봅시다. 여러분은 어떤 머리 스타일이 마음에 드나요?
- 생쥐의 색깔이 왜 바뀌었을까요? 그렇게 작은 그림들을 책에서 찾아 보고 그 의미를 읽어 봅시다.
- 이 그림책의 주인공처럼 용기를 내어 도전해 본 경험을 말해 볼까요?

BOOK ✦ 059

나의 소중함을 느껴요

《우주로 간 김땅콩》 윤지회 글·그림

#자기 탐구와 자존감

이 그림책의 주인공 김땅콩은 유치원에 가기 싫어합니다.
"여러분도 학교에 가기 싫었던 적이 있나요?"
"저는 학교에 오면 집에 일찍 못 가니까 학교에 오기 싫어요."
"저는 목요일과 금요일에 방과후가 있어서 학교에 오기 싫어요."
"저는 화요일이 제일 싫어요. 해야 할 일이 산더미예요."
아이들이 여기저기에서 볼멘소리를 터뜨리기 시작했어요. 학교가 끝나고 방과후나 학원을 많이 가는 날을 힘들어하는 아이들이 많았습니다.

유치원에 가기 싫은 김땅콩은 상상을 시작합니다. 내가 없어지면 엄마, 아빠가 놀라고, 경찰 아저씨도 나를 찾고, 방송에도 내 모습이 나와 유명해질 것 같다는 상상을 합니다. 그러면 좋아하는 미미콩도 나랑 결혼해 줄 것 같고 말이지요. 미미콩 이야기가 나오는 장면에서 야유를 보내는 반 아이들이 있었어요. 부끄러운 장면을 못 참는 아이들이 있답니다.

한참 상상을 하던 김땅콩은 결국 옷장에 숨게 됩니다.
"다 들키게 숨었어요!"
"크크크, 웃고 있어요."
"옷장 문도 열려 있어요."
아이들은 허술한 유치원생 땅콩이의 모습에 웃음을 터뜨렸습니다.
"땅콩이처럼 숨어 버리고 싶은 순간이 있었나요?"
"공부하기 싫어서 안방 침대 근처에 숨어 있다가 엄마한테 들켰어요."
"숙제하기 싫을 때 그런 기분이 들었어요."
아이들도 현실에서 도망가서 꼭꼭 숨어 버리고 싶은 순간들이 많습니다.

이 그림책에서 땅콩이는 결국 자신의 존재를 인정받고, 사랑받는 기분을 느끼고 싶었겠지요. 가족들에게 자신이 소중하다는 느낌을 받아 본 적이 있냐고 반 아이들에게 물었더니 거의 대부분의 아이들이 손을 들었어요. 다행이라는 생각이 들었습니다. 우리 반 아이들에게 여러분은 모두 소중한 존재라고 이야기해 주었습니다.

읽기·대화 가이드

- 여러분도 김땅콩처럼 학교에 가기 싫었던 적이 있나요?
- 김땅콩은 왜 유치원에 가기 싫었을까요?
- 마지막 장면에서 김땅콩처럼 집에서 숨어 버리고 싶은 순간이 있었나요?
- 여러분은 집에서 소중한 존재로 느껴진 경험이 있나요? 언제 느낄 수 있었나요?

BOOK ✦ 060

생각보다
더 즐거운 일이
벌어질 거예요

《어떡하지?》 앤서니 브라운 글·그림

#자기 탐구와 자존감

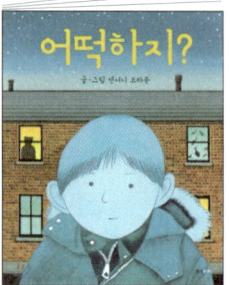

　앤서니 브라운 작가의 《어떡하지?》에는 처음으로 큰 파티에 가야 하는 주인공 조가 등장합니다. 친구 톰의 생일 파티에 가야 하는데, 주소가 써 있는 초대장을 잃어버리는 바람에 엄마와 함께 직접 걸어가며 집을 찾아야 하죠. 엄마와 걸어가는 동안, 조는 두렵고 낯선 상황에 대한 질문을 엄마에게 늘어놓습니다.
　"만약에 파티에 모르는 애가 있으면 어떡하죠?"
　"만약에 사람들이 엄청나게 많으면요?"
　"내가 싫어하는 음식들만 있으면 어떡하죠?"
　엄마는 그럴 때마다 틀림없이 괜찮을 것이라며 조를 안심시킵니다.
　조는 창을 통해 집 안을 바라보며 톰의 집을 찾기 시작합니다. 드디어 조는 길 끝에서 톰의 집을 찾았습니다. 조는 집을 찾으며 많은 걱정을 했지만 친구들의 환영 인사에 집 안으로 들어가요. 그리고 엄마는 집으로 돌아가며 조를 안심시키려 말했던 것과 다르게 조를 걱정하기 시작합니다. 두 시간 뒤에 만난 조는 다행히 환한 표정이지요.

저와 아이들은 이 책을 읽고 낯선 도전을 하기 전에 느끼는 두려움에 대해 이야기해 보았어요. 그리고 상상과 달리 성공적인 결과를 맞이할 때의 기쁨에 대해서도요. 입학식 때 떨렸지만 지금은 괜찮아진 일, 발표회를 하기 전과 후의 느낌, 태권도 학원에 처음 갔을 때와 달리 지금은 즐거워진 일 등을 이야기하며 조의 상황을 공감하고 자신의 도전에 대해 칭찬했습니다. 이때 앞으로의 도전도 기쁘게 받아들여야겠다고 다짐하는 아이들도 있었어요.

마지막에 앤서니 브라운 작가는 다음과 같은 이야기를 전달합니다.
"어떤 일이 일어날지 모른 채, 생일 파티 같은 모임에 처음 가는 것이 얼마나 긴장되는지 나도 잘 알고 있어요. 어떤 일이 일어날지 모르면 최악의 상황을 상상하게 되지요. 하지만 우리가 걱정했던 것보다 훨씬 더 즐거운 일들이 벌어진다는 것을 보여 주고 싶었습니다."

이 그림책에서 낯선 상황을 마주하는 조도 두려워하지만, 사실 조의 어머니도 아이의 상황에 대해 불안해하고 있어요. 조와 헤어진 뒤 '정말로 속상해하고 있으면 어떡하지?' 하면서 집으로 돌아가고, 두 시간 뒤에 다급히 톰의 집 문을 두드리는 뒷모습에서도 긴장감이 느껴집니다.

   부모님들도 입학식이나 새 학기가 되면 새롭고 낯선 상황을 맞이하는 우리 아이들에 대해 걱정하시고 불안해하십니다. 그렇지만 우리 아이들은 결국 힘든 도전 속에서 스스로 이겨 내고 기쁨을 찾을 것입니다. 그러니 불안은 내려놓으시고, 아이를 믿어 주세요.

읽기·대화 가이드

- 창을 통해 보이는 집 안의 그림을 보며, 어떤 일이 일어나고 있는지 상상하며 읽어 봅니다.
- 주인공 조처럼 긴장하고 떨렸던 적이 있나요?
- 떨리고 두려웠지만, 도전하고 나서 좋았던 경험은 무엇이 있나요?
- 1학년 입학식을 하기 전과 지금의 마음을 비교해서 말해 볼까요?

BOOK ✦ 061

그림책이
좋아져요

《어떤 화장실이 좋아?》 스즈키 노리타케 글·그림

#상상력

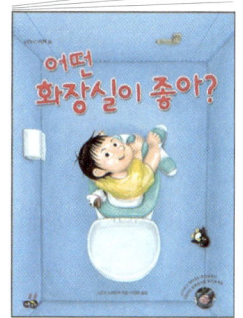

스즈키 노리타케 작가의《어떤 화장실이 좋아?》그림책은 특히 유아 및 초등 저학년 시기 아이들이 좋아합니다. 이 시기 아이들은 코딱지, 방귀, 똥과 같은 소재를 좋아하면서도 화장실 장면이 나오면 부끄러워하지요.

《어떤 화장실이 좋아?》는 같은 작가의《어떤 ○○○이 좋아?》시리즈 중 한 권으로, 기발하고 특별한 화장실 이야기가 펼쳐집니다. 물렁물렁한 화장실, 고층 화장실, 로또 화장실, 룰렛 화장실, 미끄럼틀 화장실, 롤러코스터 화장실 등 듣지도 보지도 못한 화장실이 등장합니다. 반 아이들과 어떤 화장실이 제일 마음에 드는지 이야기를 나눠 보았어요.

"저는 아쿠아리움 화장실이요. 물고기를 볼 수 있잖아요."
"롤러코스터 화장실. 재미있을 것 같아요!"
"구름 화장실이요. 하늘 위에서 구름을 타고 다니면 똥을 싸면 재미있을 거 같아요. 아! 밑에 지나가는 사람들이 맞겠네요? 으악~"

서른 명이 넘는 반 아이들의 수만큼 좋아하는 화장실과 그 이유가 다양하게 등장했어요. 가정에서 아이들과 그림책에 관해 대화를 나누실 때는 이렇게 이유를 설명해 볼 수 있도록 해 주세요. 상당히 많은 아이들이 선생님이 이유를 물었을 때 "몰라요" 혹은 "그냥요"라고 답변합니다. 분명 이유가 있지만 말로 표현하는 연습을 하지 않아 얼버무리고 맙니다. 그래서 집에서 그림책을 읽으며 생각하고 말하는 습관을 들여 주시면 좋습니다.

이 그림책을 아이들이 좋아하는 이유는 하나 더 있답니다. 바로, 아이들이 너무 좋아하는 '숨은그림찾기'가 나오거든요! 롤러코스터 변기를 훔쳐 간 고깔 머리 털북숭이 캐릭터를 찾는 페이지가 나오는데, 악당으로 느껴지는 캐릭터가 숨은 장면에서 그림들을 세세히 관찰하며 찾아보는 재미가 쏠쏠합니다.

만약 그림책과 아직 친하지 않은 아이가 있다면 이《어떤 ○○○이 좋아?》시리즈를 추천합니다. 우리 반에서도 제가 이 시리즈 중 한 권을 읽어 주고 나서 쉬는 시간이 되자마자, 여러 아이들이 몰려와 바로 이 책을 빌려 갔습니다. 아이들에게 그림책을 읽는 재미를 심어 주기에 좋은 책입니다.

> **읽기·대화 가이드**

- 평소에 화장실에 가면 어떤 생각이나 기분이 드나요?
- 그림책에 등장하는 화장실 중 어떤 것이 마음에 드나요? 왜 그런가요?
- 그림책에 없는 나만의 화장실을 만들어 볼까요?

BOOK ✦ 062

오싹하면서도
재미있는 이야기를
즐겨요

《드라랄라 치과》 윤담요 글·그림

#두려움과 슬픔

유아부터 초등 저학년 시기의 아이들은 역시 무서운 이야기에 흥미를 느끼는 듯합니다. 드라큘라 그림과 '드라랄라 치과'라는 제목에서 아이들은 오싹오싹함을 느끼며 참 즐거워했습니다.

이 그림책은 하나의 긴 스토리가 아닌 여러 개의 끊어진 에피소드가 연결되어 이어지는 그림책입니다. 밤에만 열리는 드라랄라 치과에 찾아온 손님들과 그 치료 방법이 기발합니다.

처음 등장한 할머니 드라큘라 환자는 송곳니가 다 닳아서 틀니를 하기로 합니다. 아이들은 틀니 그림을 보며 할머니에게 맞는 것을 골라 보고 그 이유도 생각해 봅니다.

"저는 보석 틀니요. 반짝반짝 예뻐요."

"저는 강철 틀니요. 제일 강한 송곳니가 될 것 같아요."

아이들을 꼭 닮은 올망졸망 귀여운 캐릭터들이 왁자지껄 소동을 벌이는 유쾌하고 즐거운 그림책입니다. 토마토 먹는 드라큘라와 충치 없는 유령, 치아 미백을 고민하는 옥수수, 날개 달린 칫솔에 온갖 희한한 의료기기까지, 아이처럼 천진하고 기발한 상상력이 돋보여요.

노란 이빨이 싫어서 찾아온 옥수수에게 매력을 찾아준 부분을 보며, 자신만의 매력도 찾아보았습니다. 나에게는 단점이라고 생각되어도, 그것이 나의 특징이 된다거나 다른 사람에게는 장점으로 보일 수 있다는 점을 알았습니다.

마지막으로 그림책 앞 면지와 뒤 면지의 그림을 비교해 보며 각기 차이점을 파악해 보았습니다. 처음에 아이들은 낮과 밤이 서로 다르다고 합니다. 이야기를 다 읽고 나서는 뒤 면지에 그림책에 등장한 환자들(옥수수, 유령, 악어 등)이 숨어 있다는 것을 찾아냈습니다. 글뿐만 아니라, 그림들을 열심히 읽어 보면 색다른 재미를 찾을 수 있어요.

읽기·대화 가이드

- 그림책 속 어떤 틀니가 마음에 들어요? 왜 그런가요?
- 그림책의 앞 면지와 뒤 면지의 다른 점을 찾아볼까요?
- 드라랄라 치과의 의사 선생님이 발견한 옥수수의 매력처럼 나만의 매력을 찾아볼까요?

BOOK ✦ 063

나의 단점을
사랑해 봐요

《짧은 귀 토끼》 다원시 글, 탕탕 그림

#자기 탐구와 자존감

대만 작가의 그림책 《짧은 귀 토끼》는 자신의 콤플렉스를 받아들이고 자신만의 재능을 찾아 떳떳하게 성장하는 어린 토끼의 이야기를 그린 책입니다. 이 그림책을 보며 우리는 콤플렉스에 대해 이야기해 보았어요.

동동이는 다른 토끼와 달리 귀가 짧아요. 귀를 키우기 위해 엄청난 노력을 하지만, 번번이 실패로 돌아가자 이번에는 귀의 단점을 가리고 싶어 합니다. 그래서 토끼 귀 빵을 만들어 붙이지요. 어느 날 고소한 빵 냄새를 맡은 독수리가 날아와 덥석 귀를 뭅니다. 하지만 다행히 진짜 귀가 아닌 빵이었던 덕에 동동이는 살게 됩니다. 또 귀가 짧은 덕분에 동동이는 버섯들 사이에서 눈에 띄지 않습니다.

그림책을 다 읽고 난 후, 반 아이들에게 떠오르는 그림책이 혹시 있는지 물었어요. 그러자 한 친구가 《빨강이 어때서》라고 말합니다. 네, 그렇습니다. 둘 다 외모 콤플렉스에 관한 이야기를 담고 있어요. 하지만 다른 점이 있지요. 그래서 이번에는 두 그림책 사이의 차이점도 물어보았습니다. 그랬더니 빨강이는 자기 외모를 부끄러워하지 않았고, 동동이는 그렇지 않았다고 합니다. 정말 놀랍지 않나요? 그림책을 읽으며 아이들은 생각하는 힘이 이렇게 자라납니다.

동동이처럼 우리도 외모 콤플렉스가 있는지, 있다면 어떤 것인지를 한번 얘기해 보았어요. 작은 키, 큰 키, 얼굴에 난 뾰루지, 머리카락의 길이, 통통한 몸 등 다양한 대답이 나왔습니다. 그런데 한 친구는 작은 게 싫다고 했는데, 다른 친구는 큰 키가 싫다고 합니다. 서로가 서로를 부럽다고 이야기했습니다.

그런 대화가 오가자 아이들이 놀라더라고요. 내 단점이 다른 사람에겐 장점이 될 수도 있다는 사실에 신기해합니다. 내가 생각한 단점이 실제로는 단점이 아닐 수도 있답니다.

이 책은 콤플렉스는 별 문제가 되지 않을 수 있다고 말합니다. 대신 자신의 재능을 갈고 닦으면 멋지게 성장할 수 있지요. 우리 반 아이들은 이 책을 통해 지금까지 단점이라고 생각한 부분들을 앞으로는 사랑해 보기로 했답니다.

읽기·대화 가이드

- 《빨강이 어때서》의 빨강이와 《짧은 귀 토끼》의 동동이의 비슷한 점과 다른 점을 말해 볼까요?
- 동동이처럼 외모 콤플렉스가 있나요? 있다면 어떤 점인가요?
- 그림책을 다 읽고 나서 동동이에게 한마디씩 전해 볼까요?

BOOK ✦ 064

주인공처럼
용기를 내어 볼까요?

《알사탕》 백희나 글·그림

#가족 이해와 관계

이번 그림책은 동명의 뮤지컬이 있어서 그림책을 읽어 주다가 필요한 부분에서 오에스티의 음악을 들려주었어요. 아이들은 그림책에서도 오에스티에서도 부모님이 잔소리하는 장면을 참 좋아했답니다. 오에스티로 그 부분을 들었는데, 아이들이 책으로도 다시 읽어 달라고 해서 제가 실감 나게 읽어 주었지요.

집에서 평소에 부모님께 들어 봤던 잔소리를 말해 보라고 하니, 아주 성토대회가 열렸습니다. 들어 보니 양치와 건강에 관한 잔소리가 많았어요.

그림책 다음 페이지를 넘기며, 이런 긴 잔소리에 숨은 부모님의 사랑을 느껴 보았습니다. 아빠 마음속의 'ㅅㄹㅅㄹ 사랑해~ 사랑해

~'라는 장면에서 노래를 들려주니 아이들이 조용히 노래를 감상합니다.

동동이는 알사탕을 먹으며 다양한 소리를 듣고, 하늘나라에 계신 할머니의 목소리까지 듣게 됩니다. 그럴 때 아이들은 "나는 껌 없이도 할머니, 할아버지 목소리를 들을 수 있다"라고 하더라고요. 그림책 속 동동이는 우리 반 아이들을 참 부러워하겠지요.

이 책을 읽으며 부모님이 하시는 사랑의 잔소리를 다시 한번 생각해 보고, 가족의 소중함도 느껴 보았답니다.

《알사탕》 그림책이 원작인 뮤지컬이 있는데, 이렇게 원작이 그림책인 뮤지컬을 관람하면 아이들은 그림책을 새롭게 즐길 수 있습니다.

읽기·대화 가이드

- 동동이처럼 엄마, 아빠에게 들어 본 잔소리를 말해 볼까요?
- 동동이처럼 엄마, 아빠의 사랑을 깨달은 경험을 말해 볼까요?
- 마지막에 용기를 낸 동동이처럼 용기를 내어 말해 본 경험은 무엇이 있나요?
- 나에게 마법의 알사탕이 생긴다면 어떤 목소리를 들어 보고 싶나요?

BOOK ◆ 065

등장인물의
마음을 떠올려요

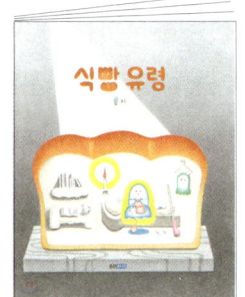

《식빵 유령》 윤지 글·그림

#우정과 사랑

표지를 보여 주자, 한 친구가 "ㅇ이 유령이에요."라고 말합니다. 아이들이 글자가 빵 느낌이 나는 것, 유령이 식빵 안에 있는 것을 찾아냈어요. 그러면서 표지를 보고 앞으로 어떤 이야기가 이어질지 예측을 해 보았습니다.

"식빵 유령의 일생이 나올 것 같아요."

"모든 것이 빵으로 변할 것 같아요."

아이들의 추측이 꼬리에 꼬리를 물고 이어졌어요.

이윽고 이야기가 시작되었습니다. 빵집 주인이 빵집을 정리하는 장면이 만화책처럼 여러 컷으로 표현된 장면에서 아이들은 이렇게 말했습니다.

"《돼지책》이 생각나요.《돼지책》 엄마가 일하는 것처럼 얼굴이 나와 있지 않고, 색깔이 없어요."

이제 서로 다른 그림책을 비교하고 의견도 말할 수 있어요.

식빵 유령은 텅 빈 빵집을 청소합니다. 그런데 매일 고양이가 여기저기를 어지럽히지요. 귀찮기만 한 고양이가 어느 날 쥐를 쫓아 주자, 유령은 고마운 마음이 들기도 합니다. 하지만 고양이는 여전히 빵집을 어지릅니다. 고양이가 다시 귀찮아질 무렵, 갑자기 고양이가 나타나질 않지요. 그러다가 결국 유령으로 찾아옵니다. 우리 반 아이들은 "고양이가 죽었나 봐요" 하면서 금방 작가의 의도를 생각해 냈습니다. 그리고 나서 식빵 유령 속 고양이처럼 길에서 살아가는 길고양이에 대해 생각을 나누어 봤어요.

아이들은 이 책을 따뜻하고, 포근하다고 말합니다.

읽기·대화 가이드

- 표지를 보고 어떤 내용이 이어질지 예측해 봅시다.
- (식빵 유령이 고양이를 기다리고 있는데 글이 없이 그림으로만 나열된 장면) **식빵 유령의 마음은 어떤 마음일까요? 귀찮은 고양이를 왜 기다리고 있을까요?**
- (마지막에 고양이가 유령으로 온 장면) **고양이는 식빵 유령을 어떻게 이런 모습으로 찾아오게 되었을까요?**
- 길고양이를 만난 적이 있나요? 어떤 경험을 했고, 그때 어떤 느낌이 들었나요?

BOOK ✦ 066

나들이를 가요

《나오니까 좋다》 김중석 글·그림

#우정과 사랑

이 그림책은 캠핑이 가고 싶은 릴라와 가고 싶지 않은 도치가 함께 떠나는 캠핑 이야기를 담고 있습니다. 길도 잘못 들고, 벌레도 많고, 짐 정리도 귀찮은 도치와 마음은 앞서지만 사고 뭉치인 릴라의 캠핑은 어땠을까요? 정신없고 힘들기는 했지만 결국 아름답고 고요한 밤을 만나게 되었습니다. 다음 날, 도치도 "나오니까 좋다"라고 웃으며 말합니다.

우리 반 아이들에게 캠핑이나 야외 활동을 가족과 해 보았는지를 물어보았어요. 거의 모두가 캠핑을 해 봤다고 손을 들더라고요. 가서 무엇을 했는지를 물었더니, '불멍'을 하고 마시멜로를 구워 먹고, 바비큐를 했다고 해요. 바닷가에서 놀던 기억을 떠올리는 친구도 있었고, 풀밭에 돗자리를 깔고 앉아 가족과 놀이를 했던 기억을 떠올리는 친구도 있었습니다.

고슴도치처럼 싫었던 마음이 바뀐 적이 있는지도 물어보았어요. 그랬더니 처음에는 귀찮고 벌레도 있어서 싫었지만, 맛있는 고기를 먹고 마시멜로를 먹으며 좋아졌다고 했어요. 밖에서 하는 놀이와 밤에 불을 피우는 것도 멋졌다고 합니다.

나들이나 캠핑을 가는 일은 집에서보다는 할 일이 많고 힘든 일도 있을 수 있지만, 가족이 함께 모여 맛있는 밥을 먹고, 이야기를 나누며 또 하나의 반짝이는 추억을 마음에 새길 수 있지요. 생각해 보면 우리가 일상에서 하는 모든 일들이 그런 것 같습니다. 귀찮고 힘든 일을 이겨 내다 보면, 또 반짝거리는 소중한 추억이 생기겠지요.

읽기·대화 가이드

- 이 그림책의 그림은 어떤 특징이 있나요?
- 캠핑을 싫어하던 고슴도치는 왜 마음이 바뀌었을까요?
- 캠핑이나 야외로 나들이를 떠난 기억이 있나요? 가서 무엇을 했나요?
- 처음에는 귀찮고 힘들게만 느껴진 일이 나중에 행복했던 추억으로 바뀐 일을 말해 볼까요?

BOOK ✦ 067

아이들과 마음을 나누어 봐요

《무지개 물고기》 마르쿠스 피스터 글

#우정과 사랑

　반짝이는 비늘을 가진 물고기는 다른 물고기 친구들과 잘 어울리지 못해요. 자신의 아름다움을 뽐내고, 반짝이는 비늘 하나를 달라고 하는 친구를 외면하지요. 그렇게 무지개 물고기는 외로워집니다. 이 외로움을 벗어나기 위해 문어 할머니의 조언을 받으러 갑니다. 그런데 문어 할머니는 반짝이 비늘을 다른 물고기들에게 한 개씩 나눠 주라고 하지요. 무지개 물고기는 그 조언을 따르고 싶지 않습니다. 그런데 파란 꼬마 물고기가 다가와요. 작은 비늘 한 개만 갖고 싶다고 말을 하지요. 무지개 물고기는 순간 마음이 흔들려, 하나를 주기로 합니다. 가장 작은 은빛 비늘 한 개를 받은 파란 꼬마 물고기는 아주 고마워하지요. 그러자 무지개 물고기는 기분이 이상해집니다. 이상한 기분을 느끼며 무지개 물고기는 파란 꼬마 물고기가 헤엄쳐 가는 모습을 한참 동안 가만히 지켜 보지요.

이 장면을 읽고 나서 아이들에게 물어보았어요.
"무지개 물고기는 왜 기분이 이상해졌을까요?"
친구들은 곰곰이 잠시 생각하다가 이렇게 대답을 했습니다.
"원래 주고 싶지 않았는데, 주고 나니까 뭔가 기분이 좋아졌어요."
"뿌듯한 기분이 들었나 봐요."

얼마 뒤 무지개 물고기는 다른 물고기들에게도 반짝이 비늘을 하나씩, 하나씩 뽑아서 나누어 줍니다. 그리고 기쁨이 더 커지는 것을 느끼고, 마음이 편안해집니다.

"우리는 어떻게 해야 서로에게 좋은 친구가 될 수 있을까요?"
"친구가 가지고 싶어하는 것을 주면 돼요."
"무조건 좋아하는 것을 주기만 하면 될까요?"
"그렇게 다 주면 안 돼요."
"물건 대신 마음을 주면 좋겠어요."
이런 대답이 나와서 다시 물어보았어요.
"그렇다면 어떻게 마음을 줄 수 있을까요?"
"칭찬을 해 줘요."
"슬플 때 위로해 줘요."
"잘 놀아 줘요."
아이들은 마음을 나눌 수 있는 방법에 대해 자신이 경험했던 일을 떠올려 이야기하기 시작했습니다.

초등학교에 입학해 처음엔 서먹했던 아이들도 5월이 되자 다들 친해졌지요. 이제 아이들은 무지개 물고기와 친구들처럼 마음을 나누며 우정을 키워 갈 것입니다.

읽기·대화 가이드

- 반짝이는 비늘 한 개를 나눠 준 무지개 물고기는 파란 꼬마 물고기가 헤엄치는 것을 한동안 바라봅니다. 그리고 이상한 기분을 느껴요. 왜 무지개 물고기는 이상한 기분을 느꼈을까요?
- 친구들에게 어떻게 해야 좋은 친구가 될 수 있을까요? 친구가 가지고 싶어 하는 좋은 물건을 주면 좋은 친구일까요?
- 어떻게 친구들에게 마음을 나누어 줄 수 있을까요?

BOOK ✦ 068

여러 번 읽으면
깊이 느낄 수 있어요

《달샤베트》 백희나 글·그림

#상상력

아주아주 더운 날, 선풍기나 에어컨 없이는 잠이 오지 않는 상황에서 달이 녹아내립니다. 반 아이들과 작년 여름의 기억을 떠올려 보기로 합니다.

"너무 더워서 에어컨 틀고 잤어요."

"에어컨 온도를 제일 낮췄어요!"

"저는 문 열고 선풍기 틀었어요."

그렇게 우리는 잠시 달샤베트 속 더위를 실감 나게 떠올려 보았답니다.

반장 할머니는 커다란 대야를 들고 나가더니 달 물을 받아 달샤베트를 만들지요. 그 후 갑자기 선풍기와 에어컨을 너무 많이 틀어 정전이 된 상황이 펼쳐져요.

"사자마트에서도 정전되었는데!"

아이들은 이전에 읽었던 《사자마트》 속 정전 상황을 떠올렸습니다. 그리고 정전이 된 이유를 비교해 보았습니다.

"전기를 너무 많이 써서 그래요."

"사자마트는 고양이가 일부러 그렇게 만들었어요!"

반장 할머니 덕에 달샤베트를 먹은 사람들은 선풍기와 에어컨 없이도 잠을 잘 잘 수 있게 되었습니다. 반장 할머니가 숨을 돌리려는 순간, 옥토끼 두 마리가 할머니를 찾아오지요. 달이 녹아내려 사라져서 살 곳을 잃었다는 이야기를 합니다.

아이들과 어떻게 토끼를 도와줄 수 있을지 물었습니다.

"달은 내일 새로 뜰 것 같아요. 새로 뜰 때까지 할머니랑 같이 살자고 말해요."

"다시 달을 그려서 만들어 줘요."

아이들은 참신한 해결책들을 말했습니다.

마지막으로 아이들과 더운 여름날, 달이 녹는 상상을 한 작가에 대해 이야기를 해 보았어요. 우리는 여름날, 어떤 상상을 할 수 있을까요?

"에어컨을 너무 틀면 뜨거워지니까 에어컨이 녹아내릴 것 같아요."

이제부터 점점 더 무더운 여름이 되겠지요. 덥다고 짜증만 내지 말고, 상상의 날개를 활짝 펼쳐 여름날에만 할 수 있는 재미를 찾아

보는 것은 어떨까요?

> **읽기·대화 가이드**

- 아주아주 무더운 여름날 밤에 드는 느낌을 떠올려 봅시다. 더운 날, 잠을 잘 자는 방법이 있나요?
- 달이 녹는 장면에서, '똑똑똑' 하고 글자를 세로로 써 놓은 이유를 생각해 봅시다.
- 달샤베트를 진짜 먹을 수 있다면 어떤 맛일까요?
- 달이 없어져 살 곳을 잃은 옥토끼 두 마리를 어떤 방법으로 도와줄 수 있을까요?
- 여름날, 달이 녹는다는 상상을 한 작가처럼 우리도 여름날, 자유롭게 상상을 해 볼까요?

BOOK ✦ 069

다른 건
틀린 게 아니에요

《두더지의 여름》 김상근 글·그림

#우정과 사랑

　이 그림책의 주인공 두더지는 우리에게 잘 알려진 땅 파기 선수가 아닙니다. 두더지라고 다 땅파기를 잘하는 것은 아니라고 말합니다. 여름을 맞아 다들 놀러 가는데 땅 파기 연습을 하기 싫다고 생각합니다. 그래서 길을 떠나게 되지요. 그 길에서 거북이를 우연히 만나요. 말이 많은 두더지와 달리 거북이는 말이 없습니다. 둘은 함께 여행을 떠나 걷고 또 걷습니다. 숲으로 들어가자 으스스 합니다. 그때 두더지는 땅속이 안전하다는 할머니의 말씀을 떠올리고 땅으로 들어가요. 땅 파기를 싫어하던 두더지가 스스로 땅으로 들어가지요. 남들 때문에 땅 파기 연습을 할 때와는 확실히 다릅니다. 스스로 결정해서 땅속으로 들어가자 확실히 열심히 땅을 파기 시작합니다. 그런데 재미난 상황이 펼쳐져요. 물소리를 듣고 바다라고 추측해서 두더지가 땅을 뚫고 나온 곳들이 욕실, 수영장, 분수대라서 아이들이 까르르 웃음을 터뜨렸어요.

두더지와 거북이는 길을 가는 동안에 좀 더 친해졌습니다. 지친 두더지를 거북이가 끌어 주기도 하면서 결국 바다에 도착해요. 그 부분을 보는데, 한 친구가 《달 가루》랑 비슷하다고 이야기합니다.

"달 가루에서도 곰벌레와 달 토끼가 서로 도와주잖아요."

이야기를 듣고 보니, 정말 서로 의지하고 도와주는 점이 닮았네요.

그렇게 둘은 바다에서 휴가를 신나게 즐깁니다. 아쉬운 포옹을 하고 헤어지려는 순간, 옆에 있던 소라게와 갈매기가 말을 걸어요. 왜 함께 왔는데 헤어지냐고 말이지요.

그즈음 아이들에게 어떻게 될지를 물어보았어요.

"슬프게 헤어질 것 같아요. 그냥 다시 함께 가면 안 돼요?"

"거북이가 땅에 살던 거북이가 아닐까요? 육지 거북도 있어요!"

그때 그림책 한 장을 넘기자, 바다거북이 말해 줍니다.

"거북이라고 다 바다에 사는 것은 아니란다."

그제야 입을 연 거북이는 바다가 처음이라고 말합니다.

같은 곳에 살고 있다는 것을 알게 된 두더지는 훨씬 기뻐해요. 거북이와 함께 갈 수 있으니까요. 둘은 행복해하며 길을 떠납니다. 두더지는 이제 자신이 땅 파기 선수라고 큰소리를 치지요. 그런데 마지막 장을 보고 아이들이 웃음을 터뜨렸어요. 왜냐면 또 곰돌이의 욕실 바닥을 뚫고 올라왔거든요. 놀라는 두더지와 거북이의 표정이 재미있어요.

그때 제가 이 그림책을 여러 번 보았지만 눈치채지 못했던 것을 아이들이 찾아냈습니다.

"두더지 모자가 없어요!"

"앞에서 바다거북한테 줬어요."

한 친구의 말에 그림책을 한 장 앞으로 넘겨 보았습니다. 그랬더니 정말 바다거북이 두더지의 모자를 쓰고 있네요. 역시 우리 아이들은 대단합니다.

두더지라고 다 땅을 잘 파는 것은 아니고, 거북이라고 다 바다에 사는 것은 아니에요. 다른 것이지 틀린 것은 아니니 달라도 됩니다. 우리 반 아이들이 세상에 하나뿐인 나 자신을 사랑하고, 친구들의 다른 점도 인정해 주는 멋진 어린이들이 되면 좋겠습니다.

읽기·대화 가이드

- 두더지는 어떤 특징이 있나요? 표지를 보고, 어떤 이야기가 전개될 것 같은지 말해 볼까요?
- 두더지는 왜 거북이가 바다에 산다고 생각했을까요? 왜 오해하게 되었을까요?
- 두더지라고 땅 파는 일을 다 잘하지는 않는다고 그림책에서 나오지요. 여러분은 친구와 어떤 점이 다를까요? 누구나 다르다는 점을 느껴 봅시다.

BOOK ✦ 070

미워하는 마음은 어떻게 사라질까요?

《미움》 조원희 글·그림

#우정과 사랑

　이 그림책은 주인공이 "너 같은 거 꼴도 보기 싫어!"라는 말을 듣는 장면으로 시작합니다. 주인공은 다짜고짜 이런 말을 들어 화가 나는데, 왜 그런지 설명도 안 해 주고 상대방은 혼자 떠나 버립니다. 주인공은 눈물이 나올 것 같아요.
　"이런 말을 들었다면, 여러분은 어땠을까요?"
　"하루가 망한 것 같아요."
　"속상해서 울고 싶어져요."
　대답을 하는 아이들의 표정이 우울하고 슬퍼 보입니다.

　주인공도 마찬가지예요. 자신에게 나쁜 말을 퍼부은 상대를 미워하기로 결심합니다. 밥을 먹으면서도, 숙제를 하면서도, 신나게 놀면서도 미워합니다. 잠을 자고, 꿈속에서까지도 미워해요. 그런데 주인공에게는 무엇이 남았을까요? 통쾌해졌을까요?

미운 마음은 점점 커져서, 온 마음이 미움으로 가득 차 버립니다. 그런데 마음이 시원해지지 않았어요.
언젠가 팔에 부스럼이 났을 때, 주인공의 엄마는 이렇게 말씀하셨대요.
'신경 쓰여도 만지지 마. 그래야 낫는다.'
주인공은 "미워하는 것도 그런 걸까? 가만히 기다리면 미움도 사라질까?"라고 우리에게 물어요. 그래서 아이들에게도 같은 질문을 했지요.
"유치원 때 싸워서 절교한 친구가 있어요. 시간이 흘러도 그대로 기분이 나쁜데요" 하는 친구도 있었지만, 대부분의 아이들은 시간이 지날수록 화가 조금씩 줄어든다고 했습니다.

주인공은 마지막에 큰 결심을 해요. 그 친구가 자신을 아직 미워하고 있는지는 몰라도, 자신은 미워하지 않기로 다짐한 것이지요. 그러고는 홀가분해진 주인공의 뒷모습이 그려집니다. 그 모습이 여전히 무거운 미움을 지닌 상대 친구와 대비되면서 끝을 맺지요.

아이들에게 미움을 없애는 방법이 있는지 물어보았어요.
"친구에게 솔직하게 말해요." 그런데, 한 친구가 이런 이야기를 했어요.

"바쁜 일을 하면 좋아요."

그러자 다른 아이들도 말을 보탭니다.

"다른 일에 집중하면 진짜로 잊게 되던데요."

"재미있는 일을 하면 미움이 없어져요."

와! 우리 반 아이들, 1학년 맞나요? 벌써 인생의 지혜를 깨달은 듯한 아이들입니다.

읽기·대화 가이드

- 표지에서 무슨 표정이 느껴지나요? 어떤 상황일지 추측해 봅시다.
- "너 같은 거 꼴도 보기 싫어!"라는 말을 들은 주인공의 기분은 어떨까요?
- 누군가를 미워했던 마음이 있었던 적을 떠올려 봅시다. 어떤 상황이었나요?
- 미운 마음을 오래 가지고 있을 때, 어땠나요?
- 가만히 기다리면 미움도 사라질까요? 마음속에서 미움을 없애는 나만의 방법이 있을까요?

BOOK ✦ 071

슬플 때 나만의
해결 방법을 찾아요

《눈물빵》 고토 미즈키 글·그림

#두려움과 슬픔

    이 그림책 주인공은 수업 시간에 선생님이 하는 말을 알아듣지 못해서 눈물이 날 것 같았어요. 주인공이 자신만의 비밀 장소에 갔는데 눈물이 떨어졌습니다. 그래서 목에서 "끄윽" 하고 설움이 복받칠 정도로 울었어요.

    "여러분도 목에서 '끄윽' 소리가 나오고, 콧물이 흐르고 목구멍이 좁아진 것 같은 기분이 들 때 있었어요?"

    "할머니, 할아버지랑 헤어져서 집에 돌아올 때 울었어요."

    "엄마한테 혼날 때 울었어요."

    이번에는 이런 질문을 던져 보았습니다.

    "여러분도 나만의 비밀 장소가 있나요?"

    "책상 밑이요."

"축구장이요!"

나만의 비밀 장소도 다양합니다.

주인공은 비밀 장소에서 좋아하는 손수건이 묵직해질 만큼 눈물과 콧물을 닦아 천장에 난 구멍으로 던졌습니다. 그리고 나서 주인공은 자기가 좋아하는 식빵 테두리를 먹으려 했지요. 그러나 울다가 보니 식빵 테두리가 눈물에 푹 적셔지고 말았지요. 주인공은 눈물 젖은 식빵 테두리를 천장 구멍으로 던졌습니다. 그러자 눈 깜짝할 사이에 새가 물고 날아가 버렸습니다. 깜짝 놀란 주인공은 그 모습을 다시 보려고 식빵 테두리를 한 번 더 던졌지요.

"어떻게 됐을까요?"

"왠지 안 물어 갔을 것 같아요"

아이들의 예측이 맞았습니다. 이번에는 새가 물긴 했지만, 날아가지 않았습니다. "짠·맛·이·부·족·해."라는 이야기만 했을 뿐이지요. 눈물의 젖은 식빵 테두리가 짭조름해서 간이 딱 맞았던 걸까요? 그래서 주인공은 더 많이 울어요. 마음 깊은 곳의 슬픔이 모두 눈물이 되도록 실컷 울었습니다. 식빵 테두리를 눈물로 가득 적시고, 하늘로 던졌어요.

"이번엔 어떻게 될까요?"

"새가 많이 올 것 같아요!"

진짜, 이번에는 새가 모두 물어가 버렸어요. 그런데 어디선가 새 한 마리가 날아왔습니다. 새는 구멍으로 손수건을 '나풀' 떨어뜨렸어요. 주인공이 좋아하는 그 손수건은 어느새 다 말라 있었지요. 그리고 주인공은 좋아하는 노래를 흥얼거리며 돌아갑니다.

　많이 슬펐던 주인공은 자신이 좋아하는 것을 통해 위로를 받고 슬픔을 이겨 냅니다. 이번에는 우리 아이들이 궁금해졌습니다.
"눈물이 많이 나올 때, 어떻게 하면 기분이 나아졌나요?"
"축구 골을 넣고 세레머니를 해요!"
"엄마 가까이에 앉아 있어요."
"친구랑 놀아요."

　자신이 좋아하는 것, 기분이 나빴을 때 좋아질 수 있는 방법을 차곡차곡 모으다 보면 힘든 일이 생겨도 이겨 낼 수 있는 사람으로 자랄 것이라고 믿어요.

읽기·대화 가이드

- 이 그림책 그림의 특징을 다른 그림책과 비교해서 설명해 볼까요?
- 여러분도 목에서 '끄윽' 소리가 나오고, 콧물이 막 나오고, 목구멍이 좁아진 것 같은 기분이 들만큼 눈물을 흘린 적 있나요?
- 뒷이야기가 어떻게 될지 예측해 봅시다.
- 눈물이 많이 나올 때, 어떻게 하면 기분이 나아졌나요?

BOOK ✦ 072

칭찬은
힘이 세요

《에드와르도 세상에서 가장 못된 아이》 존 버닝햄 글·그림

#자기 탐구와 자존감

"아, 그 지각한 애! 그 이야기 쓴 사람이다!"

맞아요. 존 버닝햄 작가는 《지각대장 존》과 《마법 침대》로 이미 우리 반 아이들에게 익숙한 작가입니다.

에드와르도는 가끔씩 물건을 발로 걷어차거나, 다른 아이들처럼 시끄럽게 떠들고, 때때로 어린아이들을 못살게 굴었지요. 그런데 그때마다 만난 어른들은 세상에서 "가장 버릇없는 녀석, 세상에서 가장 시끄러운 녀석, 세상에서 가장 심술궂은 녀석"이라는 말을 하며 화를 냈어요. 그래서 에드와르도는 점점 더 심술을 부리기 시작했습니다.

"에드와르도의 기분은 어떨까요?"

잠시 책을 읽어 주는 것을 멈추고 질문을 건넸습니다.

"발로 차 버리고 싶을 것 같아요."

"짜증 나서 폭발할 것 같아요."

"저는 더 못되게 굴 거예요."

맞아요. 아이들의 말처럼 에드와르도는 점점 더 눈치 없이 굴고, 사나워지고, 시끄러워지고, 방을 어지르고, 지저분해지고, 버릇없이 굴었지요. 결국 사람들은 이렇게 말했습니다.

"에드와르도, 너는 정말 세상에서 제일가는 말썽쟁이로구나."

그러던 어느 날, 에드와르도는 우연히 한 행동으로 좋은 오해를 받기 시작해요. 화분을 발로 찼는데 정원을 가꾸는 걸로 오해를 받고, 개에게 물을 끼얹었는데 지저분한 개를 씻겨 줘서 고맙다는 이야기를 듣지요. 어찌 보면 이상한 상황이지만, 그때부터 에드와르도는 변하기 시작합니다. 말 한마디 때문에 더 나쁜 행동을 하던 아이가 말 한마디로 착하고 상냥한 아이로 변해갑니다.

"에드와르도는 왜 변했을까요?"

"칭찬을 들어서요."

"더 열심히 하고 싶어져서요."

아이들도 에드와르도의 상황과 마음을 이해하고 있었어요.

우리 모두는 에드와르도처럼 좋은 점과 나쁜 점을 동시에 가지고 있어요. 하지만 단점을 더 크게 생각할 때가 많지요.

그래서 우리는 돌아가며 칭찬 샤워를 했어요. 서로의 장점을 칭찬해 주고, 선생님도 오랜만에 시간을 들여 우리 반 모두를 칭찬해 주었습니다. 그렇게 모든 아이들은 자신의 장점을 느끼고 행복해했습니다.

아이들은 저의 장점도 칭찬합니다. 아이들이 배시시 웃으며 "화를 잘 안 내요", "친절해요"라고 하더니 압도적으로 "그림책을 읽어 줘서 재미있어요"라고 합니다. 앞으로도 좋은 그림책을 많이 아이들과 나누어야겠다는 생각이 들었습니다.

우리 모두는 에드와르도처럼 좋은 점을 갖고 있는데도, 단점이나 부족한 점을 더 크게 늘 보는 면이 있지요. 이 그림책을 통해 나만의 장점을 생각해 보고 더 키워 나가길 바랍니다. 오늘 가정에서도 칭찬 샤워를 한번 해 보면 어떨까요?

읽기·대화 가이드

- 제목과 그림을 보고 내용을 예측해 봅시다.
- 어른들에게 혼이 난 에드와르도의 기분은 어떨까요?
- 에드와르도는 왜 변화했을까요?
- 모든 사람들에게는 좋은 면과 나쁜 면이 동시에 있어요. 나는 어떤 때에 나쁜 행동을 하거나 말썽을 부리게 되나요?
- 나의 좋은 점을 찾아 말해 보세요.
- 친구의 장점을 찾아 말해 주세요.

BOOK ✦ 073

나에 대해
깊게 생각해요

《이게 정말 나일까?》 요시타케 신스케 글·그림

#자기 탐구와 자존감

학교에서 수업을 하다 보면 아이들과 자기소개를 할 일이 종종 있습니다. 아이들은 자신이 못하는 것, 싫어하는 것은 잘 이야기하면서도 자신이 좋아하는 것, 자신을 행복하게 만드는 것에 대해서는 잘 모르는 경우가 많답니다. 자신에 대해 잘 모를 때, 자신에 대해 좀 더 알고 싶을 때 이 그림책으로 생각해 보는 것은 어떨까요?

이 그림책에서는 우리 아이들과 비슷한 주인공이 등장합니다. 숙제, 심부름, 방 청소처럼 하기 싫은 것들에 지쳐 버린 어느 날, 주인공에게 좋은 생각이 떠오릅니다. 도우미 로봇을 한 대 사서, '가짜 나' 로봇에게 몽땅 일을 시키기로 한 것이지요. 집으로 가는 길에 로봇에게 가짜라는 게 들키지 않도록 자신과 똑같이 행동하라고 말합니다. 그랬더니 로봇은 주인님에 대해 자세히 알려 달라고 하지요.

　그림책에는 나의 이름, 가족, 겉모습, 좋아하는 것과 싫어하는 것, 할 수 있는 일과 할 수 없는 일 등이 자세히 소개됩니다. 우리 반 아이들이 이 책을 보더니 자기 자신에 대해 이렇게까지 세세한 이야기가 담겨 있어서 신기했다고 말했답니다. 저도 처음 이 그림책을 읽었을 때 놀랐던 기억이 납니다. 정말 생각하지도 못했던 자기소개가 나와 있어서 흥미롭게 느껴지면서도, 나는 나에 대해 이 정도까지 알고 있는지 반성을 하기도 했거든요.

　욕조에 머리부터 거꾸로 들어가기, 윙크, 게에게 물려도 참는 것은 잘할 수 있는 일이지만, 밤 12시까지 깨어 있기, 간지럼 참기는 잘할 수 없는 일이라고 주인공은 로봇에게 알려 줍니다. 주인공처럼 우리도 잘하고 잘 못하는 일을 말해 보았습니다.

　우리는 그림책을 읽으면서 자신에 대해 작고 사소한 것을 떠올려 보는 시간을 가졌습니다. 자기소개를 할 때면 뭔가 거창한 이야기를 해야 하는 것 같아 부담스럽고, 막상 적어내고 보면 이게 진짜 나인지 잘 모르겠다는 생각이 들 때가 있잖아요. 그런데 이 그림책을 통해 사소한 이야기들을 서로 나누면서 즐겁게 진짜 나를 꺼내 볼 수 있었지요. 생각해 보면 우리는 큰 것보다는 사소한 것에 재미와 행복을 느끼는 것 같아요. 오늘도 내가 좋아하는 사소한 일들을 해 보면서 행복한 하루를 만들어 보면 좋겠습니다.

> **읽기·대화 가이드**

- 평소에 자기소개를 하면서 싫었거나 어려웠던 점은 무엇이 있나요?
- 이 그림책에 나온 소개 중에 공감되었던 것은 무엇이 있나요?
- 주인공이 말한 것이랑 비슷하게 자기소개를 해 볼까요?
- 주인공처럼 로봇을 가짜 나로 만들 수 있다면 어떤 일을 시키고 싶나요?
- 로봇이 따라 할 수 없을 진짜 나만의 특징은 무엇이 있을까요?

BOOK ✦ 074

학교에
가고 싶어요

《당근 유치원》 안녕달 글·그림

#가족 이해와 관계

이 그림책에는 새로운 유치원에 가는 토끼가 등장합니다. 토끼는 새로 만난 담임 선생님을 목소리만 크고, 힘만 세다고 표현하죠. 그리고 유치원에 가기 싫어합니다.

"여러분은 학교 오는 게 싫었던 경험이 있나요?"

"입학식 하는 날 오기 싫었어요! 유치원은 좋았는데 초등학교에는 가기 싫었거든요."

"친구들이랑 선생님을 처음 만나는 날엔 안 오고 싶었어요. 근데 이제는 조금 친해져서 괜찮아요."

우리 반 아이들도 얼마 전 학교라는 곳에 처음 왔기 때문에 그림책 속 주인공의 마음에 공감하는 듯 보였어요. 처음 등교할 땐 싫었지만, 지금은 학교에 오는 것이 좋다는 한 친구의 말에 "나도"라고 맞장구를 치는 이야기가 이어져 다행이었습니다.

유치원에 가기를 싫어 하던 주인공은 선생님이 따뜻하게 맞아 주고 자기 마음을 알아주면서 차츰 마음의 문을 열어 갑니다. 분명 낯설기만 했던 선생님인데 이제는 선생님 때문에 유치원에 가는 것을 기다리게 되지요.

"왜 이 친구는 마음이 바뀌었을까요?"
"선생님이 칭찬해 줘서요."
"선생님이 다른 애들한테도 사탕을 다 줬는데 자기만 준 줄 알아요."

바지를 갈아입어야 하는 주인공에게 선생님이 사탕을 주는 장면에서는 글과는 다른 내용을 담고 있는 그림을 눈여겨 보아야 합니다. 글에는 다른 아이들 몰래 나한테만 당근 사탕을 줬다고 써 있는데, 그림을 보면 화장실 문밖의 친구들의 손에 당근 사탕이 들려 있다는 것을 알 수 있거든요.

우리 반 아이들도 제가 설명하지 않아도 그 장면에서 다른 친구들이 당근 사탕을 먹고 있는 것을 발견했답니다. 아이들은 어른이 읽어 주는 이야기를 들으며 그림을 열심히 들여다봅니다. 그리고 그 덕에 글에 없는 정보를 그림에서 찾을 수 있고, 글과 다른 그림이 나오더라도 그것을 바탕으로 내용을 이해할 수 있습니다.

이 그림책으로 우리 반 아이들의 학교생활을 엿볼 수 있었어요. 그림책을 읽을 때도 글에만 집중하지 마시고, 그림도 함께 보면서 어떤 내용을 담고 있는지 읽어 주세요.

읽기·대화 가이드

- 여러분은 학교에 올 때 어떤 기분이 들어요? 학교 오는 게 싫었던 경험이 있나요?
- 이 주인공은 왜 유치원이 싫을까요?
- 유치원에 가는 것을 싫어하던 주인공이 어느 날 유치원에 가고 싶어 합니다. 왜 그렇게 마음이 바뀐 걸까요?
- 여러분도 싫었던 기분이 즐겁게 바뀐 순간이 있나요?

BOOK ✦ 075

판다의 비밀을
알고 싶어요

《판다 목욕탕》 투페라 투페라 글·그림

#상상력

　투페라 투페라 작가의 《판다 목욕탕》은 유아 시기 아이들에게 읽어 줬을 때 100% 읽기 성공률을 자랑합니다. 판다의 비밀에 놀라고, 판다 목욕탕 풍경을 즐기다 보면 어느새 그림책 읽기에 푹 빠져들지요.

　표지에 '쉿! 판다의 특급 비밀! 지금 공개됩니다'라고 적힌 것을 보고 아이들이 그 비밀을 참 궁금해했어요. 과연 판다의 비밀은 무엇일까요?

　동물원에 있는 판다 가족은 목욕을 하러 가기로 하고 다 같이 판다 목욕탕으로 향하지요.

"여러분도 목욕탕에 가 본 경험이 있나요?"
"네! 엄마랑 아빠랑 갔었어요."
"지난 주말에 찜질방에 갔어요!"

아이들은 즐겁게 목욕탕에 갔던 이야기를 했습니다. 목욕탕에서 식혜도 마시고 간식도 먹었다고 합니다. 그러면서 판다 목욕탕과 비교해 보았습니다. 그림 속에서 대나무 맛 우유를 발견한 아이들은 자기들은 바나나 맛, 초코 맛 우유를 좋아하는데, 대나무를 좋아하는 판다는 우유도 대나무 맛을 좋아한다고 하더군요. 푸바오의 인기로 판다를 좋아하는 아이들이 많아지면서 스스로 판다에 관한 정보도 찾아보고 다채로운 이야기가 펼쳐졌습니다.

이 그림책을 읽으며 판다의 외모에 관한 비밀을 알게 된 점, 동물원이 끝나고 목욕탕에 가는 점, 목욕탕에서 사육사 이야기를 하는 점 등이 참 기발하고 재미있었습니다. 정말 우리가 깜빡 속고 있는 것은 아닐까요? 오늘 아이들에게 판다의 비밀을 물어보세요.

읽기·대화 가이드

- 여러분은 판다를 본 적이 있나요? 어떤 점을 관찰했나요? 판다를 좋아한다면 왜 좋아하나요?
- 목욕탕에 가 본 경험이 있나요?
- 우리가 본 목욕탕과 판다를 위한 목욕탕은 어떤 점이 달라 보이나요?
- 《판다 목욕탕》 그림책처럼 우리도 다른 동물의 비밀을 하나 만들어 볼까요?

BOOK ✦ 076

조금씩 성장해요

《점》 피터 H. 레이놀즈 글·그림

#자기 탐구와 자존감

피터 레이놀즈 작가의 《점》이라는 그림책을 우리 반 아이들에게 꼭 읽어 주고 싶었어요. 얼마 전 그림을 그리다가 울음을 터뜨린 우리 반 아이가 내내 마음 쓰였거든요. 분명히 할 수 있는데, 시작을 못하고 울먹울먹하던 친구는 색연필을 손에 쥔 채로 눈물을 쏟았습니다.

"○○야, 미술 시간에 왜 갑자기 운 거니?"
"그림을 잘 그리지 못해서요."
"선생님은 그림을 잘 그리기를 바란 것은 아닌데. 그리고 너의 그림은 아주 멋있던걸."

저는 이 이야기를 반 아이들과 그림책을 읽으며 다시 나누고 싶었습니다.

주인공 베티는 미술 시간이 끝나도록 하얀 도화지를 그대로 가지고 있었지요. 미술 선생님은 베티를 다그치는 대신 어떤 것이라도 좋으니 한번 시작해 보라고 합니다.
"네가 하고 싶은 대로 해 봐."
그 말을 들은 베티는 도화지 위에 점을 하나 찍습니다. 그런데 선생님은 혼내지 않고 이름을 쓰라고 말한 뒤, 그 도화지를 액자에 넣어 선생님 자리 위에 걸어 놓았습니다. 베티는 깜짝 놀랐지요. 베티는 그 이후에 좀 더 멋진 점을 그리기 위해 노력합니다.
"저런 그림도 전시할 수 있어요?"
이야기를 듣던 우리 반 아이들은 점만 찍은 그림으로 미술 전시회를 여는 것은 너무 이상하다고 했지요. 그렇지만 작가의 생각과 느낌대로 표현한 것들은 모두 다 멋진걸요. 서툴러도 끝까지 완성하는 것은 충분히 대단한 일입니다.

자신감이 없던 친구가 점을 그리며 미술 시간에 자신감을 찾은 이야기를 통해, 우리 아이들이 자신을 긍정하는 마음을 느낄 수 있었으면 좋겠어요. 그림책을 다 읽고 나서, 우리 반은 자신을 사랑해 주고 응원해 주는 시간을 가졌습니다. 스스로 머리를 쓰다듬으면서 "사랑해", "잘했어" 하고 칭찬을 해 보았는데, 아이들이 모두 조금은 수줍어하면서도 미소를 띤 얼굴로 머리를 쓰다듬었답니다. 그렇게 우리는 스스로를 사랑하며 앞으로 걸어가는 거예요!

읽기·대화 가이드

- 그림책 초반의 베티 모습처럼 여러분도 잘하지 못한다고 생각하는 것이 있나요?
- 베티는 마지막에 만난 아이에게 이름을 쓰라고 했지요. 그때 베티는 어떤 마음이었을까요? 이후 그 아이는 어떻게 되었을까요?
- 베티처럼 처음엔 못한다고 생각했는데 노력해서 자신감을 갖게 된 것이 있나요?
- 베티가 만난 선생님처럼 자신감을 준 사람이 여러분에게도 있나요? 언제, 어떤 이야기를 들었나요?

BOOK ✦ 077

그림을
느껴 봐요

《할머니의 여름휴가》 안녕달 글·그림

#가족 이해와 관계

"이 책《당근 유치원》작가 분이 쓴 책이에요? 그림이 비슷해요!"
"안녕달 작가다! 우리 집에도 이 작가의 책이 있어요."

《할머니의 여름휴가》라는 겉표지만 보고도 지난번에 읽었던《당근 유치원》과 같은 작가의 책이 아니냐는 친구가 있었어요. 그림책을 만나는 경험이 많아질수록 아이들의 머릿속 그림책 보물창고가 채워지고 그곳에서 꺼낼 생각과 지식이 많아지는 것이 새삼 신기하게 여겨졌습니다.

이 그림책은 이야기도 환상적이고 아름답지만, 그림을 천천히 깊이 있게 읽기 좋습니다. 처음부터 그림을 잘 보아야 마지막에 할머니가 사 온 바닷바람 스위치를 선풍기에 끼우는 것을 잘 이해할 수 있거든요.

"할머니가 조금씩 까매지고 있어요."

또, 아이들은 휴가를 즐기는 동안 할머니의 피부색이 달라지는 것을 보며 신기해했습니다. 천천히 할머니가 보내는 여름휴가의 그림들을 살펴보며, 아이들은 그림과 색채가 예쁘다며 그림을 칭찬했습니다.

우리는 선풍기 옆에 쓰인 '윙윙윙' 글씨가 작을 때, 클 때, 색깔이 변할 때 어떤 느낌이 드는지도 이야기했습니다. 이제는 그림책 속 이야기만 듣는 것이 아니라, 그림도 보고 느끼고 생각하는 아이들이 제법 많이 늘어났습니다.

그림책 속 할머니의 집에 있는 오래된 물건들을 찾아보며 우리 할머니 집과 비교해 보았습니다. 직접 휴가를 떠나기 힘든 할머니에게 소라를 선물로 준 손자의 마음을 느껴 보기도 했습니다. 그림책을 보는 동안 갑자기 할머니가 생각이 났다고 보고 싶다고 말한 아이들도 있었어요. 이번 주말에는 우리 반 아이들이 할머니의 사랑을 듬뿍 느낄 수 있는 시간을 보내고 오면 좋겠네요.

읽기·대화 가이드

- 우리 할머니와의 추억을 떠올려 볼까요?
- 그림책 속 아이는 할머니께 왜 소라를 선물로 드렸을까요?
- 그림책 속 할머니의 집에 있는 물건들 중에 우리 집에 있는 것과 다른, 오래된 물건이나 가구들은 무엇이 있나요? 지금 우리 할머니 집에는 비슷한 물건이 있나요?
- 선풍기 주변에 써 있는 '윙윙윙' 글자들의 색깔과 크기 차이를 비교해 볼까요? 작가는 왜 이렇게 글자를 써 놓았을까요?
- 우리 할머니와 떠나고 싶은 여름 휴가지는 어디인가요? 이유를 말해 볼까요?

BOOK ✦ 078

그림으로
의미를 이해해요

《튤립 호텔》 김지안 글·그림

#상상력

《튤립 호텔》은 흔한 들쥐처럼 보이지만 알고 보면 근사한 호텔리어인 다섯 마리 멧밭쥐의 이야기를 담고 있습니다. 우리 반 아이들은 튤립으로 지은 호텔 그림을 보며 '봄 이야기' 같다고 말합니다. 멧밭쥐가 가을에 튤립 알뿌리를 심는 장면을 보고는 농장에 가을이 찾아왔다고 눈치챕니다. 멧밭쥐는 겨울에도 튤립 호텔을 위해 분주히 준비합니다. 아이들은 호텔 간판의 '립'이라는 글자에 색칠하는 멧밭쥐를 발견하고는 재미있어합니다.

드디어 봄이 되고 튤립 호텔이 문을 열었습니다. 그림책 속에서 봄 풍경을 찾아보며 이야기를 해 봤더니, 무스카리나 방울꽃을 아는 아이들도 있어서 놀랐습니다. 이번에는 책장을 넓게 펼쳐 튤립 호텔의 그림을 자세히 들여다보았어요. 아이들이 그림의 풍경들을 즐기며 튤립 호텔에 가고 싶다고 이야기합니다. 수영하기, 음식 먹기, 튤립 안에서 잠을 자 보고 싶어 합니다. 그러면서 가족과 함께 여행을 떠났던 경험을 떠올려 보기도 했지요.

다시 계절이 바뀌고, 튤립 호텔은 내년을 기약합니다. 멧밭쥐들도 여행을 떠나는데, 아이들은 마지막 장면에 나온 연꽃 여행사의 개구리를 보며 앞의 이야기를 떠올립니다. 호텔을 떠나며 힘이 난다고 말한 손님이 바로 이 개구리라며 앞장을 다시 넘겨 그림을 보여 달라고 말합니다. 역시 아이들은 이야기를 들으면서 그림을 열심히 살펴보고 머릿속으로 이야기를 부지런히 쫓아갑니다.

이야기를 다 읽고 난 후 한 아이가 이 그림책에는 여름이 한 번도 안 나왔다고 합니다. 작가의 다음 책은 '해바라기 리조트'였으면 좋겠다고 해 저도 미소가 지어졌습니다.

튤립 호텔에서의 행복한 순간이 나올 때, '즐거운 시간은 빨리 지나가기 마련인가 봐요'라는 글이 나옵니다. 그러자 저는 이렇게 질문했습니다.

"여러분은 이런 경험을 한 적이 있나요?"

주말이 끝나고 벌써 월요일이 가까이 오면 아쉽다는 아이들 사이로 "학교에서의 시간이 빨리간다"라고 말한 친구가 있어 반가웠어요.

책장을 덮으며 이제 2교시를 시작하자고 말했더니 아이들이 답했습니다.

"벌써요?"

"1분밖에 안 지난 것 같아요!"

아이들의 원성이 자자합니다.

"여러분, 아까 그림책에도 나왔잖아요. '즐거운 시간은 빨리 지나가기 마련인가 봐요'라고" 하며 즐거운 농담으로 응수했답니다.

읽기·대화 가이드

- 표지와 제목을 보고 내용을 예측해 볼까요?
- 이 책 속에서 느껴지는 봄 풍경은 어떤 것들이 있나요?
- 멧밭쥐는 '봄 튤립' 호텔을 위해, 가을에 튤립 알뿌리를 심었어요. 여러분은 어떤 것을 기다리며 미리 준비한 것이 있나요?
- '즐거운 시간은 빨리 지나가기 마련인가 봐요'라고 그림책에 쓰여 있네요. 여러분은 이런 경험을 한 적이 있나요?

BOOK ✦ 079

부끄러워도 자기 잘못을 인정해요

《오싹오싹 편의점》 김영진 글·그림

#자기 탐구와 자존감

　이 그림책은 으스스하게 느껴지는 신비한 이야기도 재미있지만, 공감할 만한 요즘 아이들의 이야기가 담겨 있어 우리 반 아이들의 마음을 사로잡았습니다.

　포켓몬 빵이 대란이던 시절의 새치기하는 일, 게임 아이템을 살 수 있는 기프트 카드를 사고 싶은 마음에 다른 사람이 실수로 흘린 돈을 쓴 일, 다른 사람의 우산을 슬쩍 가져간 일들이 그림책에 담겨 있거든요.
　아이들은 그림책에서 등장인물들이 부끄러운 행동을 할 때마다 등장하는 몬스터를 참 좋아했습니다. "몬스터다!" 하면서 나오는 괴물들을 손으로 가리키며 좋아하더라고요. 그림책을 읽으면서 아이들을 바라보는데 모두 똘망똘망한 눈으로 그림책을 열심히 쳐다보고 있어서 참 예뻤답니다.

그림책을 읽고 나서 아이들이 했던 부끄러운 행동들을 물어보았습니다. 친구한테 잘못하고 사과를 하지 않은 일, 혼날까 봐 두려워서 잘못을 감춘 일, 돈을 주워서 인형 뽑기를 한 일 등 다양한 이야기가 나왔습니다. 부끄러움을 깨닫고, 자기 잘못을 인정한 것 자체가 참 멋지다는 이야기를 해 주었어요. 아이들이 한 잘못이라는 일들이 어른들의 부끄러운 행동에 비하면 아주 티끌같이 작은 것들이라 귀엽게 느껴졌답니다. 앞으로도 이런 순수한 마음을 잃지 않고 자라면 좋겠어요.

읽기·대화 가이드

- 부끄러운 행동을 한 경험이 있나요? 부끄러운 행동을 한 뒤에 어떤 일이 벌어졌나요?
- 주변에서 잘못을 인정하고 사과하는 멋진 행동들을 본 적이 있나요?
- 부끄럽거나 잘못했던 자기 행동을 반성하고 바꾸려고 노력한 적이 있으면 말해 봅시다.

BOOK ✦ 080

현실과 환상의 세계를 넘나들며 여행해요

《동물원》 이수지 글·그림

#가족 이해와 관계

　이 그림책에서는 현실과 환상의 세계를 넘나드는 아이와 동물들을 만나 볼 수 있는데요. 글만으로는 그림책 전체를 이해할 수 없기 때문에 그림도 함께 찬찬히 살펴봐야 합니다. 글이 담고 있지 않은 정보들을 그림이 담고 있거든요.

　아이들과 이 그림책을 읽으면서 다시 한번 느낀 것은 아이들은 그림을 읽는 활동을 참 좋아하고 즐거워한다는 사실이에요. 아이들은 그림의 숨겨진 단서를 찾으며 정말 즐거워합니다.

　책 표지를 보면 동물원 철창 안에 동물이 없어요. 책을 넘겨서 이유를 추측해 봐야 합니다. 분명 어른들은 고개를 갸웃할 의아한 상황인데, 상상의 세계와 친숙한 아이들은 "침팬지가 고릴라를 불러요!" 하며 흥미로워하지요.

이윽고 동물원 입구에 다양한 사람들이 등장합니다. 아이들은 왜 흑백으로 그림이 그려져 있을까를 궁금해하며, 공작새만 색이 있는 것을 신기해했습니다. 그러면서 다양한 사람들의 모습과 표정을 살펴보았어요. 우리는 어떤 아이가 이때 풍선을 선물 받은 것을 보았지요.

이제는 동물원 안의 이야기가 이어집니다. 어른들이 보는 동물원의 동물은 찾아볼 수 없지만, 아이가 떠난 세계에서는 동물을 만날 수 있어요. 그때에만 색이 입혀지는 것을 발견하며 우리 반 아이들은 재미를 느꼈습니다.

그리고 글에는 없는 정보들을 찾아보았어요. 엄마, 아빠의 표정은 왜 어두운지, 동물들은 왜 이곳에 있는지 말이지요. 우리 반 아이들은 아빠가 풍선을 놓친 장면, 아이의 신발이 떨어진 장면, 다시 풍선이 아이의 손에 옮겨진 장면까지 선생님의 도움 없이 찾아냈어요. 그러고는 그 이유를 추측하고 상상할 수 있었습니다.

마지막 뒤표지에 고릴라를 보여 주었을 때, 아이들은 웃음을 터뜨렸습니다. "와, 신발을 고릴라가 갖고 있어요!" 하면서 재미있어했어요. 그래서 우리는 그 이유를 함께 생각해 봤어요. 여러 추측이 이어졌습니다. 그중에서 "아마 아이가 보고 싶을 때마다 보려고 가지고 간 게 아닐까요?"라고 했던 아이의 상상이 기억에 남습니다.

읽기·대화 가이드

- 동물원에 가 본 경험을 말해 볼까요?
- 동물원에서 즐거워하는 사람은 누굴까요? 즐거워하지 않는 사람은 왜 그럴까요?
- 표지에서 왜 동물원 안에 동물이 없을까요?
- 작가가 흑백과 컬러를 섞어서 그림을 그린 이유는 뭘까요?
- 풍선은 어떻게 아이의 손으로 다시 갈 수 있었을까요?
- 마지막 장면에서 아이는 즐거운데 어른들의 표정이 어두운 이유는 뭘까요? 왜 어른들이 뒤를 돌아다 보았을 때 동물들은 보이지 않을까요?

BOOK ✦ 081

등장인물의 아픔을 느끼고 공감해요

《훌훌 도르르 마법 병원》 노인경 글·그림

#우정과 사랑

이 그림책에서 밤이랑 달이는 집에 있는 인형을 환자로 두고 병원 놀이를 합니다. 환자를 치료하는 데에는 두루마리 휴지가 필요해요. 환자들은 신체적으로 아픈 동물도 있고, 마음이 아픈 친구도 있습니다.

이 그림책을 다 읽고 나서 우리 반 아이들에게 밤이랑 달이처럼 고쳐 주고 싶은 사람이 있는지를 물었어요.

"사촌 동생이 안경을 쓰고 있어서 눈을 낫게 고쳐 주고 싶어요."

"지금 엄마가 아파서 병원에 입원했는데 빨리 낫게 해드리고 싶어요."

"언니가 자꾸 저를 방에 못 들어오게 하는데, 마음을 착하게 고쳐 주고 싶어요."

우리 친구들은 주변 사람들의 아픔을 잘 느끼고 도와주고 싶어 했습니다.

아픈 몸도 슬프고 화나는 마음도 시간을 들여 돌보면 괜찮아지는 때가 옵니다. 밤이와 달이는 작은 두 소동을 통해 내일에 대한 강하고 따뜻한 마음을 차츰 배워 나갑니다. 새로운 시간을 마주하리라는 기대로 한 발짝 내딛는 아이들의 내일은 훨씬 더 넓고 깊어질 것입니다.

읽기·대화 가이드

- 병원 놀이를 해 보았나요? 병원 놀이를 하면 어떤 점이 재미있나요?
- 집에서 형제자매들과 놀이를 해 본 경험을 말해 볼까요?
- 밤이랑 달이처럼 고쳐 주고 싶은 사람이 있나요? 어떤 점을 낫게 해 주고 싶나요?

BOOK ✦ 082

다양한 그림 스타일을 즐겨요

《토요일 토요일에》 오게 모라 글·그림

#가족 이해와 관계

아이들은 이 책의 그림을 보자마자, 사람이 그린 것 같지 않다고 말했어요. 글자가 써 있는 부분을 보면서는 종이를 붙인 것 같다는 이야기를 했습니다. 이렇게 그림책에는 서양화, 동양화, 판화 등 다양한 미술 작품들이 담겨 있어, 그림책을 읽는 것만으로도 다채로운 그림과 미술의 세계를 만나고 감상할 수 있다는 장점이 있습니다.

이 그림책은 아이들이 정말 공감을 많이 하면서 읽을 수 있었어요. 왜냐하면, 주인공 에이바와 엄마가 유일하게 함께 보내는 토요일을 기다리는 것처럼, 우리 아이들도 부모님과 함께 할 수 있는 시간을 기다리니 말이지요.

에이바와 엄마는 토요일에 하는 여러 스케줄을 소화하며 즐거운 시간을 보냅니다. 그런데 이번 주 토요일에는 자꾸 문제가 생겨요. 도서관의 이야기 시간은 취소되고, 애써 미용실에서 손질한 머리는 지나가는 차가 튀긴 물 때문에 엉망이 됩니다. 고요하던 공원은 오늘따라 시끌벅적했어요. 그때마다 엄마는 에이바를 달래 주었습니다. "속상해하지 말아라, 에이바. 오늘은 특별한 날이 될 거야. 오늘은 멋진 날이 될 거야" 하고 말이지요. 그런데 마지막 고대하던 인형극을 보러 갔는데 티켓을 가져오지 않았다는 사실을 엄마가 알게 됩니다. 결국 아이를 달래며 감정을 꾹꾹 눌러 참고 있던 엄마도 속상한 마음을 감추지 못해요. 엄마가 자신이 다 망쳤다는 생각을 하고 있을 때, 이번엔 에이바가 엄마를 달래 줍니다.

아이들과 이 책을 읽으면서 일상을 생각해 보았습니다. 가족과 함께 함께 하기를 기대한 일이 취소되고 엉망이 되었던 순간을요. 우리 반 아이들은 모두 에이바처럼 토요일을 기다리고 있더라고요. 가족끼리 놀러 가거나, 부모님이 장난감을 사 주시기로 했다고 했습니다. 그런 일이 취소되었던 일도 떠올려 보았어요. 그때 어떻게 생각하고, 감정을 표현했는지 이야기를 해 보았습니다. 화를 내고, 큰소리를 내기도 했대요. 너무 속상한 마음이 들었고, 짜증도 났다고 해요. 그렇지만 그렇게 해서는 해결되는 일은 없었다고 했습니다. 아이들이랑 그런 이야기를 나누며, 앞으로는 에이바와 엄마처럼 생각해 봐야겠다고 했습니다. 긍정적으로 상황을 받아들이고, 그 순간에 해결할 수 있는 일을 해 보자고요.

읽기·대화 가이드

- 여러분은 토요일을 생각하면 무엇이 떠오르나요?
- 이 그림책 그림의 특징을 알아볼까요?
- 토요일에 계획했던 일들이 취소되거나 엉망으로 변했을 때 에이바는 실망합니다. 그 뒤에 어떤 일이 이어질까요?
- 여러분도 토요일을 기다리나요? 왜 기다리나요?
- 여러분이 기대했던 일이 제대로 되지 않을 때 어떤 느낌이 드나요? 그동안은 어떻게 감정을 표현했나요? 앞으로는 어떻게 생각하면 좋을까요?

BOOK ✦ 083

그림책의
다양한 구도를 느껴요

《위를 봐요》 정진호 글·그림

#다양성

《위를 봐요》를 읽으며 반 친구들과 이 그림책에 실린 그림의 특징을 발견해 보았습니다. 위에서 아래를 내려다보는 구도로 그려져 있다는 것, 간결한 그림에 색깔이 없다는 것 등을 아이들은 특징으로 꼽더라고요.

이 그림책의 첫 장면부터 아이들이 충격에 빠졌습니다. 가족여행 중에 사고가 났고, 주인공 수지가 다리를 잃는 이야기가 나오거든요. 지금까지 읽었던 그림책들과 달리 시작부터 무거운 이야기가 시작되자 아이들이 갑자기 조용해졌습니다.

그 이후 수지는 계속 밖을 내려다봅니다. 그림이 알아보기 쉽게 나와 있지는 않지만, 반 친구들은 상황을 잘 파악하고 의미를 이해했습니다. 수지는 위에서 내려다보고 있어, 매번 사람들의 얼굴이 아닌 머리 꼭대기만 쳐다볼 수밖에 없었지요.

다양한 사람들의 움직임을 내려다보는, 수지의 기분을 친구들에게 물어보았습니다. 친구들은 속상하고, 슬플 것이라고 했어요. 답답하고, 우울할 수지의 마음을 잘 느끼고 있더라고요.

그런데 갑자기 한 아이가 위를 쳐다봅니다. 아이는 수지에게 왜 아래를 쳐다보고 있는지 이유를 묻지요. 그리고 수지가 매일 사람들의 머리 꼭대기만 보는 것을 안타까워한 아이는 땅에 눕습니다. 지나가는 사람들은 의아하게 아이를 바라보고, 이유를 물어요. 그러고는 그 아이와 같은 행동을 하지요. 우리 반 아이들은 처음으로 수지의 얼굴을 보게 됩니다. 아래만 내려다보던 수지가 얼굴을 들고 빙그레 웃거든요. 그러자 무채색이던 풍경에 색이 생깁니다. 그리고 매번 같은 자리에 있던 수지의 모습은 보이지 않지요. 그 이후 수지는 어떻게 되었을까요?

읽기·대화 가이드

- 이 그림책에 실린 그림의 특징은 어떤 것이 있나요?
- 수지는 왜 아래를 내려다보고 있을까요?
- 사람들의 머리 꼭대기만 보던 수지는 어떤 생각을 했을까요?
- 아이는 왜 바닥에 누웠을까요?
- 수지가 빙그레 웃은 이유는 뭘까요?
- 수지가 웃은 이후에 그림책에 색이 생깁니다. 왜 그럴까요?
- 수지는 미소를 지은 이후에 어떻게 살고 있을까요?

BOOK ✦ 084

엄마의 어린 시절을 만나 봐요

《한밤중 개미 요정》 신선미 글·그림

#가족 이해와 관계

"옛날 우리나라 책 같아요."

"전래 동화가 나올 것 같아요."

표지를 보여 줄 때마다 아이들이 가장 관심을 갖는 것은 그림인데요. 아이들은 사진이나 콜라주 등 다양한 기법이 나오는 그림들에 특히 관심을 갖습니다. 색연필, 물감 등 그림을 그린 재료에 대해서도 호기심이 많았습니다. 이렇게 다양한 그림을 보여 주는 것은 '시각적 문해력'을 키우는 데 좋습니다. 우리가 아이를 데리고 매일 미술관을 다닐 여유는 없어도, 다양한 그림이 실린 그림책은 보여 줄 수 있습니다. 그렇게 아이들은 그림책 그림을 통해서 그림을 읽는 법을 배울 수 있어요.

한겨울 밤에 열나는 아이를 간호하는 엄마가 등장합니다. 한국화의 섬세한 색감과 터치, 물이 떠져 있는 대야, 아이 이마에 얹어진 물수건 등으로 우리나라만의 정서가 담뿍 느껴집니다. 아이 옆에 체온계가 그려져 있지 않았다면 조선 시대로 오해할 수 있을 만한 상황입니다. 우리 아이들도 "옛날인가 봐요!" 하다가 체온계를 발견하고는 "아니구나" 합니다.

엄마는 깜빡 잠이 들고, 그때 스르르 눈이 뜬 아이에게 개미 요정들이 다가옵니다. 작은 몸으로 아이에게 약을 먹이기도 하고, 대야에서 물수건을 빱니다. 그런데 이상하게 개미 요정들은 엄마를 잘 알고 있습니다. 어떻게 아느냐고 아이가 묻자, 개미 요정은 엄마가 어릴 때 함께 놀았다며 그 징표인 꽃반지를 보여 줍니다. 그리고 아이는 잠에 들고 엄마가 깨어납니다. 그 꽃반지를 보고 엄마는 세월을 거슬러 아이로 돌아갑니다.

이때 한 친구가 말했어요. "이 그림책 이상해요! 엄마가 깨어 있으면 아이가 자고 있고, 아이가 깨면 엄마가 자고 있어요. 그리고 다시 엄마가 깨니까 아이가 자요!" 그림책을 읽어 줄 때면 아이들은 작가의 깊은 의도까지 눈치채는 경우가 많아 참 신기하고 기특하기도 해요.

그림책 속에서 그날 밤, 엄마는 아이와 함께 개미 요정을 만나서 놀아요. 아이를 닮은 새로운 개미 요정도 등장합니다. 아이들은 작은 그림 속의 개미 요정들을 하나하나 살펴보며 그림책에 빠져들었습니다.

이렇게 엄마도 나처럼 아이였던 시절이 있었다는 사실을 아이들은 깨닫습니다. 이 그림책을 통해 아이는 엄마의 추억을 상상해 보고, 엄마는 자신의 과거를 돌아보는 시간을 가질 수 있습니다. 우리 반 아이들에게 물었어요.

"우리 엄마가 나만 했을 때 개미 요정을 만났을까요? 엄마는 어떻게 놀았을까요?"
"윷놀이!"
"연날리기!"
우리 아이들과의 대화를 통해 부모님들께서도 어린 시절의 개미 요정을 다시 만날 수 있기를 바랍니다.

읽기·대화 가이드

- 이 그림책 그림의 특징은 무엇이 있나요? 어떤 느낌이 느껴지나요?
- 그림책 속 엄마는 왜 개미 요정을 잊었을까요?
- 마지막 장면에서 새로운 개미 요정은 왜 등장한 걸까요?
- 우리 부모님은 어린 시절에 어떤 놀이를 했을까요? 개미 요정을 만났을까요?

BOOK ✦ 085

질투는
날려 버려요

《질투는 아웃, 야구 장갑!》 유설화 글·그림

#우정과 사랑

유설화 작가는 《슈퍼 거북》이라는 책을 함께 읽어서 우리 반 아이들에게 이미 익숙한 작가예요. 그림책을 읽기 전 표지를 보고 제목에 대한 이야기를 시작했어요.

"여러분도 질투라는 감정을 느낀 적이 있나요?"
"선생님이 주신 스티커를 다 모은 친구를 보고 질투가 났어요."
"저한테는 채소만 먹으라고 하고, 동생한테는 맛있는 걸 줘서 질투가 나요."
"형이랑만 놀고, 아빠가 저랑 안 놀아 줘서 질투 나요."
일상 속에서 우리 아이들은 다양하게 질투라는 감정을 느끼고 있었어요. 이제, 우리 그림책 속에서 질투가 어떻게 담겨 있는지 이야기를 만나 볼까요?

　장갑 초등학교에 발가락 양말이 전학을 옵니다. 처음에는 야구 장갑과 사이가 좋아요. 그런데 발야구 시합을 하면서 사이가 벌어집니다. 왜냐하면 발야구를 아주 잘하는 야구 장갑 팀을 발가락 양말 팀이 이기거든요. 아이들과 발야구의 룰에 대해 이야기를 나누며 즐겁게 발야구 장면을 읽었습니다. 그림책 속 이야기가 흥미진진하고 실제 초등학교에서 있을 법한 이야기여서 그런지 이날은 특히 재미있게 듣더라고요. "쟤 속상하겠다", "그래도 저러면 안 돼" 하면서 중간중간 추임새도 넣으면서요.

"왜 야구 장갑은 씩씩대며 먼저 교실로 들어갔을까요?"
"자기가 잘하는 발야구인데, 전학 온 발가락 양말이 잘해서요."
"친구들이 발가락 양말을 좋아해서요."
"질투를 느낀 것 같아요!"
　아이들과 야구 장갑, 발가락 양말의 입장에서 생각해 보았어요. 이 상황에서 야구 장갑이 느꼈을 질투와 발가락 양말이 느꼈을 속상함도 이야기해 보았지요.

　그림책을 다 읽고 나서 이런 질문을 해 보았습니다.
"어떻게 하면 질투라는 감정이 사라질까요?"
"저도 노력해서 잘하면 돼요."
"엄마한테 안겨서 이야기를 들으면 괜찮아져요."

"축구 경기에서 골을 넣으면 돼요."

"친구한테 화가 났는데, 친구가 상냥하게 잘 대해 주면 마음이 스르르 녹아요."

우리는 야구 장갑처럼 질투가 나는 상황을 앞으로도 많이 겪을 거예요. 하지만 나를 사랑하면서 상황을 이겨 낼 수 있는 방법을 찾는다면 슬기롭고 지혜롭게 힘든 감정도 이겨 낼 수 있겠지요?

읽기·대화 가이드

- 질투는 뭘까요?
- 야구 장갑은 왜 질투가 났을까요? 나중에는 어떻게 질투가 사라졌을까요?
- 여러분은 어떤 때에 질투가 나나요?
- 어떻게 하면 질투라는 감정에서 벗어날 수 있을까요?

BOOK ✦ 086

파도와 소녀, 신나게 물놀이해요

《파도야 놀자》 이수지 글·그림

#상상력

한국뿐 아니라 세계적으로 이름을 알리고 있는 이수지 작가의 책 《파도야 놀자》를 읽었습니다. 이 그림책은 특징이 하나 있어요. 바로 글자가 없는 그림책이라는 점입니다. 천천히 그림책의 페이지를 넘기며 그림을 보고 아이들과 이야기를 만들어 보기로 했습니다.

어느 화창한 여름날, 바닷가에 놀러온 소녀와 파도와 갈매기들은 신나는 하루를 보냅니다. 바다를 보고 한달음에 바닷가로 뛰어간 소녀는 호기심 가득한 눈으로 바다를 바라보지만 아직 뛰어들어 놀기에는 겁이 납니다. 일렁이는 파도가 다가오자 뒤돌아 도망가는 듯하다가 어느새 첨벙첨벙 물장구를 치며 파도와 친해집니다. 누구나 한번쯤 느껴 봤을 만한 바닷가에서의 경험을 아이의 눈과 마음으로 담아낸 이 그림책은 보는 내내 긴장과 재미를 주며 우리를 책 속으로 빠져들게 합니다.

"무엇이 보이나요?"

첫 페이지를 보며, 아이들은 그림자, 양산, 갈매기, 흑백, 산, 모래, 바다 등 다양한 것들을 발견했습니다.

"저도 저런 곳에 놀러 간 적이 있어요."

"파도가 와서 쟤가 도망치고 있는 것 같아요."

"아이가 파도한테 무섭게 하는데 갈매기들도 따라 하는 것 같아요."

그렇게 아이들은 자기 경험과 그림책을 연결시키기도 하고, 그림책에서 발견한 것들을 이야기하며 즐겁게 그림책에 빠져들었습니다.

이번 그림책은 제가 읽어 줄 부분이 없으니, 아이들이 계속 이야기를 할 수 있었어요. 그렇게 마지막 장면까지 아이들은 다양한 의견을 내놓으며 그림책을 즐겁게 읽었습니다.

"아이가 바다한테 인사하고 있어요."

"신발 신고 있어요."

"이제 저 아이가 파도한테 인사하고 있어요."

아이들은 스스로 의미 구성을 하고 친구들과 상호작용을 하기도 하며, 감정을 풍부하게 표현했습니다.

"여러분은 작가에게 뭐가 궁금해요?"

마지막으로 아직 해결되지 못한 궁금증이 있는지 물어보았어요.

혹시 작가를 만나게 된다면 무엇을 물어보고 싶은지 질문했지요.

"왜 글씨를 안 썼어요?"

"왜 옷이 파란색으로 바뀌었어요?"

"파도를 뭘로 그렸어요?"

"왜 산이 점점 흐려질까요?"

"파도가 왜 경계선을 넘지 못할까요?"

우리 아이들이 궁금한 점이 참 많지요? 글 없는 그림책을 처음 접했지만, 아이들은 참 즐겁고 재미있게 나름대로 책을 받아들였어요. 제가 책을 읽어 줄 때보다 훨씬 많은 이야기를 함께 나눌 수 있어서 참 좋은 시간이었지요.

읽기·대화 가이드

- 글자가 없는 그림책은 어떻게 읽어야 할까요?
- 바다에서 놀아 본 경험이 있나요?
- 바다에서는 무엇을 발견할 수 있나요?
- 아이는 왜 '메롱' 하고 있을까요?
- 뒷이야기는 어떻게 될까요?
- 여러분은 이 그림책을 읽고 어떤 점이 궁금한가요? 혹시 작가를 만나게 된다면 물어보고 싶은 점은 어떤 점이 있나요?

BOOK ✦ 087

호기심이 커져요

《그림자 놀이》 이수지 글·그림

#상상력

표지를 보고 아이들이 전에 읽었던 《파도야 놀자》와 비슷하다고 이야기했어요.

"이 그림책도 글씨 없는 책 아니에요?"

같은 작가가 쓴 이 그림책은 《파도야 놀자》처럼 글자가 없는 그림책입니다. 글자 없는 그림책을 읽으면 아이들이 더 이야기를 많이 합니다. 제가 글을 읽어 줄 필요가 없으니 아이들의 목소리에 귀를 기울이기만 해도 멋진 수업 시간이 됩니다.

어두운 면지에 '딸깍'이라는 글자가 써 있어요. 다음 장을 넘기면 주인공이 불을 켜는 장면이 등장합니다. 마치 암전 상태에서 빠져나온 듯 아이들은 "우와" 하고 감탄했어요. 똑같은 크기의 종이에 갑자기 다양한 물건들이 보이니 신기하게 느껴지는 것이었지요.

"무엇이 보여요? 어떤 것을 발견했나요?"
"그림자들이요!"
"물건들이요! 자전거가 천장에 매달려 있는데요?"
"우와. 빗자루가 평평한데 그림자는 바뀌었어요!"
"아이 손이랑 그림자랑 모양이 달라요."
눈에 보이는 그림들을 이야기하는데, 아이들은 세세한 것에서 재미있는 상황까지 잘 찾았어요.

이제 그림자 놀이가 시작됩니다. 나비가 날아오르고, 한 구석에서는 꽃이 피어나기 시작합니다. 숲에서는 늑대가 뛰어오르고, 공주가 된 아이는 코끼리를 만났습니다. 어느새 현실은 그림자 세상이 되고, 아이와 동물들은 즐거운 시간을 갖게 되지요. 그리고 어디선가 들려오는 "저녁 먹자"라는 말에 다시 현실로 돌아옵니다.

《그림자 놀이》는 아이들이 좋아하는 그림자 놀이를 이용해서 상상력을 자극하고, 무슨 이야기를 하고 있을지를 생각하게 하는 책입니다. 신나게 노는 아이의 모습과 그림자를 통해 살아나는 동물들의 모습과 소리를 자연스럽게 상상하게 합니다.

"그림자로 보면 무서운데 실제는 안 무서웠던 경험을 해 봤나요?"
"그림자로 보면 무서운데 빛을 비추면 안 무서워요."
"밤에 잘 때 그림자 때문에 무서웠는데 알고 보니 나무였어요."

"옷장에 숨었는데, 물건들의 그림자가 무서웠어요."

이 책의 묘미는 마지막에 있어요.
"아래에서 '딸깍' 소리가 났어요!"
"와, 아래에만 불이 켜졌어요."
마치 영화 〈토이 스토리〉의 한 장면처럼 아이가 사라진 세상에서 그림자들의 이야기가 시작됩니다.

《그림자 놀이》를 읽으며 우리 아이들의 평소 모습이 떠올랐습니다. 친구를 괴물이라고 상상하며 잡기 놀이를 하고, 밖에 외계인이 있을지도 모른다고 생각하는 천진난만한 아이들이라 이런 기발한 상상이 담긴 그림책을 풍부하게 느끼며 읽을 수 있었습니다. 아이들이 그림책을 읽으며 상상의 세계를 더 펼쳐 나가기를 바랍니다.

- ✦ 읽기·대화 가이드

- 왜 작가는 《그림자 놀이》와 《파도야 놀자》의 제본을 다르게 한 걸까요?
- 《파도야 놀자》와 이 그림책 그림의 다른 점은 뭘까요?
- 마지막에서 아래에만 '딸깍'이라는 글자가 나타납니다. 그 이후에는 어떻게 될까요?
- 어떤 장면이 제일 기억에 남나요? 그 이유는 무엇인가요?

BOOK ✦ 088

그림책과 놀이하듯 즐겨요

《한번 넘겨 봐》 박종진 글, 이가혜 그림

#상상력

《한번 넘겨 봐》는 아이와 정말 재미있게 놀아 주는 그림책입니다. 책장을 넘길 수 있느냐를 가지고 동물들과 힘을 겨루는 재미를 주거든요. 아이들이 책을 즐겁게 보길 바라는 마음, 집중해서 봐줬으면 하는 마음을 담아서 만든 그림책이라고 합니다. 이 책을 읽으며 동물들이 내주는 미션을 해결하고 책장을 한 장씩 넘기며 해냈다는 성취감을 얻을 수 있습니다.

처음에는 책장을 넘기는 것만으로 동물들을 이길 수 있어요. 책장을 넘기는 것만으로도 놀이를 한 것과 같은 효과를 주니 아이들이 즐거워했습니다.

"몸이 점점 커져요!"

점점 힘센 동물들이 나오자, 아이들이 재미있어했어요.

"와, 우리가 다 이겼다!"

아이들이 재미있어했던 첫 번째 게임은 우리의 승리로 싱겁게 끝이 났어요. 그런데 이 그림책의 묘미는 이제부터 시작됩니다. 동물들이 또 새로운 문제를 내거든요. "잠깐! 이건 너무 불공평한 시합이야! 우린 진짜 동물이 아니잖아. 종이에 그려진 그림일 뿐이지"라고 황소가 말합니다.

"소가 우리에게 말을 해요!"

"뭐야! 하하하."

"이상해요, 이거! 소가 자기 보고 그림이래요."

이렇게 등장인물이 자신이 진짜가 아니고 가짜일 뿐이라고 고백하는 그림책을 우리 반 아이들과 처음 읽어 보았어요.

다음에는 그동안 그림책의 그림을 대충 봤다면 절대 풀 수 없는 문제가 등장합니다. 아이들이 어리둥절한 표정으로 어렵다고 하기에 앞장의 그림을 슬쩍 보여 주기도 했어요. 아이들은 기억을 떠올리며 답을 맞추고 정말 재미있어했습니다. 그리고 대망의 마지막 문제는 정말 어려운 문제가 등장합니다. 책장의 양 방향을 동물 친구들이 잡는 그림이 있어서 한쪽으로 넘기면 다른 한쪽은 넘어가지 않아, 우리가 지게 되거든요. 과연 이 문제는 어떻게 풀어야 할까요? 친구들이 고심을 하는 사이, 한 친구가 앞으로 나와 직접 양 방향으로 책을 덮으며 문제를 해결하는 모습을 보여 줬답니다.

"와! 우리가 이겼다!"

"진짜 재밌어요! 이 그림책!"
아이들이 환호성을 질렀어요.

이렇게 게임을 하듯 즐겁게 읽으며 그림책의 새로운 재미를 느껴 보았습니다. 이 그림책은 등장인물들과 지혜를 겨루며 재미있게 읽을 수 있는 책입니다.

읽기·대화 가이드

- 표지를 보고 앞으로 일어날 내용을 추측해 봅시다.
- 이 그림책은 평소에 우리가 자주 읽던 그림책과 좀 다른 느낌이 들지요? 어떤 점이 재미있게 느껴지나요?
- 이 그림책에서 등장인물이 "잠깐! 이건 너무 불공평한 시합이야! 우린 진짜 동물이 아니잖아. 종이에 그려진 그림일 뿐이지"라고 말합니다. 이 장면을 보고 어떤 생각이 들었나요?
- 이 그림책에서 나오는 문제 중에 가장 재미있었던 문제는 무엇이 있나요? 왜 그런가요?
- 나도 평소에 읽은 그림책을 가지고 문제를 내 볼까요?

BOOK ✦ 089

여러분은 어린이 작가예요

《이상한 손님》 백희나 글·그림

#우정과 사랑

비 오는 오후, 집에는 남매만 있습니다. 무서워진 동생은 누나에게 같이 있어도 되냐고 물어보았지만 누나는 쌀쌀맞게 혼자 놀라고 했죠. 그때 동생은 이런 생각을 합니다.

'나도 동생이 있으면 좋겠다. 나를 제일 좋아하고, 언제나 함께 놀 그런 동생……'

아이들에게 이런 경우가 있었는지 물어보았어요.

"저요! 놀이터에서 친구들이 동생이랑 놀 때 저도 동생이 있으면 좋겠다고 생각했어요."

"저는 형이 잘 안 놀아 주고 괴롭힐 때요."

그림책의 등장인물에 공감하며 불만을 터트리기도 하고 언니 오빠 형과의 추억을 이야기하는 학생도 있었습니다.

동생이 갖고 싶었던 아이에게 "형아" 하며 달록이가 갑자기 나타났습니다. 하늘 위가 집이라 구름이를 타고 왔는데 없어졌다고 해요. 불쌍해진 동생은 달록이에게 빵을 줘 보았는데 배가 빵빵해지자 요란한 방귀를 뀌어댑니다. 우리 반 아이들은 이 부분을 정말 즐거워했어요. 방귀 때문에 모든 것이 날아간 장면을 보며 크게 웃음을 터뜨렸지요. "우리 아빠도 저렇게 방귀 뀌는데!" 하는 친구 덕에 "우리 아빠도!", "우리 엄마도!" 하며 아이들이 즐겁게 말합니다.

　화가 난 달록이에게 아이스크림을 준 남매. 아이들은 집안의 날씨를 변화무쌍하게 바꾸는 달록이의 능력을 부러워하기도 하고, 저 물을 언제 다 닦냐며 안타까워하기도 했어요.

　달록이가 형과 함께 돌아간 뒤 남매는 달록이를 다시 보고 싶어 합니다.
　"와! 저기 구름이랑 달걀이 있어요!"
　한 친구의 외침에 우리 모두는 마지막 장면에서 달걀이와 구름이를 찾을 수 있었습니다. 과연 남매는 달록이와 다시 만날 수 있을까요? 우리 아이들과 뒷이야기를 상상해 보았더니 정말 재미있는 이야기가 많이 나와서 시간 가는 줄 모르겠더라고요. 다들 나중에 그림책 작가를 해도 될 것 같아요!

읽기·대화 가이드

- 동생이나 언니, 누나가 있으면 좋겠다고 생각한 적이 있나요? 언제 그런 생각이 들었나요?
- 빵을 먹고 대단한 방귀를 뀐 달록이, 아이스크림을 먹은 뒤엔 어떻게 될까요?
- 달록이가 형과 함께 돌아간 뒤 남매는 달록이를 다시 보고 싶어 하고, 마지막 장면에서 달걀이와 구름이를 찾을 수 있어요. 과연 남매는 달록이와 다시 만날 수 있을까요? 뒷이야기를 상상해 봅시다.

BOOK ✦ 090

봄을 더 생생하게 느껴요

《봄 숲 놀이터》 이영득 글. 한병호 그림

#상상력

어느새 완연한 봄이 되었습니다.《봄 숲 놀이터》에는 봄날의 따사로운 날씨와 봄 숲의 다채로운 식물이 잘 나와 있습니다. 또, 이 책은 아름답고 함축적인 시적 표현을 감상하기에 좋습니다.

이 그림책 주인공 강이는 강아지 구슬이를 따라갔습니다. 그러다 만난 토끼, 오소리, 박새 등 다양한 동물들과 봄을 즐기지요. 우리 반 아이들은 양지꽃, 돌배나무, 비목나무, 초록 이끼 등 잘 모르는 식물이 나오자 인터넷으로 사진을 찾아보기도 하며 그림책을 읽어 나갔습니다. 이런 배경지식을 알게 되면 그림책을 더 즐기며 읽을 수 있어요. 그림책을 읽다가 아이들이 알고 싶어 하는 동물이나 식물 등이 있다면 함께 찾아봐 주시고 이야기를 나눠 주세요.

'그릇에서 파방파방 꽃봉오리 터지는 냄새가 나. 새잎 돋는 소리도 나. 재재재재 딱따르르 새소리도 나.'

'휘익휘익 그네가 봄바람을 만들어.'

이 그림책에는 의성어와 의태어가 다양하게 등장하고 시적인 표현들도 많습니다. 비유적 표현도 많아 아이들이 조금 어렵게 느낄 수도 있습니다. 그래서 이 표현을 읽을 땐, 아이들과 장면을 상상해 보기도 하고, 몸으로 표현도 해 보았습니다. 그런데 아무래도 진짜 느끼는 것만큼 좋은 건 없겠지요? 그래서 우리는 봄을 느끼러 학교 앞동산에 가기로 했습니다. 봄나들이를 하며 책 속 표현을 실제로 체험해 보았습니다. 아이들은 계절의 풍경을 세밀하게 관찰하면서 봄을 맘껏 누렸습니다.

《봄 숲 놀이터》처럼 계절에 맞는 그림책을 골라 그 계절에 읽어 보면 좋습니다. 아이들의 감상이 더 풍부해지면서 책을 더 생동감 있게 느끼고 기억할 수 있습니다.

읽기·대화 가이드

- 요즘 보거나 듣거나 느낀 봄의 풍경은 어떤 것들이 있나요?
- 그림책 속에서 처음 본 동물과 식물이 있나요? 알고 싶은 것을 찾아 봅시다.
- (봄나들이 후) 그림책 속에서 나온 표현 중에서 실제로 느낀 것이 있나요?

BOOK ✦ 091

등장인물의 마음에 공감해요

《괴물들이 사는 나라》 모리스 샌닥 글·그림

#두려움과 슬픔

모리스 샌닥 작가의 《괴물들이 사는 나라》를 보여 주자마자, 아이들은 "괴물이 사람 발을 하고 있어요!" 하면서 호기심을 보입니다. 이제는 아이들 스스로 표지를 보고, 작가나 옮긴이를 찾기도 하고 출판사도 말해 줍니다. "이 책은 칼데콧 상을 받았네요" 하면서 표지의 정보도 잘 찾아내요.

장난꾸러기 맥스는 늑대 옷을 입고 장난을 치다가 엄마에게 "괴물딱지 같은 녀석!"이라고 혼이 납니다. 맥스도 지지 않고 엄마에게 "잡아먹어 버릴 거야!"라고 소리칩니다. 맥스는 방에 갇히게 되는데 방이 갑자기 산이 되고 바다가 되고 세계 전체가 되어 맥스를 괴물 나라로 데려가고 그곳에서 환상적인 일이 펼쳐집니다. 이 책은 현실에서 엄마에게 화가 났던 사건을 상상의 세계에서 맥스가 풀도록 돕습니다.

처음 맥스의 장난을 보면서 아이들은 자신들의 일상과 비슷하다고 느꼈나 봐요. 아이들은 초롱초롱한 눈빛으로 이야기에 귀를 기울이고, 그림을 열심히 관찰했습니다. 이 책이 1963년에 출판되었다고 말해 주었더니, 아이들은 그때 아이들이나 지금의 아이들이나 똑같이 장난을 좋아하는 것 같다고 신기해했어요. 아이들도 화가 났던 당시 일을 떠올리며 맥스에게 많이 공감했어요.

쫓겨난 방에서 나무와 풀이 점점 자라고, 바다를 항해하게 되며 맥스는 괴물들이 사는 나라에 도착합니다. 이후 맥스는 괴물들의 왕이 되며 소동을 벌이며 신나게 놉니다. 이때 그림이 점점 커지는데 이를 보며 우리는 작가의 숨은 의도를 생각해 보았습니다. 뒤로 가면 그림의 크기가 점점 작아질 것 같다고 추측하는 아이들도 있었습니다.

머나먼 세계 저편에서 맛있는 냄새가 풍겨 오자 마침내 맥스는 괴물 나라 왕을 그만두고, 다시 시간을 거슬러 자신의 방으로 돌아옵니다. 방 안에서는 따뜻한 저녁밥이 맥스를 기다리고 있지요. 아이들에게 이때의 느낌을 물어보자, 엄마의 사랑이 느껴진다고 했어요. 엄마에게 혼이 나더라도 자신을 사랑하는 엄마의 마음을 느꼈던 경험을 서로 이야기했습니다. 역시 아이들도 다 알고 있더라고요.

내가 아무리 엄마를 화나게 해도 엄마는 나를 사랑한다는 사실을 말입니다.

— ✦ (읽기·대화 가이드)

- 표지에 주인공 맥스가 아닌 괴물이 등장한 이유는 뭘까요?
- 이 그림책의 그림은 어떤 특징을 갖고 있는지 찾아볼까요?
- 맥스처럼 엄마에게 혼난 경험이 있나요? 그때의 마음은 어땠나요?
- 맥스처럼 괴물 나라의 왕이 된다고 생각하면 괴물들과 어떤 놀이를 하고 싶나요?
- 마지막 장면에서 맥스의 방에 따뜻한 저녁밥이 있는 것을 보고, 여러분은 엄마의 사랑이 느껴진다고 했지요. 그럼 여러분은 어떤 때에 부모님의 사랑을 느꼈나요?

BOOK ✦ 092

속이 다
시원해요

《눈물바다》 서현 글·그림

#두려움과 슬픔

    제가 아침에 그림책을 책상 위에 올려 두면, 일찍 등교한 아이들은 표지를 미리 살펴보곤 합니다. "선생님, 앞표지에서는 울고 있는데, 뒤표지에서는 웃고 있어요" 하는 아이들이 있었어요. 그리고 막상 그림책을 읽어 주는 시간이 되자, 몇몇 아이들이 "어? 이분 호랭떡집 작가 아니에요?" 하면서 물어봅니다. 이제 우리 반 아이들에게 서현 작가는 유명한 작가가 되었습니다.

    《눈물바다》에는 슬픈 주인공이 등장합니다. 시험을 못 봐서, 점심 급식에 풀 쪼가리만 나와서, 비 오는 날 우산이 없어서, 비를 맞고 집에 도착했는데 집에서 엄마 아빠가 싸우고 있어서 슬픈 하루를 보냅니다. 이렇게 서럽고 우울한 하루를 보내고 자려니 자꾸만 눈물이 흐릅니다. 아침이 되어 눈을 떠 보니 눈물바다가 만들어졌고 모두 이 눈물바다에 빠져 허우적댑니다. 나는 이 바다에서 신나게 놀다가 사람들을 건져 주고 말려 줍니다. 약간은 미안한 마음이 들기도 하지만, 속이 참 후련합니다.

눈물을 펑펑 흘리고 나서 나중에 시원해진 주인공을 보고, 우리 반 아이들의 표정도 밝아졌어요. 그림책을 다 읽고 나서, 아이들도 이렇게 눈물을 흘려 본 적이 있는지 경험을 나누어 보았습니다. 학원이 힘들어서, 등교할 때 엄마랑 헤어질 때, 부모님이 다투실 때 등 여러 가지 이유를 말합니다. 아이들은 서로의 이야기를 들으며 나도 그런 적이 있다며 서로에게 공감합니다. 역시 나만 우울하고, 서러운 일이 있는 것은 아니지요. 우리 모두는 자기만의 힘든 일과 행복한 일을 경험하며 살아갑니다.

읽기·대화 가이드

- 눈물바다 속 다양한 그림을 찾아볼까요? 작가는 왜 이런 등장인물들을 그려 넣었을까요?
- 주인공은 눈물바다에 빠진 다양한 등장인물들을 꺼내 빨랫줄에 널어놓습니다. 왜 그랬을까요?
- 여러분도 눈물바다 속에 빠질 만큼 억울하거나, 서럽고, 슬펐던 경험이 있나요?
- 여러분도 주인공처럼 울고 나서 시원해진 경험이 있나요? 언제 그랬는지 이야기를 해 볼까요?

BOOK ✦ 093

화가 날 때
해결 방법을 찾아요

《베티는 너무너무 화가 나!》 스티브 앤터니 글·그림

#두려움과 슬픔

　1학년 담임을 하다 보면 아이들이 화를 내거나 짜증 내는 일을 많이 보게 됩니다. 학교 오기 싫다고 울고, 친구가 지나가면서 밀쳤다고 짜증을 내고, 친구가 자꾸 따라다닌다고 선생님에게 불만을 토로하러 오는 경우가 종종 있습니다.

　이 그림책에서도 베티는 계속 화가 납니다. 바나나를 먹고 싶은데, 처음에는 껍질이 벗겨지지 않아서, 그 다음에는 내가 껍질을 벗기고 싶었는데 누가 도와줘서, 그 다음에는 바나나가 부러져서 화를 냅니다. 그럴 때마다 큰 부리새 아저씨는 "그럴 필요가 없어"라며 해결 방법을 이야기해 줍니다.

　감정을 다스리기란 어른들에게도 쉽지 않습니다. 그러니 아직 경험이 많지 않은 어린이들에게는 더 어려운 일이지요. 이 책은 감정을 어떻게 해야 할지 모르는 아이들에게 부정적인 감정을 아무렇게나 표출하는 것이 답이 아님을 말합니다. 지나고 보면 별 것 아닌 순간의 감정으로 화를 내는 게 얼마나 무의미한 일인지 어린이와 어른 모두에게 깨달음을 주는 책입니다.

우리 반 아이들은 서로가 화가 난 경험에 대해 이야기해 보았어요. 아이들은 형이 게임기를 뺏어서, 동생이 자꾸 내가 하는 행동을 따라 해서, 학교에 오기 싫어서, 문제를 풀다 틀려서 짜증이 나거나 화가 났다고 합니다. 그 뒤에 큰 부리새 아저씨가 했던 대로 해결할 방법을 찾아보기로 했어요.
"일단 동생에게 하지 말라고 말하고, 해결이 안 되면 엄마한테 말해요."
"전학을 오기 싫었어요. 이젠 시간이 지나면서 새로운 친구들과 놀이할 방법을 찾았어요."
"친구에게 싫어하는 행동을 하지 말라고 하고 사과를 받아요."
이렇게 아이들은 대견하게도 베티처럼 화내지 않고 스스로 해결할 방법을 찾아냈습니다.

우리 모두는 하루에도 여러 번 화가 나기도 하고 짜증도 납니다. 하지만 그럴 때 모두 베티처럼 화를 내 버리면 자기 자신도 다른 사람도 힘들어지지요. 앞으로는 화가 나더라도 이유를 생각해 보고 마음을 차분하게 가다듬을 수 있는 방법을 찾아보기로 했어요.

그림책을 읽고 나서 쉬는 시간, 오늘 엄마랑 헤어져 학교에 오기 싫다고 울던 아이가 친구들과 보드게임 '할리갈리'를 하며 즐겁게 웃는 모습을 보여 주었습니다. 이 아이도 스스로 해결 방법을 찾은 거겠지요. 이렇게 아이들이 자라나고 있답니다.

읽기·대화 가이드

- 그림책에서 베티는 왜 화가 났을까요?
- 최근에 화가 난 경험을 떠올려 봅시다.
- 화가 나거나 짜증이 났을 때, 해결 방법은 무엇이 있을까요? 또, 어떻게 내 마음을 다스릴 수 있을까요?

BOOK ✦ 094

상상의 나래를 펼치며 마음껏 즐겨요

《커졌다!》 서현 글·그림

#상상력

    이 그림책은 앞표지의 그림이 뒤표지까지 커다랗게 연결되기 때문에 책을 활짝 펼쳐서 살펴보면 재미있어요. 제가 표지를 펼치자마자 아이들은 키가 엄청나게 커진 사람을 보며 "우하하" 하고 크게 웃음을 터뜨렸답니다.

    원하는 책에 손이 닿지 않는 주인공을 보자, "나도 저렇게 안 닿을 때 많은데" 하며 우리 반 아이들은 키가 작은 주인공이 얼른 크면 좋겠다고 생각합니다. 그림책에서도 주인공은 키가 크려고 많은 노력을 해요. 그때 한 친구가 "동동이가 했던 거랑 비슷해요"라고 말했어요. 무슨 말인가 했더니, 얼마 전에 읽었던 《짧은 귀 토끼》를 떠올린 것이었습니다. 아이들은 동동이는 비를 맞아도 귀가 길어지지 않았는데, 이 그림책에서는 키가 커졌다면서 신기해하더라고요. 이렇게 아이들은 자신들의 머릿속에 남아 있는 다른 그림책들과 비교하며 책을 읽고 있습니다.

비를 맞으며 계속 키가 커지는 주인공은 어느새 하늘을 뚫고 올라가요. 그때 한 친구가 물었습니다.
"다른 사람들은 비를 맞았는데도 키가 왜 안 자라요?"
우리 반은 잠시 그림책 읽기를 멈추고 생각을 나누어 보았습니다. 여러 아이들이 사람들은 흙에 발을 넣고 있지 않아서 그렇다고 하더라고요. 그렇게 우리 반은 아이들의 질문에 서로 대답을 하기도 하고, 키가 커지는 그 다음 이야기를 계속 추측하면서 그림책을 읽었어요. 하늘에서 만나는 등장인물 그림들을 재미있어하고, 키가 더 커져 우주까지 가서 별똥별, 은하수와 태양 한 조각, 지구까지 먹어 버릴 때는 다들 신이 났습니다.

그리고 모든 것을 뱉고 다시 집으로 돌아온 주인공. 아이들은 "우주에는 중력이 없는데 어떻게 지구로 떨어져요?" 하고 묻더라고요. 아주 좋은 질문이지요! 그랬더니 다른 아이들이 상상력을 발휘해 보라고 하네요. 네, 맞아요. 그림책에서는 과학적이지 않은 것들을 가끔은 눈감아 주고, 상상의 나래를 한껏 펼치며 마음껏 즐겨 보기로 해요.

> **읽기·대화 가이드**

- 여러분도 키가 커지고 싶나요? 커지면 무엇을 하고 싶나요?
- 주인공은 키가 커지는데, 다른 사람들은 왜 키가 안 커질까요?
- 키가 점점 커져 가는 주인공, 다음에는 어떤 일들이 펼쳐질까요?
- 마지막에 등장하는 혀가 긴 사람은 왜 나왔을까요? (이건 선생님도 계속 궁금하네요!)

BOOK ✦ 095

주인공이 되지 못했던 풀과 꽃들을 만나요

《틈만 나면》 이순옥 글·그림

#다양성

    이 그림책은 콘크리트 틈을 비집고 태어나는 풀들을 보며 사랑스럽고 애잔한 기분을 느낀 작가의 따뜻한 시선을 담고 있습니다. 표지를 보자마자, 아이들은 "선생님, 흑백이에요!", "선생님, 식물이 틈에 껴었어요!", "글씨가 틈에 껴었어요!", "하나만 색깔이 있어요!" 하며 이것저것을 찾아냅니다. 틈에 끼어 있는 글자까지는 찾지 못할 줄 알았는데, 아이들은 신기하게도 잘 찾아내더라고요.

    콘크리트, 아스팔트가 깔린 벽이나 도로의 틈에서 자라나는 수많은 이름 모를 풀과 꽃들. 우리 아이들과 그림책을 읽으며 식물들의 아름다움을 느낄 수 있었어요. 다른 그림과 달리 이런 잡초들로 불리는 풀들에만 색깔이 담겨 있기 때문인데요. 아이들은 이렇게 다양한 식물이 있는지 미처 몰랐다며, 앞으로는 주변에서 찾아보기로 했습니다. 그래서 우리는 밖으로 나가 식물을 찾아보고 그림을 그리는 활동도 했습니다.

다 읽고 나서 느낀 점을 물어보니, 평소에 관심을 가지지 않았던 풀을 알게 되었고, 저렇게 힘든 곳에서 자라나는 잡초처럼 자신도 힘든 점을 이겨 내야겠다고 이야기했습니다. 이렇게 우리 반 아이들은 그림책에 공감하고 위로 받으며, 조금씩 더 자라나겠지요.

읽기·대화 가이드

- 표지를 살펴봅시다. 어떤 특징이 있나요?
- 이 그림책 그림을 모두 살펴보고 나서 공통적인 특징을 말해 볼까요?
- 그림책에 "주인공이 아니면 어때"라고 표현한 문장이 있습니다. 주인공이 되지 못했던 풀과 꽃들을 찾아봅시다. 이 그림책처럼 밖으로 나가, 힘든 환경에서도 자라고 있는 식물들을 찾아볼까요?
- 그림책을 다 읽고 어떤 느낌이나 생각이 떠오르나요?

BOOK ✦ 096

조지는 왜 멍멍하고 짖지 않을까?

《짖어 봐 조지야》 줄스 파이퍼 글·그림

#다양성

이 그림책은 배경이 생략된 채, 강아지와 엄마 개의 모습이 크고 재미있게 표현되어 있어 친구들이 참 좋아했답니다.

그림책 속 조지 엄마는 조지에게 짖어 보라고 합니다. 그런데 조지는 멍멍이 아닌, "꿀꿀, 꽥꽥, 야옹, 음메"라고 소리를 내며 짖어요. 답답한 조지의 엄마는 의사 선생님에게 조지를 데려 갑니다. 우리 반 아이들에게 "의사 선생님은 어떻게 치료할까?" 물어보았어요. 그랬더니 아이들이 목을 수술하거나 주사를 놓는다고 하더라고요. 과연 그림책 속 의사 선생님은 어떤 치료를 할까요?

의사 선생님은 장갑을 낀 손을 조지의 입속으로 깊이 넣고 고양이, 오리, 돼지, 소를 꺼냅니다. 이 장면에서 우리 반 아이들은 모두 웃음을 터뜨렸어요. "와~ 말도 안 돼!" 하는 친구도 있고, "그래서 다른 동물의 소리를 냈구나!" 하면서 감탄하는 친구도 있었어요.

드디어 조지가 멍멍 짖게 되자, 조지의 엄마는 집으로 돌아오면서 지나가는 사람들에게 조지를 자랑하고 싶어집니다. 그래서 조지에게 짖어 보라고 했지요. 그런데 조지는 "안녕"이라고 하네요? 친구들은 "멍멍" 대신 "안녕"이라고 하는 조지의 이야기에 깜짝 놀라며 다시 하하하 웃음을 터뜨렸어요. 그러고는 조지가 그렇게 짖은 이유를 생각해 보았습니다.

"왜 안녕이라고 했을까요?"라고 물었더니, "조지가 사람을 먹었나 봐요!" 하고 말하는 친구들이 있었어요. 사람들이 잔뜩 그려져 있는 페이지에서 아주 작은 아이를 손으로 가리키며, "저 아이를 삼켰나 봐요!" 하는 아이들도 있었지요. 한편, "책의 마지막이니까 안녕이라고 말한 게 아닐까요?" 하고 신선한 의견을 답한 아이도 있었답니다.

그 어느 때보다도 아이들은 초롱초롱 집중을 하며 다음에 이어질 장면을 예측해 보고 그 이유를 생각해 보았습니다. 아이들이 이만큼 좋아했던 그림책은 오랜만이에요. 앞으로도 재미있는 그림책을 많이 소개해 주어야겠다는 생각이 들었던 행복한 그림책 읽기 시간이었습니다.

읽기·대화 가이드

- 조지는 왜 멍멍 짖지 않고, "야옹, 꽥꽥, 꿀꿀, 음메" 하고 울었을까요?
- 여러분이 의사 선생님이라면 조지에게 어떤 치료를 해 줄 수 있을까요?
- 조지의 엄마는 집으로 돌아오면서 지나가는 사람들에게 조지를 자랑하고 싶어서 짖어 보라고 합니다. 이때 조지는 어떻게 짖을까요?
- 조지가 마지막에 "안녕"이라고 짖은 이유는 뭘까요?

BOOK ✦ 097

상상의 여행을 떠나요

《마법 침대》 존 버닝햄 글·그림

#상상력

그림책 표지를 보여 주자마자, 친구들이 이렇게 말했습니다.
"침대가 위로 떠오를 것 같아요."
"침대에서 잠이 잘 올 것 같아요."
또 주인공이 조지라는 사실을 발견하자마자, 아이들은 《짖어 봐 조지야》 그림책 속 주인공 강아지 조지를 떠올리며, 같은 이름이라고 재미있어했습니다.

이 그림책에서 주인공 조지는 중고 가구점에서 침대를 사 오는데, 그 침대가 마법 침대라 밤마다 여행을 떠나게 됩니다. 그림책을 읽으며 친구들에게 어디로 여행을 가고 싶냐고 물어보았어요. 그랬더니 '신비아파트' 애니메이션이나 '로블록스' 게임 속으로 여행을 가고 싶은 친구, 일본이나 우크라이나로 가고 싶다는 친구, 하늘나라에 가고 싶다는 친구 등 정말 다양한 답변이 나왔습니다. 아이들은 한동안 서로의 말에 맞장구를 치거나 다른 의견을 덧붙이기도 하며 대화를 이어 나갔어요.

그림책 속 엄마와 할머니는 왜 새 침대를 사 오지 않느냐고 하며 조지의 침대를 안 좋아해요. 심지어 할머니는 조지 가족이 휴가를 떠난 사이, 조지의 중고 침대를 버리고 새 침대를 사서 방에 두기까지 하지요. 아이들이 이 부분을 보면서 엄마와 할머니가 조지를 생각하는 마음은 알겠지만, 조지가 너무 슬플 것 같다고 했습니다. 새 침대라고 해도 그것은 조지가 진짜 원했던 침대가 아니었으니까요. 어른들이 조지의 마음을 알려고 하지 않고, 마음대로 조지의 침대를 선택하는 모습이 싫다고들 합니다.

어쨌든 조지는 결국 침대를 찾아 다시 여행을 떠납니다. 아이들은 이때 안도했지요! 이 그림책의 마지막에 이렇게 쓰여 있습니다.
'여러분도 지금 침대에 가만히 누워, 침대의 주문을 알아내 보세요. 조지처럼 멀리멀리 여행을 떠날 수 있을 거예요.'
그래서 아이들과 이런 대화를 나누었어요. 오늘 밤 침대에 누우면 여러분 침대의 주문을 알아내 보자고요. 이 그림책 속에서 주문은 '엄'으로 시작하는 다섯 글자 말이라고 나오거든요? 아이들은 "엄마 사랑해?"라고 합니다. 과연, 맞을까요? 오늘 밤 침대에 누워, 꼭 확인해 보길 바랍니다.

읽기·대화 가이드

- 마법 침대 표지를 보고, 어떤 일이 벌어질 것 같나요?
- 조지가 찾아낸 '엄'으로 시작하는 다섯 글자 주문은 무엇일까요?
- 조지 가족이 휴가를 떠난 장면, 뒷이야기는 어떻게 진행될 것 같나요?
- 여러분은 마법 침대를 타고 어디로 여행을 떠나고 싶나요?
- 여러분 침대의 마법 주문은 과연 무엇일까요?

BOOK ✦ 098

반전이 있는
그림책을 만나요

《도망쳐요, 과자 삼총사!》 테리 보더 글·그림

#편견과 오해

    이 그림책은 사람이 아닌, 과자 입장에서 이야기가 펼쳐집니다. 어느 오후, 치즈 맛 뻥 과자, 프레첼, 딸기 맛 웨하스는 슬금슬금 포장지 밖으로 나왔어요. 밖에는 무시무시한 괴물이 과자를 와작와작 먹어 치운다고 했지만, 과자 삼총사는 아랑곳하지 않고 부엌을 돌아다닙니다. 그림책을 읽던 우리 반 아이들은 "그럼 우리가 괴물이야?" 하면서 기분 나빠하더라고요. 그러면서도 부엌 설거지통에서 그릇을 배처럼 타고 다니는 과자들을 보며 재미있어했습니다.

    우연히 과자 삼총사는 엄마가 아이에게 남긴 쪽지를 발견했습니다. 간식을 먹으라는 종이를 보고 깜짝 놀라는데, 이유는 간식이 바로 자신들을 말하기 때문이었습니다. 과자 삼총사는 종이에 적힌

'어린이'에 대해 이렇게 말합니다.

"어린이는 더러운 손으로 우리 셋을 몽땅 움켜쥘 수 있어."

그러자, 우리 반 친구들은 "우리는 괴물이 아닌데!" 하고 소리치기도 했어요. 그 말에 다른 아이들이 박장대소를 했답니다.

아무튼 과자 삼총사는 꾀를 내기 시작합니다. 치즈 맛 뺑 과자는 인간이 5초 넘게 땅에 떨어져 있는 음식은 먹지 않는다는 말을 떠올리며, 6초만 바닥을 데굴데굴 굴러다니자는 꾀를 냅니다. 이번에 과자 삼총사는 엄마의 쪽지를 뒤집어 '물만 먹고, 다른 것은 아무것도 먹지 말라'고 새로 글을 쓰는 방법을 찾아냈습니다. 아이들은 아주 멋진 방법이라고 했습니다. 그런데 마지막에 '어린이를 사랑하는 어마가'라고 써 버렸네요. 우리 반 아이들은 국어 수업 시간에 받침을 열심히 배워서 그런지, 바로 잘못 쓰인 부분을 찾더라고요. "받침이 틀렸어요!" 하고 말이지요.

그 후 진짜 어린이가 집에 도착했습니다. 쪽지를 보던 어린이는 물을 한 컵 따라 마시네요! 치즈 맛 뺑 과자와 프레첼은 계획이 맞아떨어졌다며 아주 신나 하지요. 그런데 그때, 웨하스가 보이질 않습니다.

"안경이 떨어져 있어요!"

"그 옆에 부스러기가 있어요! 잡아먹혔나 봐요!"

"물컵에 입술 자국이 있는데, 거기 웨하스 부스러기가 있는 것 같아요!"

아이들이 마지막을 반전이라고 말하며 재미있어했습니다. 이 기발하고 위트 있는 그림책을 아이들이 참 좋아했어요. 같은 시리즈의 그림책이 더 있다고 말하니, 다음에 꼭 읽어 달라고 하더라고요. 조만간 꼭 소개해 주기로 약속했습니다.

읽기·대화 가이드

- 이 그림책 그림의 특징은 무엇인가요? 다른 그림책과 어떤 점이 다르게 느껴지나요?
- 이 그림책은 사람의 입장이 아닌, 과자의 입장에서 쓰여 있지요. 여러분 주변의 물건의 입장에서 여러분을 한 번 떠올려 볼까요?
- 어린이에게 먹히지 않기 위해서, 과자 삼총사는 어떤 꾀를 낼 수 있을까요?
- 그림책에 모습이 보이지 않는 어린이는 어떤 모습일까요?
- 마지막 장면에서 웨하스의 상황을 추측해 볼까요? 왜 그렇게 추측했나요?

BOOK ✦ 099

누구나
완벽하지 않아요

《선생님은 몬스터!》 피터 브라운 글·그림

#다양성

　이 그림책에는 커비 선생님께 자주 지적을 당하는 바비라는 친구가 주인공으로 등장합니다. 그런데 선생님은 괴물의 모습을 하고 있어요. 그래서 그런지 표지를 보자마자 우리 반 아이들이 "너무 웃겨요!" 하면서 까르르 웃더라고요. 역시 선생님이 웃긴 모습으로 등장하면 우리 아이들이 너무 즐거워해요.

　바비는 학교생활 중 단 하나 힘든 것이 있습니다. 그것은 바로 커비 선생님인데요. 커비 선생님은 발소리도 "쿵, 쿵, 쿵" 울리고 목소리도 '쩌렁쩌렁'하게 크답니다. 그래서 바비는 선생님을 괴팍하다고 생각합니다. 하지만 바비가 그렇게 생각하는 데에는 이유가 있었지요. 바비는 수업 시간에 종이비행기를 날려 쉬는 시간을 뺏기곤 하거든요.

그런 바비에게는 스트레스를 해소할 수 있는 장소인 비밀 기지가 있는데요. 어느 토요일 아침, 바비는 공원의 비밀 기지로 가려다 깜짝 놀라고 말았어요. 공원에 커비 선생님이 책을 읽고 계셨거든요.
어쨌든 바비는 도망치고 싶은 것을 참고 선생님 옆에 앉았습니다.

바비와 커비 선생님이 서로 인사를 나누고 어색하던 차에 갑자기 바람이 불어 커비 선생님의 모자를 날려 버립니다. 할머니한테 선물 받아서 커비 선생님이 무척 아끼는 모자였지요. 바비는 달려가 모자를 잡았습니다. 그리고 선생님의 칭찬을 받지요.
"오, 바비, 넌 정말 최고야!"
갑작스럽게 나온 칭찬에 어색해하는 선생님과는 달리 바비는 선생님에게 마음을 열기 시작합니다. 오리들과 꽥꽥 놀이를 하던 바비는 좋은 생각이 떠올랐어요. 선생님께 비밀 기지를 보여드리기로 한 것이지요.
책장을 넘기는데 아이들이 다시 입을 열었습니다.
"커비 선생님이 점점 사람으로 변하고 있어요."
"커비 선생님이 진짜 바뀌는 걸까요? 바비의 느낌이 바뀌는 걸까요?"
아이들의 의견이 반반 갈리네요. 잠시 열띤 토론의 장이 이어졌답니다.

이번에는 커비 선생님에게 좋은 생각이 떠올랐어요. 바비에게 종이비행기를 접어 날리게 해 줍니다. 이제 바비와 선생님은 둘이서 시간을 보내는 것을 좋아하게 됩니다. 다시 학교에서 만난 둘. 선생님의 발소리와 말소리는 여전히 같지만, 여전히 괴팍한 커비 선생님일까요? 아이들은 바비를 칭찬해 주는 장면을 보면서, 바비와 선생님의 표정이 행복해 보인다며 사이가 좋아졌다고 말했어요. 그리고 한 장을 넘겼습니다. 그랬더니 다시 종이비행기를 날리는 바비의 모습과 함께 "바비, 너 이 녀석!" 하는 선생님이 등장하네요. 얼굴은 다시 몬스터가 되었습니다.

"와, 다시 괴물이 됐어요!" 하면서 아이들이 웃었습니다.

"종이비행기 옆에 끝이라는 글자를 작가가 숨겨 놓았어요" 하는 친구도 있었습니다.

이 그림책은 마지막 작가의 말까지 보아야 합니다.
"나도 가끔은 몬스터가 돼. 누구도 완벽하지 않아!"

읽기·대화 가이드

- 바비는 왜 선생님을 보고 깜짝 놀랐을까요?
- 왜 바비는 선생님께 비밀 기지를 보여드리려고 할까요?
- 선생님의 모습 변화를 느껴 봅시다. 커비 선생님이 진짜 바뀌는 걸까요? 바비의 느낌이 바뀌는 걸까요? 왜 그렇게 생각하나요?
- 여러분은 어떤 때에 몬스터로 변하나요?
- 바비가 비밀 기지를 찾아가는 것처럼, 나를 행복하게 하는 방법은 무엇이 있나요?

BOOK ✦ 100

등장인물의 상황과 마음을 이해해요

《나, 비뚤어질 거야!》 허은실 글, 조원희 그림

#자기 탐구와 자존감

    이 그림책의 주인공은 엄마의 잔소리를 자꾸 들어서 화가 납니다. 엄마가 하라는 대로 유치원에 다녀온 뒤 손을 씻었는데, 얼굴은 왜 안 씻었냐는 핀잔을 들어요. 또 음식을 남기지 말라고 해서 많이 먹었더니, 누나 것도 다 먹으면 어쩌냐는 이야기를 듣지요.

    "여러분도 엄마 말을 들으려고 노력했는데 엄마가 칭찬해 주지 않았던 상황이 있나요?"

    "밥을 많이 먹으라고 해서 노력했는데, 엄마는 많이 안 먹었다고 해요."

    "문제집을 열심히 풀었는데, 엄마가 많이 틀렸다고 혼냈어요."

    아이들의 억울한 상황들이 이곳저곳에서 들리기 시작했습니다.

이 책의 주인공 푸름이가 가장 화가 나는 상황이 있어요. 장난감을 사 달라고 하면 엄마는 "엄마 말 잘 듣고 착하게 굴면 사 줄게"라고 하거든요. 그래서 푸름이는 화가 납니다. 세상에는 자기보다 말썽쟁이에 떼쓰는 애들도 로봇 선물을 받으니까 말이에요.

푸름이는 결국 비뚤어지기로 결심해요. 엄마가 하라는 것과 다 반대로만 하지요. 결국 엄마도 잔뜩 화가 나서 문을 꽝 닫고 나갔는데, 그때부터 신기한 일이 벌어집니다. 이 세상의 모든 물건들이 다 비뚤어져요. 방안 물건들도 들썩들썩 움직이고, 나무들은 똑바로 자라는 것이 싫다고 구불구불 자라지요. 멋진 로봇이 악당이 되기로 하면서 온통 뒤죽박죽이 되어 버립니다.

푸름이는 온 힘을 다해 집으로 달려가요. 그리고 문을 열었는데 모든 것이 거짓말처럼 원래대로 되돌아온 것을 발견합니다. 엄마의 잔소리도 예전 그대로였지요. 그런데 아이들은 그림에서 엄마의 변화를 느꼈어요.
"치킨이 있어요."
"로봇을 사 놨어요!"
그래서 물어보았습니다.
"왜 엄마는 화가 났는데도 푸름이가 먼저 사과를 한 것도 아닌데도 푸름이가 좋아하는 것을 준비하셨을까요?"
"미안해서요!"
"엄마가 잘못했으니까요!"

그렇게 성토대회가 열리고 있었는데, 한 친구가 말했습니다.

"사랑하니까요!"

드디어 친구들이 아이가 좋아하는 치킨과 로봇을 준비해 놓은 엄마의 마음을 깨달은 것이지요. 그림책에서 엄마가 말로는 사랑을 많이 표현하지 않았지만요. 우리 반 아이들은 이렇게 엄마의 마음을 알게 되었는데, 그림책 속 푸름이는 과연 엄마의 사랑을 느꼈을까요?

읽기·대화 가이드

- 푸름이는 왜 기분이 나빠졌나요?
- 여러분도 엄마 말을 들으려고 노력했는데 엄마가 칭찬해 주지 않았던 상황이 있나요?
- 푸름이는 왜 비뚤어졌나요?
- 여러분도 비뚤어진 경험이 있나요? 어떤 말과 행동을 했나요? 그때 느낌은 어땠나요?
- 엄마는 왜 푸름이가 좋아하는 것을 준비하셨을까요?
- 엄마의 사랑을 느껴 본 경험을 이야기해 볼까요?
- 그림책의 결말 이후에 어떤 이야기가 펼쳐질까요?

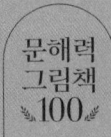

3부

어떻게 그림책을 읽을까

Q1
그림책을 언제부터 읽어 줘야 할까요?

그림책 육아를 시작하는 부모님들은 언제부터 그림책을 읽어 주어야 하는지 궁금해하십니다. 그래서인지 이 궁금증에 대한 해답이 될 만한 이야기가 SNS상에도 많이 퍼져 있지요. 어떤 이는 생후 6개월부터라고 하고, 또 다른 이는 돌 무렵부터 책을 읽어 주는 것이 좋다고 이야기합니다.

아기는 태어나면서부터 주변의 소리를 듣고, 눈에 보이는 것을 탐색하고, 손으로 무언가를 만지며 뇌를 발달시키기 시작합니다. 《글 읽는 뇌》의 저자 스타니슬라스 드앤에 따르면 아기는 태어난 지 며칠 만에 'ba(바)'와 'ga(가)' 소리의 차이 같은 언어적 대비(linguistic contrast)를 쉽게 지각하는 등 불과 생후 몇 개월만에 놀라운 언어 능력을 보여 준다고 합니다.

《하루 15분 책 읽어 주기의 힘》의 저자 짐 트렐리즈는 하버드대

학교 아동발달센터 소장인 잭 숀코프 박사의 연구를 인용해, 생후 8개월부터 아기는 단어의 유형을 오래 기억할 수 있다고 밝히며, 많은 어휘를 들으며 자란 아기는 우수한 언어 능력을 가질 가능성이 높다고 덧붙입니다.

이런 연구 결과에 의하면 아이에게 책을 읽어 주는 것은 아기가 태어나면서부터 바로 시작할 수 있습니다. 태어나 엄마의 품에 안긴 그 순간부터 말이지요. 그림책 한 권과 읽어 줄 엄마나 아빠(혹은 아이에게 유의미한 어른)가 있다면 충분합니다. 책 읽는 소리를 들으며 아기는 언어와 책에 점차 익숙해집니다.

첫째 아이의 출산 준비를 하던 시기, 주변에서 건네준 출산 준비물 리스트에 적힌 용품을 사는 것만으로도 경황이 없어서 그림책을 미처 준비하지 못했습니다. 그런데 출생신고를 하러 방문한 주민센터에서 그림책 몇 권이 들어 있는 '책 꾸러미'라는 것을 받게 되었고, 그 꾸러미 속 《엄마랑 뽀뽀》라는 그림책이 첫째 딸의 첫 번째 그림책이 되며 그림책 육아가 시작되었습니다.

책 꾸러미로 받은 그림책들을 매일 딸에게 읽어 주며, 그림책 수가 부족하다는 생각이 들었습니다. 그래서 여러 가지 그림책, 특히 보드북을 주로 구입했고 점차 집에는 그림책이 많아지기 시작했습니다. 그 덕에 둘째 아이의 육아는 이미 집에 그림책이 많은 상태에서 시작했고 둘째 아이는 아주 이른 시기부터 그림책을 다양하게 접할 수 있었습니다.

아기들에게 그림책을 주면 그림책을 만져 보고, 냄새를 맡고, 물거나 빨며 그림책을 놀잇감으로 여깁니다. 이 시기의 아기는 오감을 활용해 문해력 발달에 중요한 '책의 개념'을 감각적으로 익혀 나갑니다. 조금 더 컸을 때 책을 넘겨 보는 시늉도 하고, 글을 읽는 흉내를 내기도 하지요. 이것이 바로 책의 개념이 생기고 있다는 증거입니다.

그래서 영아 시기에 필요한 그림책이 바로 작고 딱딱한 보드북입니다. 표지와 내지 모두 딱딱하고 두꺼워 넘기기 쉽고, 아기가 다치지 않도록 모서리도 둥글게 만들어져 안전하지요. 또, 인형처럼 부드러운 헝겊으로 만든 책이나 물놀이나 목욕을 할 수 있게 방수 처리가 된 책도 있습니다.

제 두 아이 모두, 아기 때 주변에 놓여 있던 보드북을 물고 빨고, 쌓기도 하고 밟기도 하며 자랐습니다. 《달님 안녕》,《엄마랑 뽀뽀》,《아빠한테 찰딱》,《사과가 쿵!》과 같은 보드북 그림책을 장난감처럼 가지고 놀았는데, 이렇게 이른 시기부터 그림책을 접하면 그림책과 자연스레 친구가 될 수 있습니다.

소중한 아이를 만날 준비를 하는 예비 부모님이나 지금 막 사랑하는 아이를 품에 안은 초보 부모님께 말씀드리고 싶습니다. 출산 전, 출산 준비물 리스트에 그림책을 추가해 보세요.

처음에는 그림책이 몇 권밖에 없어도 됩니다. 서점에서 눈에 띄는 보드북 몇 권이면 충분합니다. 아기가 태어나면서부터 그림책을 읽어 주시면 아이는 부모님이 읽어 주는 소리를 듣고, 그림책에 눈의 초점을 맞추며 서서히 그림책을 좋아하는 아이로 자라납니다.

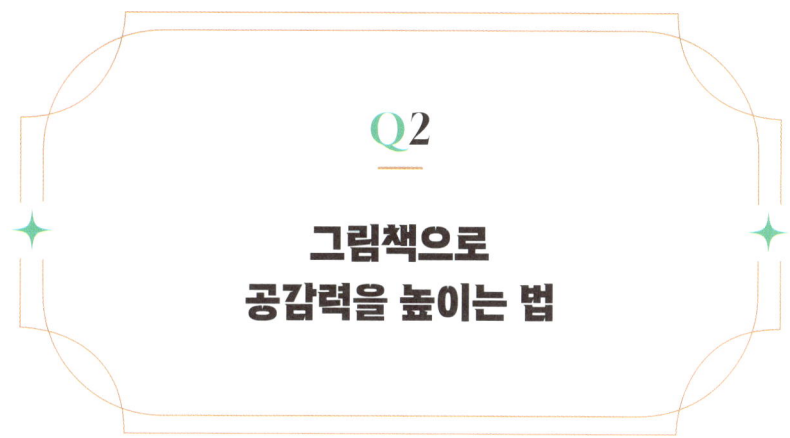

Q2
그림책으로 공감력을 높이는 법

2007년부터 초등학교 교사로 근무하면서, 점점 고민하게 되는 것 중 하나가 '학생들의 공감 능력'입니다. 정서적 공감 능력은 아이가 살아가는 내내 자신을 잘 이해하는 것은 물론 타인과도 원만한 관계를 맺게 해 주는 중요한 능력입니다.

저는 학교에서 공감 능력이 천차만별인 아이들을 만납니다. 공감 능력이 다소 덜 발달한 아이들은 다른 친구를 장난이라며 툭 건드리거나 놀리면서도, 반대로 자신이 비슷한 일을 당하면 조금도 참지 못하고 크게 화를 냅니다. '내가 이럴 때 싫은 기분이 드니까 저 친구도 이렇게 하면 싫어하겠지?'라고 타인의 기분을 잘 파악하지 못합니다. 이런 경우 그림책을 통해 공감 능력에 필요한 자기 기분과 감정에 대해 배워 갈 수 있습니다.

그림책에는 다양한 이야기가 나오고 여러 가지 감정을 만날 수 있습니다. 부모님께 꾸중을 들어 시무룩해진 기분, 받아쓰기에서 만점을 받아 느끼는 뿌듯함, 새로운 친구를 사귀게 된 설렘 등이 그림책에는 잘 표현돼 있습니다. 그래서 그림책을 읽으면서 타인과 상황에 대해 간접적으로 경험할 수 있고 감정을 짐작해 볼 수 있지요.

학교에서 궂은일도 마다하지 않고 친구들을 잘 돕는 아이들도 만납니다. 이런 멋진 행동을 하는 아이들의 공통적인 특징은 무엇일까요? 다른 사람의 입장이 되어 보는 생각을 적시에 자연스럽게 한다는 것입니다. 역지사지가 잘 되는 이런 아이들은 자기 자신을 사랑하기에 남도 소중히 대하는 태도가 몸에 배어 있습니다. 그래서 다른 친구들에게 사과하는 것을 지는 것이라고 생각하지 않지요. "미안해", "고마워"와 같은 말을 필요할 때 잘합니다. 아이들도 이런 친구들을 좋아해서 학급에서 인기인으로 꼽힙니다.

이 아이들은 그림책의 이야기에도 잘 공감합니다. 이야기를 읽으며 타인이 되어 보는 경험을 하면서 등장인물들의 상황이나 감정에 공감합니다. 이런 모습을 보며 이야기 책이 아이들의 정서 발달에도 크게 도움이 된다는 것을 확인할 수 있습니다.

우리 반 아이들이 초등학교에 입학했던 3월에 저는 《어떡하지?》처럼 걱정하고 두려워하는 주인공이 나오는 그림책을 읽어 주었어요. 학교라는 낯선 공간을 처음에 걱정하고 두려워했던 아이들은 주인공의 마음에 쉽게 공감해서, 훨씬 더 책의 의미를 잘 이해하고 풍부하게 느낌을 말할 수 있었습니다. 자기 경험을 주인공에게 연결하며 그림책에 푹 빠지는 경험을 할 수가 있었지요.

결국 아이의 인생에 중요한 건 얼마나 많은 양의 독서를 했느냐는 아닐 것입니다. 단 몇 권의 그림책을 읽더라도 흠뻑 빠져서, 주인공과 타인을 이해하고 나아가 자신도 돌아볼 수 있다면 그 그림책은 아이의 정서에 좋은 영향을 미칠 것입니다.

Q3
그림책은 언제까지 읽어야 할까요?

요즘에는 그림책을 즐겨 읽는 어른들도 많이 있지만, 여전히 어른들은 그림책을 영유아기에나 읽는 책, 또는 그림이 있는 쉬운 책이라고 오해하는 경우가 많습니다. 그래서 유아 시기 자녀에게 그림책을 읽어 주었던 분들도 아이가 초등학교에 입학함과 동시에 그림책보다는 지식이나 정보가 담긴 책을 읽으라고 권유하시는 분이 많지요.

특히 본격적인 학습이 시작되는 초등학교 3학년 이후에 아이가 지식책으로 넘어가지 않고 그림책을 읽으려 하면 내심 걱정하시는 부모님이 많습니다. 그 이유는 쉬운 책을 계속 읽으면 아이의 어휘력, 독해력 등 국어 실력이 자라지 않는다고 우려하시기 때문인 듯합니다.

그림책 중에는 다양한 주제를 다루며 고차원적인 이야기를 표현한 것들도 많이 있습니다. 삶과 죽음, 사랑과 우정, 관용과 용서 등의 이야기를 다룬 그림책은 우리가 깊은 사고를 할 수 있도록 합니다. 또, 생각할 거리가 담긴 그림책을 읽으면 여운을 남기며 큰 깨달음을 줍니다. 그림책은 유아기에만 읽히고 멀어져야 하는 책이 아닙니다. 그야말로 그림책은 나이를 뛰어넘어 공감하고 즐길 수 있습니다.

《곰씨의 의자》를 읽으면 사람 사이의 적당한 거리에 대한 사유가 가능하고, 《망가진 정원》을 읽으며 상실의 슬픔과 자연스러운 치유의 과정을 배웁니다. '엄마가 오늘 아침에 죽었다'로 시작되는 첫 문장부터 마음을 쿵 떨어뜨리는 《무릎 딱지》도 딱 그런 작품입니다. 같은 그림책이라도 나이가 들어감에 따라 더 깊이 있게 공감할 수 있습니다. 어릴 때 즐겨 읽던 그림책을 성인이 되어 읽었을 때 보는 눈이 달라지고 느낌이 달라지지요.

그렇다면 그림책을 언제까지 읽어 주는 것이 좋을까요? 스스로 글자를 알게 되고, 책을 읽을 수 있게 되면 이제 글을 읽어 주는 것은 아이의 일로 넘겨도 될까요?

보통 많은 부모님들이 아이가 스스로 글을 읽게 되면서부터 이어달리기하듯이 아이에게 바톤을 넘겨 줍니다. 하지만 아이들의 듣기와 읽기 수준은 중학교 2학년 무렵에야 비슷한 수준에 다다릅니다. 따라서 그보다 이른 시기의 아이들은 자신이 스스로 읽을 때는 어려웠던 글이라도, 귀로 들을 때는 훨씬 잘 이해할 수 있습니다.

책을 읽어 주기에는 너무 컸다고 여겨지는 아이에게는 조금은 도전적인 책을 읽어 주면 좋습니다. 아이의 수준보다 조금 높은 책을 부모님이 읽어 준다면 아이는 혼자 읽을 때보다 훨씬 쉽게 이해할 수 있습니다.

어른이 책을 읽어 주면 아이는 어른의 읽기 활동에서 여러 가지를 배울 수 있습니다. 예를 들어, 읽어 주는 엄마나 아빠가 어떤 읽기 전략을 사용하면서 글을 읽는지, 글자를 틀리게 읽는 오류가 났을 때 어떻게 수정하며 읽는지, 책에서 이해를 도와줄 수 있는 중요한 단서를 어떻게 찾아서 의미로 연결하는지 엿볼 수 있습니다.

이런 이유 말고도 아이는 부모님의 책 읽어 주는 시간을 통해 보살핌과 애정의 감정을 느낍니다. 매일 둘째 아이에게 그림책을 읽어 주다 보면 첫째 아이가 슬며시 옆으로 다가옵니다. 그러면 엄마에게 기대어 편안하게 그림책을 보는 첫째 아이 얼굴에서 어린 시절의 모습을 보곤 하지요. '첫째도 여전히 아기구나. 내가 둘째를 챙기느라고 종종 이 아이를 너무 어른처럼 대하고 있었구나' 하고 생각합니다. 이미 스스로 책을 읽을 수 있다고 생각하는 큰 아이에게도 책을 읽어 주는 시간은 여전히 소중합니다.

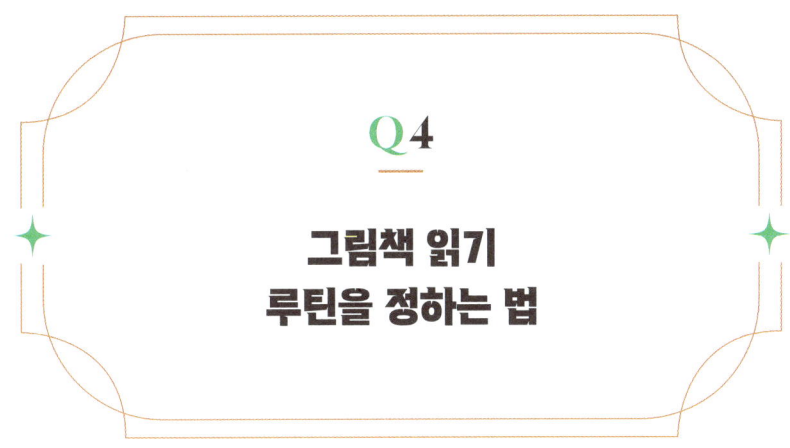

Q4
그림책 읽기 루틴을 정하는 법

어쩌다 영어 공부를 많이 한다고 해서 원어민과 자유로이 대화를 나눌 수 없는 것처럼 가끔 그림책을 읽어 주는 것만으로 아이의 문해력 발달이나 읽기 습관의 형성을 기대할 수 없습니다. 적은 시간이라도 매일 실천할 수 있는 루틴을 만들고 지켜 나가는 것이 중요합니다.

지금은 11세인 첫째 아이의 유아기가 떠오릅니다. 육아휴직을 하며 돌까지는 매일 정해진 시간에 그림책을 읽어 줬는데, 복직하며 집과 학교에서 바쁜 삶을 살아 낸다는 핑계로 어느새 책 읽기에 소홀해지기 시작했습니다. 집에 손님을 초대한 밤, 엄마인 제가 지친 밤이나 가족 여행을 떠난 날은 아이에게 그림책을 읽어 주지 않았습니다. 하루이틀 조금씩 소홀해지다가 루틴 자체가 흐지부지해지고 말았습니다. 하지만 학교 현장에서 문해력의 중요성을 깨닫게 된 이후, 그림책 읽기의 중요성을 느끼고 루틴을 다시 만들기로 했습니다. 그래서 둘째가 태어난 이후에는 그림책 읽기 시간을 루틴으로 만들었고 둘째가 7세가 된 지금까지 잘 지키고 있습니다.

　루틴은 정해진 시간에, 정해진 자리에서, 편안함을 느낄 수 있는 상태에서 실천하면 좋습니다. 제가 정한 루틴은 아이가 자기 전에 책장에서 가져온 그림책 2~3권을 침대에서 읽어 주는 것입니다. 이 루틴을 '잠자리 그림책 육아'라고 부릅니다. 큰 결심 없이 꾸준히 지킬 수 있는 방법을 정하고, 매일 반복하는 것이 중요합니다.

　잠자리에서 그림책을 읽어 주는 이유는 첫 번째로 루틴을 지키기가 쉽다는 데 있습니다. 보통 잠자기 전에는 양치와 세수를 하고, 로션을 바르는 일상이 규칙적으로 일어나기 때문에 이때 그림책 읽는 시간을 살짝 끼워 주면 루틴 세트가 만들어집니다.

　두 번째 이유는 잠자리에서 그림책 읽어 주는 활동이 아이들의 긴장을 풀어 주면서 쉽게 수면으로 이끌기 때문입니다. 잠자리에서 하는 그림책 읽기는 처음엔 각성된 상태에서 이루어지더라도 독서가 끝난 후에는 온전한 휴식으로 이어져 그림책을 읽은 이후 침대에 누워 잠을 청하는 단계로 나아가기에도 좋습니다.

　이것은 아직 영아기인 아이의 잠자기 루틴 만들기에도 도움이 됩니다. 영아 시기에는 빛이 있을 때는 활동하고, 밤에는 잠을 자야 한다는 것을 알려 주어야 하지요. 잠자는 루틴을 매일 반복해야 아이가 잠드는 것을 쉽게 받아들이게 되고, 부모님도 육아하기가 좀 더 수월해질 수 있습니다.

　이런 이유들로 잠자기 전 그림책을 읽어 주는 루틴을 만드는 것을 추천합니다.

Q5
어떻게 질문해야 할까요?

　가정에서 아이에게 그림책을 읽어 주면서 아이와 대화를 많이 나누시나요? 아이 스스로 그림책을 보며 자기 생각을 말한다거나 읽어 주는 부모님과 대화를 나누는 행위는 문해력 발달, 국어 능력을 신장시키는 데 중요합니다. 부모님께 자신이 생각한 것을 정리한 뒤 말로 전달하기 때문에 사고력과 표현력이 발달하는 데 도움이 됩니다.
　다만 이때 유의해야 할 점이 있습니다. 아이가 그림책을 읽는 중간에 끼어들어 질문을 퍼붓는 것은 피하시는 것이 좋습니다. 먼저 아이가 이야기에 빠져들어 감상할 수 있게 기다려 주신 후, 꼭 필요한 질문 몇 가지를 하시고, 그림책을 다 읽은 후 더 깊이 얘기하시기를 권합니다.

집에서도 학교에서도 아이들에게 그림책을 읽어 줄 때 위의 원칙을 지키되, 다음 순서로 질문합니다.

맨 처음에는 표지와 제목에 관한 질문부터 건넵니다.

"표지의 그림이나 제목을 보면 어떤 일이 펼쳐질 것 같니?"

"표지 그림에서 왜 동물원 안에 동물이 없을까?"

이야기 전개에 핵심적인 부분이 나오면 그림책을 읽어 주던 것을 잠시 멈추고 물어보기도 합니다.《미움》을 읽을 때는 누군가를 미워해 본 적 있는지,《태양 왕 수바》를 읽을 때는 수박을 먹은 경험을 물어보며 책을 통해 아이들의 이야기를 끄집어냅니다.

"네 생각은 어때?"

"왜 그렇게 생각했어?"

"뒷이야기는 어떻게 펼쳐질까?"

이렇게 질문을 하면 다양한 대답이 나옵니다. 학교에서 이런 시간을 가지면 각자의 생각을 말로 표현할 뿐 아니라, 다른 친구들의 이야기도 경청하면서 우리는 각자 다 다르게 생각할 수 있다는 사실을 자연스럽게 알게 됩니다.

그림에 대해서도 묻습니다. 그림책의 그림은 삽화 그 이상의 의미를 담고 있기에 자세히 관찰해 봐도 좋습니다.《동물원》을 읽었을 때는 그림을 보고 아이들과 이런 대화를 나누었습니다.

"작가가 흑백과 컬러를 섞어 그림을 그린 이유는 무엇일까?"

"마지막 장면에서 아이는 즐거운데 어른들의 표정이 어두운 이유는 뭘까?"

"왜 어른들이 뒤돌아봤을 때 동물들이 보이지 않을까?"

이번에는 반대로 아이가 질문을 해 볼 수도 있습니다.

우리 반 아이들과 《파도야 놀자》를 읽었을 때 아이들이 직접 질문을 만들고 서로 이야기를 해 보았습니다. 《파도야 놀자》는 글이 없는 그림책이기 때문에 아이가 스스로 이야기를 만들며 상상력을 키울 수 있는데, 반 아이들의 수만큼 다양한 해석이 나왔습니다.

"왜 글자를 안 썼을까?"

"왜 옷이 파란색으로 바뀌었을까?"

"파도를 뭘로 그렸을까?"

"왜 산이 점점 흐려질까?"

"파도가 처음에 중간 경계선을 넘지 못하는 이유는 뭘까?"

1학년이면 책에 대한 질문을 만드는 것을 너무 어려워하지 않을까 했는데 우려와는 달리 다채로운 상상력을 담은 질문과 답이 오갔습니다.

아이들과 질문을 나눌 때는 최대한 열린 질문을 하려고 합니다. "네" 또는 "아니오"로만 나뉘거나 단답형으로 정답이 정해진 질문은 피하는 편이 좋습니다. 단, 자녀가 아직 어리거나 질문에 대답하는 방식 자체를 낯설어한다면 정해진 답이 있는 질문부터 하시는 것이 좋습니다.

"이 그림에 누가 있어?"

"어떤 것이 보여?"

이런 질문들을 아이가 어렵지 않게 대답한다면 차차 정해진 답이 없는 질문이나 아이 생활과 관련된 질문을 해 보세요.

그림책을 읽으며 질문하는 수업을 한 지 한 학기가 지나자, 처음에는 자기 생각을 말하기 어려워하던 반 아이들도 제법 자기 의사를 말하기 시작했습니다. 나와 다른 친구의 의견도 끝까지 잘 들으려 했습니다. 이런 경험들은 고학년이 되어 토론의 장이 열렸을 때, 또는 일상에서 자신의 의견을 밝혀야 할 때 성숙하게 대화할 수 있는 사람으로 성장하게 도와줄 것입니다.

Q6
문해력 환경을 만드는 법

　1980년대 이전에는 아이들이 신체적·정신적으로 성숙한 시기에 도달했을 때서야 읽기 교육을 하면 된다는 주장이 우세했습니다. 하지만 발생적 문해력(Emergent literacy) 관점이 대두된 이후, 아이에게 아무 자극을 주지 않아도 저절로 때가 되면 글자를 익힐 수 있다는 것은 사실이 아님이 밝혀졌습니다.

　발생적 문해력이란 학교에서 공식적인 문해 교육이 시작되기 전 가정의 일상에서 문자에 노출된 경험들을 토대로 형성된 문해력을 말합니다. 우리가 땅에 씨앗을 심으면 한동안은 아무 변화를 볼 수 없지만 흙 속에서 뿌리가 먼저 자라게 되지요. 그것과 비슷하게 아이가 태어난 순간부터 가정의 문해 환경과 언어적 상호작용 등을 통해 눈에 보이지 않는 '문해력의 뿌리'가 자라고 있습니다.

　이 문해력의 기초가 충분히 형성되지 않으면 학교에서 공식적인 문해 교육이 실시되었을 때 아이들의 문해력 발달에 격차가 생기고, 그 격차는 학교 공부로 메워지기 어렵습니다. 그래서 우리는 문해력 발달에 가정의 문해 환경이 얼마나 중요한지를 알고, 실제로 가정에서 문해 환경을 조성하는 데 애써야 합니다.

우선, 아이가 영아기 때에는 집에서 마음껏 읽고 가지고 놀 수 있는 책을 준비해 두시기 권합니다. 이 시기 아이들은 물고, 빨고, 만지고, 냄새를 맡으며 오감을 이용해 책의 개념을 형성해 나갑니다.
아이가 영아이던 시절, 도서관이나 지인에게서 빌린 책은 아이 손에 쥐어 주기 쉽지 않았지요. 힘 조절이 잘 되지 않는 아이가 자칫 책장이라도 찢지나 않을까 눈을 떼지 못했고 책장도 제가 넘기게 되더라고요. 또, 여러 사람이 봤던 책이라 아이가 책을 입 근처로 가져가는 것도 조심스러웠습니다. 그야말로 책을 '모시고' 보는 상황이 벌어졌어요. 그 이후로 꼭 필요한 책은 구입했더니 아이도 저도 한결 마음이 편했습니다. 영아를 키우는 부모님이라면 몇 권이라도 소장해 보시길 권합니다. 아이가 조금 더 성장한 후에는 도서관에서 다양한 책을 빌려 보는 것도 좋습니다.

아이가 스스로 책을 고를 수 있는 나이가 되면 아이의 생활 공간에 책장을 마련하시거나 책을 두시는 것도 책과 친해지는 계기가 됩니다. 저는 거실 한쪽 벽 전체를 책장으로 만들었습니다. 가족들이 주로 활동하는 공간에 책이 있어서 그런지 아이들이 심심할 때 그림책을 찾아서 읽더라고요.

저희 집은 거실 천장이 높아서 책장 높이가 3미터 정도로 굉장히 높지만, 이렇게 커다란 책장이 아니더라도 아이가 하루 중 많은 시간을 보내는 곳에 작은 책장을 놓아 보세요. 저는 돌 전에는 아이가 직접 뺄 수 있게 안전한 플라스틱 상자에 그림책을 넣어두었는데 아이 스스로 책에 손을 뻗어 놀더군요.

아이가 초등학생이 되면 책을 도서관에 빌려 보는 경우가 늘어나는데요. 만약 아이가 도서관에서 빌려 보고 좋아했던 책이 있다면 부모님이 그 책을 선물해서 아이가 소장하게 하는 것도 좋습니다. 그러면 아이는 그 책에 대해 특별한 마음을 갖게 됩니다. 몇 년 전에 '온 작품 읽기' 수업을 하며 30명가량의 5학년 아이들에게《푸른 사자 와니니》라는 책을 사 준 적이 있습니다. 책에 한 명씩 이름을 적어 주며 나눠 주었는데, 신기하게도 평소에 책을 즐겨 읽지 않던 아이들이 특히나 좋아하더라고요. 집에 내 책이 없는데, 새 책이 생겼다면서 좋아하던 모습을 잊을 수가 없습니다. 행복한 표정으로 "진짜 저 주시는 거예요?" 하고 여러 번 반문하던 친구도 기억이 납니다. 아이들은 책장도 막 넘기지 않고, 소중하게 책을 읽어 나갔습니다. 그때 아이들에게 책을 소장하는 기쁨이 크다는 것을 알게 되었지요.

이외에도 부모님이 꼭 책이 아니더라도 잡지, 신문, 카탈로그 등의 다양한 읽기 자료를 접하고 있는 모습을 보여 주시는 것도 좋습니다. 인쇄물을 가까이 하는 모습을 볼수록 생활 속에서 독서 습관을 만들기가 쉽습니다.

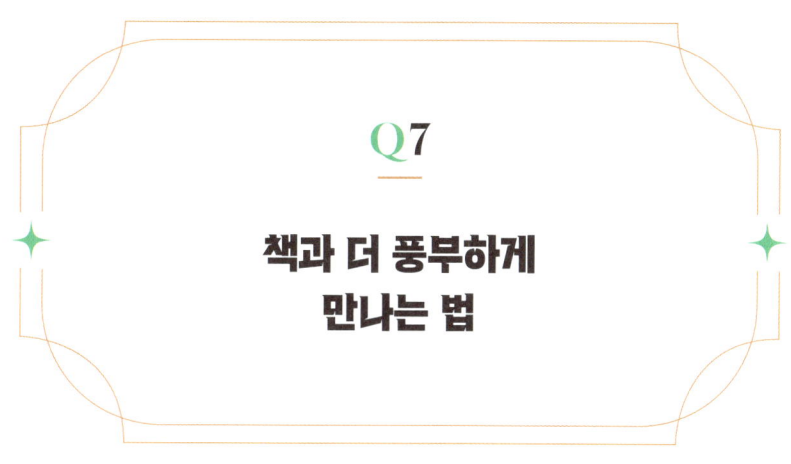

Q7
책과 더 풍부하게 만나는 법

아이들은 서점에서 책을 보면서 다양한 경험을 하게 됩니다. 그래서 책 육아, 그림책 육아를 시작하는 부모님들께는 아이와 함께 서점에 방문하시는 것을 추천합니다. 인터넷 서점이 편리하지만 아이가 직접 그림책을 고르기 힘들다는 단점이 있습니다. 서점에 가면 어디를 둘러보아도 책이 가득하고, 한 권을 뽑아 보기에도 쉽지요. 벽면 책장뿐 아니라, 중앙에 놓인 매대는 아이의 키에 맞아 그림책을 보기도 수월합니다. 그렇게 아이 스스로 그림책을 직접 펼쳐 보고 훑어보면, 인터넷 서점에서 제목이나 표지만 보는 것으로 알지 못했던 것들을 풍성하게 느끼고 책을 선택할 수 있습니다.

여행지에서 특색 있는 작은 서점을 방문해 보는 것도 좋습니다. 여행 일정을 짜실 때 목적지 근처의 서점을 들러 보시는 것을 추천

합니다. 각 지역의 개성 있는 작은 서점은 주인에 따라 책의 종류와 서점의 분위기가 다릅니다. 또, 그 지역의 문화적 특성도 배여 있어 대형 서점과는 다른 매력을 느낄 수 있습니다. 이렇게 서점에서 구입한 그림책을 여행지 숙소에서 읽으면 아이에게 인상적인 추억으로 남을 수 있습니다. 여행을 다녀온 후 그 책을 집에서 읽을 때마다 여행지에서의 추억이 떠오르는 기분 좋은 경험을 할 수 있어요.

아이가 책을 만나는 가장 쉬운 방법은 도서관에 방문하는 것입니다. 요즘에는 곳곳에 특별하고 멋진 도서관이 많이 있습니다. 유아 코너도 아이의 눈높이에 맞는 서가와 편한 의자 등으로 잘 꾸며 놓았고, 책과 관련된 행사도 많이 열립니다.

아이들은 도서관에서 책뿐 아니라 도서관의 이용 규칙을 익히고 무한한 책의 세계를 마주합니다. 다른 사람들이 책을 고르는 모습과 책 읽는 모습을 자연히 보고 배울 수도 있고, 부모님이나 형제 자매와 책에 대해 대화를 나누며 책이라는 세상과 좀 더 가까워집니다. 가끔은 다른 동네의 도서관을 방문해 보시는 것도 색다른 경험이 될 수 있습니다.

아이들이 그림책을 경험하는 환경이 점점 좋아진다고 느껴지는 것 중 하나가 '그림책 전시회'가 자주 열린다는 점입니다. 제가 어릴 때는 그림책이 많지도 않았지만, 작가들의 원화를 보는 일은 아주 드문 일이었지요. 그런데 이제는 '그림책 전시회'라는 것이 열리기 때문에 작가의 그림을 실제로 만나고, 작품의 만듦새를 생생히 느낄 수 있게 되었습니다. 일 년에 한두 번은 꼭 열리기 때문에, 어렵지 않게 전시회 티켓을 예매하고 관람할 수 있습니다.

그림책을 원작으로 한 뮤지컬 공연을 관람해 보는 것도 좋은 방법입니다. 저는 아이들과 그림책이 원작인 뮤지컬을 열심히 찾아 관람했습니다. 《알사탕》, 《장수탕 선녀님》, 《이상한 엄마》, 《수박 수영장》 등 이미 아이들이 좋아해서 여러 번 읽은 그림책이 원작인 뮤지컬을 찾아 예매하고, 관람일을 하루하루 기다렸습니다. 그림으로 봤던 이야기 속 인물이 무대에서 살아 나와 춤추고 노래하는 환상적인 모습에 아이들은 큰 선물이라도 받은 듯 즐거워했습니다.

새로운 뮤지컬을 보러 갈 때면 차에서 먼저 오에스티(OST)를 들으면서 가기도 했습니다. 그러면 뮤지컬을 보면서 노래도 따라 부를 수 있고, 더욱 그 분위기를 즐길 수 있습니다. 원작 그림책을 집에서 볼 때도 오에스티를 틀어 놓으면 그림책의 느낌이 훨씬 풍부해집니다.

마지막으로, 가끔은 다른 사람을 위한 책을 빌려 보는 것도 유익합니다. 그 사람의 평소 취향과 생각을 떠올려야 하는 일이기 때문에, 타인의 입장이 되어 보는 경험을 할 수 있지요. 동생에게 "형이 좋아하는 책을 한 번 찾아볼까?", 언니에게 "동생이 좋아하는 책을 골라 볼까?" 이런 식으로 서로를 생각하는 경험을 만들어 보는 것이지요. 우리 아이들에게 엄마가 읽으면 좋은 책을 골라 보라고 한다면, 과연 무슨 책을 골라 줄까요? 갑자기 궁금해집니다.

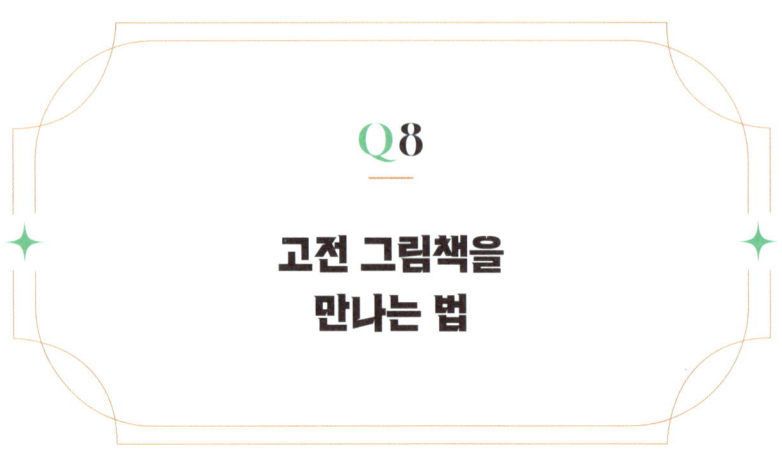

Q8
고전 그림책을 만나는 법

　그림책의 세계에도 고전은 존재합니다. 존 버닝햄이나 모리스 샌닥, 찰스 키핑, 브라이언 와일드스미스, 토미 웅거러 같은 작가의 그림책들이 그림책계의 고전으로 알려져 있습니다. 어찌 보면 이해가 잘 안 되는 옛날 그림책이라고 치부되기도 하고, 어딘지 모르게 그림과 문어체가 촌스럽게 느껴진다고 하실 수도 있어요. 저 역시 그런 느낌에 고전 그림책들을 잠깐 멀리하며 신간 베스트셀러 그림책에만 빠져 있던 시기가 있었습니다. 그러다가 문해력과 그림책을 공부하면서 다시금 고전 그림책들의 중요성을 깨닫고 그 깊이에 빠졌습니다.

　최근 각 가정에서 책 육아, 그림책 육아를 많이들 하시면서 그림책도 많이 출간되고 있습니다. 그런데 가끔은 그림책의 그림들이 삽화 수준에서 크게 벗어나지 못한 책도 있어 아쉽습니다. 보통 아이들이 좋아할 만한 귀여운 캐릭터와 아기자기한 모양새, 화사하고 예쁜 색감을 한 비슷비슷한 그림들이 많습니다. 또 말풍선으로 속뜻을 바로 보여주는 그림책은 아이들이 상상력을 발휘할 기회를 줄여서 재미가 덜합니다. 저와 같은 마음을 가지신 분들에게 고전 그림책을 권해 드립니다.

찰스 키핑이나 토미 웅거러, 존 버닝햄, 브라이언 와일드스미스, 모리스 샌닥 등의 고전 그림책들을 보다 보면 그림이 한 번에 이해되지 않을 때도 많습니다. 어떤 그림책들은 색감도 어둡고 괴기스럽기까지 해 아이가 봐도 될런지 우려하실 수도 있어요. 이 경우 작가의 삶을 이해하면 그림책을 더욱 흥미롭게 즐길 수 있습니다.

유명한 고전 그림책 작가들의 대표작 몇 편을 살펴보겠습니다.

찰스 키핑 작가는 어린 시절에 병약했습니다. 그의 작품 《창 너머》의 주인공처럼 방 안에서 커튼을 열어 창 밖을 구경하는 것이 작가의 일상이었지요. 이 그림책을 읽다 보면 이 커튼의 모양이 달라지는 것을 알아차릴 수 있는데, 주인공이 커튼을 활짝 열어 놓고 밖을 보기도 하고, 조금만 열어 놓아 훔쳐보는 느낌을 주기도 해요. 글로는 드러나지 않는 주인공의 심리 상태를 커튼으로 알 수 있게 한 작가의 의도에 감탄했답니다.

이 그림책을 7세가 된 둘째와 함께 읽어 본 적이 있어요. 둘째 아이는 표지를 보자마자 무서워했습니다. 색감이나 구도, 그림체 자체도 유아들이 보기에는 낯설고, 괴기스럽게 느낄 수도 있겠지요. 그런데 이 그림책을 가만히 들여다보면, 그 시대의 풍경과 사람들의 생활상이 잘 드러나고, 주인공 아이의 심리도 알 수 있습니다. 둘째 아이와 창을 통해 밖을 바라보는 주인공의 마음을 따라가며 이야기를 나눠 보았더니 차츰 주인공에게 감정을 이해하는 것을 발견할 수 있었습니다.

'색채의 마술사'라고 불리는 브라이언 와일드스미스는 영국의 광산촌에서 광부의 아들로 태어났어요. 어린 시절, 잿빛 일색인 탄광촌에서 가졌던 색에 대한 갈증이 작품에서 환상적이고 다채로운 색감으로 펼쳐진 듯합니다. 작가의 과거를 알고 《회전목마》라는 그의 그림책을 보게 되었지요. 우리 반 1학년 아이들에게도 읽어 준 적이 있는데, 아이들이 색감이 예쁘다고 참 좋아했습니다. 요즘과 다르게 놀이동산이 마을로 찾아오고, 의사가 왕진을 오는 옛날의 생활상에 대해 알아보기도 하고, 환상적인 그림들을 감상하며 책에 푹 빠져들었습니다.

존 버닝햄 작가도 자신만의 독특한 세계를 가지고 있습니다. 영국의 대표적인 대안학교인 서머힐 스쿨에서 자유로운 어린 시절을 보냈는데, 그것이 훗날 작품 세계에도 많은 영향을 주었다고 알려져 있습니다. 우리 반 아이들에게 《마법 침대》, 《지각대장 존》, 《에드와르도 세상에서 가장 못된 아이》를 읽어 주었더니, 나중에는 아이들이 표지 그림만 보고도 존 버닝햄 작가라는 것을 알더라고요.

반대로 모리스 샌닥 작가는 그림책마다 그림 스타일이 다릅니다. 《괴물들이 사는 나라》,《깊은 밤 부엌에서》,《잃어버린 동생을 찾아서》 세 권의 표지만 보아도 같은 작가가 그린 그림인가 싶게 다르지요.

이런 고전 그림책들 중에는 내용이나 그림 의도를 파악하기가 쉽지 않은 작품들도 있습니다. 그래서 작가를 검색해 보기도 하고, 이해되지 않는 그림에 대한 내용은 찾아보기도 하면서 읽게 되지요. 그렇게 읽고 나면 첫인상보다 두 번째, 세 번째로 읽을 때 더 깊이 있게 느껴져 좋았던 경우가 많았어요.

돌이켜보니, 그동안 저도 역시 아이들에게 고전 그림책보다는 예쁜 색감이 강조된 아기자기한 캐릭터의 신간 그림책을 많이 보여 주고 있었더라고요. '아프고 힘든 세계, 어려운 스토리, 어두운 색감은 보여 주지 않는 편이었구나' 하고 반성했습니다.

고전 그림책을 읽음으로써 다양한 그림과 세계를 느끼고 배울 수 있습니다. 우리가 직접 가서 살아 보기 힘든 나라와 다른 시대를 그림책으로 알게 되는 것도 아이들의 배경지식을 확장해 주는 경험이 된답니다. 그렇게 아이들의 세계가 조금 더 풍요로워지고 깊이 있어질 수 있습니다.

Q9
다독과 속독보다 깊이 읽기

    대부분의 사람들은 책을 다양하게 많이 읽는 것을 좋다고 여깁니다. 책은 작가의 정수를 담고 있습니다. 문학 작품이든, 인문학 서적이든, 과학 서적이든 마찬가지이지요. 작가가 책을 내기까지는 오랜 시간이 걸립니다. 일기장에 끄적이는 글이 아니라 자기의 이름을 걸고 나오는 책을 허투로 쓰는 작가는 아마 없을 것입니다. 초고를 쓰고, 퇴고를 하는 작가 혼자만의 노력이 끝나도, 출판사 편집 전문가들이 검토하고 교정이 끝난 후 책이 출판됩니다. 그러니 책을 다양하게 읽으면 우리가 혼자 생각해서는 알 수 없었던 지혜를 배울 수 있습니다. 그런데 이 배움은 책을 '깊이 있게' 읽고 '내 것'으로 만들었을 때 가능하지요. 책의 내용을 원활히 소화할 수 없다면 다독도 큰 의미가 없습니다.

저는 다독의 시작은 편독이라는 생각합니다. 내가 좋아하는 분야의 책을 찾는 게 첫걸음이지요.

보통 아이들은 유아 시기에 그림책을 읽으며 책이라는 개념을 알고 독서라는 행위와 만나게 됩니다. 책을 많이 읽다 보면, 이야기 속에 다뤄진 소재나 주제에 관심을 가지게 되면서 또 다른 책으로 넘어가기 쉽습니다. 이것은 그림책을 충분히 읽으면서 책에 대한 재미를 찾을 때 생기게 됩니다. 그림책을 읽으면 좋을 시기에 그 재미를 찾지 못한다면 자극이 크고 빠른 동영상 매체에서 즐길 거리를 찾으려 합니다. 한번 유튜브나 게임의 재미에 빠지게 되면 읽고 내용을 떠올리고 생각해야 하는 독서라는 덜 쉽고 적극적인 행위를 힘들게 느끼기 쉽습니다. 책에 대한 관심이 없는 아이들에게 독서를 억지로 권한다면 '수박 겉 핥기 식'으로 읽으며 책을 재미없는 대상으로 인식하게 됩니다.

그러니 우리 아이가 다독보다 편독을 먼저 하도록 도와주세요.

"자동차 책만 읽으면 안 돼. 다른 책도 읽어야 똑똑한 사람이 되는 거야."

이런 식으로 엄마나 아빠의 기준으로 아이의 독서를 강요하지 마세요. 책을 즐기는 사람으로 자라나기 위해서는 먼저 내가 좋아하는 책을 한 권이라도 만드는 것이 중요합니다.

둘째 아이와 《태양 왕 수바》 그림책을 읽을 때도 아이가 이 책을 참 좋아해서 자주 읽었습니다. 그런데 아이와 이 책을 여러 번 읽을수록 처음엔 몰랐던 매력을 발견했습니다. '수박의 전설'이라는 부제답게 우리나라의 전래 동화를 읽는 듯한 느낌이 들어 이야기도 재미있지만, 읽을 때마다 그동안 보지 못했던 놓쳤던 그림들이 눈에 보여 새로운 얘기를 나눌 수도 있었어요.

 같은 책을 세 번째 읽던 밤, 기존에 못 봤던 세밀한 그림들과 속표지 앞과 뒤의 다른 점을 가지고도 이야기해 보았고, 작가의 말을 읽고 나서 그것을 가지고도 한참 대화를 나눠 볼 수 있었습니다. 그리고 옛이야기를 더 듣고 싶다고 해서 잠자리에서 서정오 작가의 《옛이야기 보따리》 중 한 꼭지를 읽어 주었습니다. 이렇게 아이의 관심은 수박의 전설에서 옛이야기로 이어졌지요.

 '속독'의 유혹도 주의해야 합니다. 속독은 깊이 생각할 기회를 뺏기 때문입니다. 미술관에 가서 전시되어 있는 작품들을 천천히 음미하고 상상하며 관람하는 것과 빠른 걸음으로 한 바퀴 훑는 것은 분명히 다릅니다. 속독도 이와 같습니다. 속독을 하면 책의 내용을 수동적으로 받아들이기만 할 뿐 능동적으로 생각하고 의미를 더하기 어렵습니다. 결국 빨리만 읽는다는 것은 책을 제대로 이해하고 감상하지 못했다는 것과 같습니다.

 속독을 하는 자녀가 있다면 소리 내어 천천히 읽어 보도록 지도해 보세요. 빨리 읽는 습관을 한 번에 버리기는 힘들겠지만, 천천히 읽다 보면 여유가 생기기 때문에 등장인물들의 특징과 성격, 그들의 관계, 작은 사건들도 파악할 수 있게 됩니다. 그렇게 독서의 효과가 커질 수 있습니다.

 다독이나 속독보다 중요한 것은 책을 깊이 있게 읽는 것입니다.

Q10
태블릿으로 보는 그림책이 더 좋을까요?

요즘 스마트폰이나 태블릿, 이북리더기를 활용하여 전자책을 보는 사람들이 늘어나고 있습니다. 그에 따라 전자책 플랫폼의 이용이 활발해지고 이북리더기 구매율도 덩달아 증가했다고 합니다. 그런데 이것은 비단 성인들에게만 해당되는 이야기가 아닙니다. 가정에서도 전자책 구독 서비스를 이용해 아이들에게 그림책을 태블릿으로 보여 주고, 교육 현장에서도 전자책 그림책 콘텐츠를 활용하여 수업하는 일이 많이 생겼습니다.

저도 집에서 아이와 함께 학교에서 1학년 아이들과 전자책 플랫폼을 활용하여 그림책을 읽어 본 적이 있습니다. 아이들은 종이 그림책보다 쨍하고 선명한 화질의 그림을 보면서 성우나 AI가 또렷한 음질로 읽어 주는 이야기를 들을 수 있었지요.

폴라 슈와넨플루겔과 낸시 플래너건 냅의 《독서심리학》에서, 전자책은 아동에게 소리, 음악, 무료 책, 다양한 언어를 제공하는 엄청난 독서 자원이 될 수 있다고 말합니다. 하지만 여기에서도 전자책은 부모와 자녀가 함께 책을 읽으면서 하는 상호작용의 대체물이 아닌 보충 자료로 사용되어야 한다고 강조합니다.

아이들은 AI의 목소리가 아닌 부모님이 읽어 주는 목소리를 들으며 정서적인 만족을 느낍니다. 책과 글자라는 것의 의미, 글자와 소리의 대응, 부모님이 책을 읽어 나갈 때 어떤 식으로 읽는지, 어떻게 글과 그림을 활용해 이해하는지 등을 배우며 학습할 수도 있어요.

그림책을 읽어 주는 부모님에게 감상도 말하고, 질문도 해 보며 폭넓게 직접적으로 상호작용을 할 수 있지요. 단순히 책만 보는 것이 아니라 이런 일련의 과정 자체가 읽기라는 복합적 활동을 만들어 내면서 문해력 발달을 위한 귀중한 자원이 됩니다.

그런데 전자책 독서에 단점만 있지는 않습니다. 종이책 읽기를 거부하는 아이라면 전자책 독서로 흥미를 불러일으켜 볼 수도 있습니다.

메리언 울프는 《다시, 책으로》에서 아날로그와 디지털 매체를 넘나들며 깊이 읽기를 구사할 수 있는 '양손잡이 문해력'의 육성을 이야기합니다. 어린 독자들이 디지털 매체와 인쇄 매체를 균형 있게 활용해야 한다고 저자는 주장합니다.

이를 위해서는 출생 직후부터 초등학교 저학년까지 아동을 위한 디지털 읽기 전략을 잘 마련하고 실천할 수 있도록 해야 합니다. 전자책과 앱을 고를 때는 심사숙고할 것을 권장하며, 아이가 다루기에 너무 단순하거나 너무 복잡한 디지털 책이 아닌지 고려해야 합니다.

디지털 기기를 사용하기 전에 아이에게 반드시 사용 목적을 말씀해 주셔야 합니다. 무의미하고 단순한 재미를 위한 사용이 아니라, 그림책 독서 등의 목적이 있음을 알려 주시면 교육적으로 도움이 됩니다.

또, 무분별하게 기기에 빠져들지 않도록 사용하기 전에 먼저 활용 시간을 함께 정하고, 정해진 시간만큼만 기기를 사용하는 습관을 들여 주세요. 아이가 혼자 알고리즘에 따라 자동으로 재생되는 영상을 계속 시청하지 않도록 부모님과 함께 이용하는 것도 바람직합니다.

Q11

같은 그림책을 반복해서 읽어 줘도 될까요?

　두 아이와 잠자기 전에 그림책을 읽을 때, 같은 그림책을 계속 가져올 때가 있습니다. 한때는 반복해서 읽기보다 새로운 책을 골고루 읽는 것이 좋다고 생각해 넌지시 새 책을 권하기도 했습니다. 그런데 같은 책을 읽을수록 알게 되는 좋은 점이 있었습니다.

　아이들은 반복해서 읽는 그림책에 편안함을 느낍니다. 어른들은 같은 책을 여러 번 읽는 것을 지루하게 여길 수 있지만 유아 시기에 아이들은 반복해서 읽는 것을 즐기고, 그림책이 익숙해짐에 따라 새로운 것을 발견합니다.
　같은 책을 읽어 줄 때 지루했던 저와 달리 아이는 읽어 줄 때마다 놓쳤던 그림을 찾아내거나 같은 표현에서 똑같이 웃으며 좋아했습니다. 등장인물의 감정과 표정 변화, 작고 세밀한 그림 등을 더 깊이 공감하여 즐기는 듯 보였습니다.

《영유아 문해 발달과 교육》에서 저자 레슬리 멘델 머로는 4세 유아를 대상으로 진행한 실험 이야기를 들려줍니다. 한 유아 집단에는 같은 이야기를 세 번 반복해서 들려주고, 다른 집단에는 세 개의 다른 이야기를 들려주었지요. 두 집단의 유아들에게 이야기를 들은 후 이야기에 대해 말해 보도록 했는데 반복 읽기를 한 유아 집단이 그렇지 않은 집단에 비해 단순한 표면적인 반응보다는 깊이 있는 해석적인 의견을 말했다고 합니다. 또, 유아들은 자기 경험을 함께 말하며 이야기의 결과를 예측하기도 하는 등 이야기를 정교하게 평했습니다. 성인이 어려운 책을 반복해 읽었을 때 이해도가 높아지는 것처럼 유아들도 반복 읽기를 통해 이해력이 높아짐을 알 수 있습니다.

또 아이 연령에 맞는 글밥이나 분량에 대한 가이드도 많이 궁금해하십니다. 평소에 아이가 책 페이지가 많거나 글밥이 많은 그림책을 들고 오는 경우가 종종 있지요. 아이와 그림책을 읽을 때, 꼭 연령에 맞는 글밥이나 분량을 고려할 필요는 없습니다. 아이마다 문해력 발달 수준과 관심사는 각각 다르니까요. 좋아하는 주제이거나 배경지식이 많다면, 글밥이 조금 많고 수준이 높더라도 아이가 흥미를 가지고 집중해서 읽을 수 있습니다. 반대로 페이지가 얇고 글이 적더라도 아이가 흥미를 느끼지 못한다면 읽기 싫어하고 어려워할 수도 있고요.

책 읽기는 독자의 개별적 요인이 매우 중요합니다. 그래서 아이를 잘 관찰하고 대화하면서 아이의 감정과 상황으로부터 읽기 맥락을 알아내야 책의 난이도를 적절하게 판단할 수 있습니다.

글밥이 적고 페이지가 얇아 부담없이 읽기를 완성할 수 있는 책이라도 아이가 읽기 싫으면 언제든 덮을 수 있고, 긴 분량에 글밥이 많더라도 아이가 즐겁게 집중한다면 읽어 주시면 됩니다. 그림책 선택, 읽기 지속 시간, 그리고 책을 덮는 순간까지 모든 것은 아이가 중심이 되어야 합니다.

연령별 추천 도서

❶ 0~2살 추천 그림책

지금 막 태어난 아기에게도 그림책을 읽어 줄 수 있습니다. 이때에는 엄마도 아기도 그림책에 익숙해지는 시기예요. 그림책의 세계에도 아기를 위한 그림책은 따로 있습니다. 태어나 처음 누워 있는 아이를 위해 침대 근처에 세워 놓을 수 있는 병풍 책, 소근육이 덜 발달한 이 시기의 아기를 위해 얇은 종이가 아닌 두꺼운 종이로 만들어진 보드북 그림책이 필요해요. 보드북이라면 아기가 스스로 책을 잡고 어렵지 않게 넘길 수도 있고, 모서리가 뾰족하지 않아 아기를 안전하게 지킬 수 있습니다. 그리고 내용도 간단하고 분량도 적어 부담이 없어요. 보드북 중에 책장을 밀고 당기며 장난감처럼 움직일 수 있는 그림책도 있어요. 아이가 장난감처럼 놀면서 그림책과 친해질 수 있어 좋습니다. 목욕 등 물놀이를 함께 할 수 있는 방수 책과 인형처럼 포근한 헝겊 책도 추천합니다. 사운드북도 좋은데, 그림책에 있는 버튼을 누르면 소리를 들을 수 있어요. 스스로 조작하며 성취감을 느끼고 바로 반응이 와서 아이들이 좋아합니다. 이렇게 아기에게 알맞은 그림책들을 골라 아기가 주로 활동하는 공간에 두세요. 아이는 물기도 빨기도 하고, 책을 장난감처럼 쌓기도 하고, 책을 넘기며 읽어 보기도 하며 책과 서서히 친해질 수 있을 겁니다.

《사과가 쿵!》 다다 히로시 글·그림
《엄마랑 뽀뽀》 김동수 글·그림
《아빠한테 찰딱》 최정선 글, 한병호 그림
《응가하자 끙끙》 최민오 글·그림
《나 좀 숨겨 줘》 여을환 글, 강근영 그림
<달님 안녕 시리즈 보드북 세트>(《달님 안녕》, 《싹싹싹》, 《구두구두 걸어라》, 《손이 나왔네》) 하야시 아키코 글·그림
《두드려 보아요》 안나 클라라 티돌름 글·그림
《비지 베어 기사가 됐어요》 벤지 데이비스 글·그림
《안녕! 내 친구 코야》 작은북 글, 오연진 그림
《내가 좋아하는 것》 앤서니 브라운 글·그림
《딸기는 빨개요》 뻬뜨르 호라체크 글·그림
《자동차가 부릉부릉》 뻬뜨르 호라체크 글·그림
《살금살금 앙금앙금》 뻬뜨르 호라체크 글·그림
《누구게?》 세바스티앵 브라운 글·그림
《모자가 빼꼼》 마에다 마리 글·그림
《토끼일까?》 크림빵 글, 박경연 그림
<똥강아지 봄 여름 가을 겨울 보드북 세트>(《쏙쏙 봄이 와요》, 《풍덩 시원해요》, 《투둑 떨어진다》, 《옹기종기 냠냠》) 심조원 글, 김시영 그림

❷ 3~4살 추천 그림책

어휘력이 늘면서 구어가 폭발하는 이 시기에는 새로운 형식의 그림책을 많이 보여 주세요. 이제 어느 정도 소근육이 발달했으니 내지 안에 덧댄 종이를 들추면 숨어 있는 그림들이 나타나는 플랩북이나 책장을 펼치면 입체적인 그림이 솟아나는 팝업북의 세계에도 초대합니다. 도서관이나 서점에 자주 방문해서 아이와 함께 그림책을 골라 보세요. 아기가 주도적으로 책을 탐험할 수 있도록 책장을 원하는 때에 넘기게 해 주시고, 보고 싶은 만큼 그림을 실컷 보며 즐길 수 있도록 해 주세요. 아이와 그림책에 대한 대화를 나눠 보면 좋습니다. 아이가 질문을 한다면 아이에게 알맞은 언어로 친근하게 설명해 주세요.

《오늘의 간식》 와타나베 지나쓰 글·그림
《난 토마토 절대 안 먹어》 로렌 차일드 글·그림
《난 하나도 안 졸려, 잠자기 싫어!》 로렌 차일드 글·그림
《누가 내 머리에 똥 쌌어?》 베르너 홀츠바르트 글, 볼프 예를브루흐 그림
《할머니 집 가는 길》 마거릿 와즈 브라운 글, 하야시 아키코 그림
《안 돼, 데이비드!》 데이비드 섀넌 글·그림
《아빠, 달님을 데려와 주세요》 에릭 칼 글·그림
《밤마다 환상 축제》 앤서니 브라운 글·그림
《한입에 덥석》 키소 히데오 글·그림
《난 별이 참 좋아》 마거릿 와이즈 브라운 글, 박해남 그림
《난 자동차가 참 좋아》 마거릿 와즈 브라운 글, 김진화 그림
《꼬리 꼬리 꼬꼬리》 키소 히데오 글·그림
《수박씨를 삼켰어》 그렉 피졸리 글·그림
<절대로 누르면 안 돼! 세트>(《절대로 누르면 안 돼!》,《절대로 만지면 안 돼!》,《절대로 누르면 안 돼! 크리스마스에도》,《절대로 누르면 안 돼! 핼러윈에도》,《절대로 누르면 안 돼! 잠자기 전에도》) 빌 코터 글·그림
《악어도 깜짝, 치과 의사도 깜짝》 고미 타로 글·그림
《곰돌이 팬티》 투페라 투페라 글·그림
《생쥐의 팬티》 투페라 투페라 글·그림
<문어 팬티 1,2> 수지 시니어 글, 클레어 파월 그림
《나는야 코딱지 코지》 허정윤 글·그림
《목련 만두》 백유연 글·그림
《홀짝홀짝 호로록》 손소영 글·그림

❸ 5~7살 추천 그림책

자연현상과 숫자, 글자 등으로 관심이 확대되는 이 시기에는 다양한 주제의 그림책을 만날 수 있도록 이끌어 주세요. 전집보다는 서점이나 도서관에 들러 아이가 직접 책을 고를 수 있는 기회를 주세요. 부모님이 아이와 함께 표지와 내지를 들춰 보면서 흥미를 이끌어 주면서 책을 함께 선택해 주세요. 아이가 좋아하는 시리즈나 작가를 만드는 것이 필요한 시기입니다. "표지를 보니 어떤 점이 떠올라?", "다음은 어떻게 되었을까?" 하는 사고력을 요하는 질문들도 건네면 좋습니다.

《고 녀석 맛있겠다》 미야니시 타츠야 글·그림
《부릉부릉 자동차가 좋아》 리처드 스캐리 글·그림
《소피가 화나면 정말 정말 화나면》 몰리 뱅 글·그림
《기분을 말해 봐!》 앤서니 브라운 글·그림
<도깨비를 빨아 버린 우리 엄마 시리즈>(《도깨비를 빨아 버린 우리 엄마》,《도깨비를 다시 빨아 버린 우리 엄마》,《달님을 빨아 버린 우리 엄마》) 사토 와키코 글·그림
《구덩이에서 어떻게 나가지?》 기무라 유이치 글, 다카바타케 준 그림
《이건 상자가 아니야》 앙트아네트 포티스 글·그림
《커졌다!》 서현 글·그림
《문어 목욕탕》 최민지 글·그림
<어떤 목욕탕이 좋아? 시리즈>(《어떤 화장실이 좋아?》,《어떤 학교가 좋아?》,《어떤 목욕탕이 좋아?》,《어떤 이불이 좋아?》,《어떤 고양이가 좋아?》) 스즈키 노리타케 글·그림
《오싹오싹 시리즈>(오싹오싹 당근! | 오싹오싹 팬티! | 오싹오싹 크레용!) 에런 레이놀즈 글, 피터 브라운 그림
《이파라파냐무냐무》 이지은 글·그림
《태양 왕 수바》 이지은 글·그림
<100층짜리 집 시리즈>(《100층짜리 집》,《지하 100층짜리 집》,《바다 100층짜리 집》,《하늘 100층짜리 집》,《숲속 100층짜리 집》,《늪 100층짜리집》) 이와이 도시오 글·그림
<엉덩이 탐정 시리즈>(《엉덩이 탐정: 뿡뿡 사라진 과자를 찾아라》,《엉덩이 탐정: 뿡뿡 무지개 다이아몬드를 찾아라》,《엉덩이 탐정: 뿡뿡 쪼그만 서장의 대위기!?》,《엉덩이 탐정: 뿡뿡 사라진 도시락 수수께끼!》,《엉덩이 탐정: 뿡뿡 괴도가 나타나다!》,《엉덩이 탐정: 뿡뿡 엉덩이 탐정이 둘이라고!?》,《엉덩이 탐정: 뿡뿡 겨울 산의 하얀 괴물!?》) 트롤 글·그림
《수박 수영장》 안녕달 글·그림
《왜냐면…》 안녕달 글·그림
《오줌이 찔끔》 요시타케 신스케 글·그림
《이상한 손님》 백희나 글·그림
《한번 넘겨 봐》 박종진 글, 이가혜 그림
《판다 목욕탕》 투페라 투페라 글·그림
《짖어봐 조지야》 줄스 파이퍼 글·그림
《무리》 히로타 아키라 글·그림
《도망쳐요, 과자 삼총사!》 테리 보더 글·그림

《엄마 자판기》 조경희 글·그림
《건전지 아빠》 전승배, 강인숙 글·그림
《간다아이!》 코리 R 테이버 글·그림
《어떡하지?》 앤서니 브라운 글·그림

❹ 초등 1~3학년 추천 그림책

아이가 초등학교에 입학했다고 해서 바로 글밥이 많은 지식책만 권하지 마세요. 아이에게는 여전히 그림책이 필요합니다. 독해 능력이 다 발달하지 않은 만큼 그림을 보면서 의미를 이해하고 감성도 자라납니다. 이 시기에는 주제가 단순하지 않아 다양한 생각을 이끌어 낼 수 있고 그림을 관찰할수록 새로운 깊이를 느낄 수 있는 그림책이 좋습니다. 부모님들은 아이가 한글을 떼야 한다는 압박감과 학습을 시켜야 한다는 부담감을 느끼실 수 있습니다. 하지만 자칫 책을 학습의 용도로 강요하게 되면 아이가 책을 멀리하게 될 수 있습니다. 오히려 이 시기에는 학습의 부담을 낮추고 그림책에 빠져들게 할 수 있는 글자 없는 그림책을 권해 드립니다.

《파도야 놀자》 이수지 글·그림
《그림자 놀이》 이수지 글·그림
《동물원》 이수지 글·그림
《종이 봉지 공주》 로버트 먼치 글, 마이클 마르첸코 그림
《알사탕》 백희나 글·그림
《돼지책》 앤서니 브라운 글·그림
《산딸기 크림 봉봉》 에밀리 젠킨스 글, 소피 블랙올 그림
《지구에 온 너에게》 소피 블랙올 글·그림
《희망이 내리는 학교》 제임스 럼포드 글·그림
《눈물바다》 서현 글·그림
《벽 타는 아이》 최민지 글·그림
《감자 좀 달라고요!》 모린 퍼거스 글, 듀산 페트릭 그림
《슈퍼 토끼》, 《슈퍼 거북》 유설화 글·그림
《위를 봐요!》 정진호 글·그림
《벽》 정진호 글·그림
《이게 정말 나일까?》 요시타케 신스케 글·그림
《지각대장 존》 존 버닝햄 글·그림
《에드와르도 세상에서 가장 못된 아이》 존 버닝햄 글·그림
《괴물들이 사는 나라》 모리스 샌닥 글·그림
《이상한 하루》 연수 글·그림
《이상한 동물원》 연수 글·그림
《단어수집가》 피터 H. 레이놀즈 글·그림

《선생님은 몬스터!》 피터 브라운 글·그림
《엄마 도감》 권정민 글·그림
《한밤중 개미 요정》 신선미 글·그림
《감기 걸린 물고기》 박정섭 글·그림
《완벽한 계란 후라이 주세요》 보람 글·그림
《회전목마》 브라이언 와일드스미스 글·그림
《두더지의 여름》 김상근 글·그림
《빨강이 어때서》 사토 신 글, 니시무라 도시오 그림

❺ 사춘기 아이들을 위한 그림책

고학년이더라도 책과 아직 친구가 되지 못한 아이들과 유튜브 영상이나 게임에 빠져 있는 아이들에게 그림책을 추천합니다. 사춘기에 접어들면서 아이들은 상처 치유, 상실, 관계, 자기 긍정, 자신감, 성장에 대한 경험이 많아지고 이를 어떻게 받아들이고 이겨 낼지에 대한 태도를 조금씩 배우게 됩니다. 이 때 만난 책 한 권은 큰 감동을 남기며 아이의 인생에 영향을 미칠 수 있습니다. 기쁨과 슬픔, 도전과 실패, 우정과 사랑 등을 다룬 심도 있는 그림책을 접하며 생각과 마음의 크기를 키울 수 있습니다.

《나는 강물처럼 말해요》 조더 스콧 글, 시드니 스미스 그림
《기억나요?》 시드니 스미스 글·그림
《미움》 조원희 글·그림
《연남천 풀다발》 전소영 글·그림
《아빠의 밭》 전소영 글·그림
《틈만 나면》 이순옥 글·그림
《하늘 조각》 이순옥 글·그림
《수영 팬티》 샤를로트 문드리크 글, 올리비에 탈레크 그림
《무릎 딱지》 샤를로트 문드리크 글, 올리비에 탈레크 그림
《살아 있다는 건》 다니카와 슌타로 글, 오카모토 요시로 그림
《망가진 정원》 브라이언 라이스 글·그림
《곰씨의 의자》 노인경 글·그림
《눈보라》 강경수 글·그림
《꽃을 선물할게》 강경수 글·그림
《돌 씹어 먹는 아이》 송미경 글, 안경미 그림
《대단한 무엇》 다비드 칼리 글, 미겔 탕고 그림

계절별 추천 도서

지금 우리가 머무르고 있는 계절을 담은 그림책을 읽으면, 각 계절의 정취를 느끼면서 그림책 속 이야기와 인물의 감정에 더 잘 동화할 수 있습니다. 아이들은 그림책을 보면서 각 계절의 날씨와 먹거리, 놀이, 생활상 등의 특성을 배우고 고유한 분위기를 느끼면서 책과 관련한 특별한 추억을 가질 수 있습니다. 봄, 여름, 가을, 겨울에 함께 읽기 좋은 그림책을 추천합니다.

❶ 봄에 읽으면 좋은 그림책

《쏙쏙 봄이 와요》 심조원 글, 김시영 그림
《벚꽃 팝콘》,《목련 만두》 백유연 글·그림
《민들레는 민들레》 김장성 글, 오현경 그림
《봄봄 딸기》 김지안 글·그림
《봄 숲 놀이터》 이영득 글, 한병호 그림
《14마리의 봄 소풍》 이와무라 카즈오 글·그림
《코딱지 코지의 벚꽃 소풍》 허정윤 글·그림
《틈만 나면》 이순옥 글·그림

❷ 여름에 읽으면 좋은 그림책

《수박 수영장》,《할머니의 여름휴가》 안녕달 글·그림
《팥빙수의 전설》,《태양왕 수바》 이지은 글·그림
《할머니와 여름 텃밭》 강혜영 글·그림
《냠냠 빙수》,《꽁꽁꽁 아이스크림》,《꽁꽁꽁 캠핑》 윤정주 글·그림
《핫 도그》 더그 살라티 글·그림
《여름맛》 천미진 글, 신진호 그림
《여름이 온다》 이수지 글·그림
《두더지의 여름》 김상근 글·그림
《아이스크림이 꽁꽁》,《시끌벅적 바다 여행》 구도 노리코 글·그림
《여름 낚시》 김지안 글·그림
《바다 레시피》 윤예나 글, 서평화 그림
《풍덩 시원해요》 심조원 글, 김시영 그림
《한입에 덥석》 키소 히데오 글·그림
《수박씨를 삼켰어!》 그렉 피졸리 글·그림
《수영 팬티》 샤를로트 문드리크 글, 올리비에 탈레크 그림

❸ 가을에 읽으면 좋은 그림책

《투둑 떨어진다》 심조원 글, 김시영 그림
《나뭇잎을 찾으면》 에이미 시쿠로 글·그림
《알밤 소풍》 김지안 글·그림
《낙엽 스낵》 백유연 글·그림
《절대로 누르면 안 돼! 핼러윈에도》 빌 코터 글·그림
《솔이의 추석 이야기》 이억배 글·그림
《추석 전날 달밤에》 천미진 글, 정빛나 그림

❹ 겨울에 읽으면 좋은 그림책

《옹기종기 냠냠》 심조원 글, 김시영 그림
《코코스키》, 《감귤 기차》 김지안 글·그림
《식빵 유령》 윤지 글·그림
《달 가루》 이명하 글·그림
《떡국의 마음》 천미진 글, 강은옥 그림
《크리스마스의 세 가지 선물》(전3권 세트) 히야시 아키코 글·그림
《겨울은 어떤 곳이야?》 구도 노리코 글·그림
《14마리의 겨울나기》 이와무라 카즈오 글·그림
《SNOW: 눈 오는 날의 기적》 샘 어셔 글·그림
《눈이 그치면》 사카이 고마코 글·그림
《호박 목욕탕》 시바타 게이코 글·그림
《절대로 누르면 안 돼! 크리스마스에도》 빌 코터 글·그림

계절별 추천 도서

아이의 국어 실력을 키우는 가장 심플하고 쉬운 독서 교육법
문해력 그림책 100

초판 1쇄 제작 2024년 10월 18일
초판 1쇄 발행 2024년 10월 25일

지은이 민경효
디자인 표지 STUDIO 보글 본문 박재원
교정교열 김계옥

펴낸곳 브리드북스 ㅣ 펴낸이 이여홍
출판등록 제 2023-000116호(2023년 10월 11일)
주소 서울시 마포구 토정로 222 306호
이메일 breathebooks23@naver.com

ISBN 979-11-985453-4-3(03370)

- 책값은 뒤표지에 있습니다.
- 파본은 구입하신 서점에서 교환해드립니다.
- 이 책은 저작권법에 의하여 보호를 받는 저작물이므로 무단 전재와 복제를 금합니다.